2판

지역사회복지론

정성배 · 강진한 · 박현주 · 이금숙 · 이미란 · 정현태 지음

창지사

머리말

지방자치제도를 선호하는 현상이 전 세계적으로 나타나면서 현대사회는 정치 · 사회 등 다양한 측면에서 중앙정부와 지방정부가 구분되어가는 추세입니다. 그에 따라 각 지역마다 나타나는 특징을 고려한 복지프로그램을 만들기 위해 다양한 노력과 고민이 요구되고 있습니다.

우리나라 역시 지방자치제도를 실시하고 있기 때문에 관련 제도나 조례 등을 설치하는 데 있어 각 지역에 맞는 논란과 화두는 당연한 현상으로 보입니다. 즉, 지방자치제도를 실시하는 이 시대에 지역사회에 소속되어 살아가는 우리가 각 지역 실정에 맞는 현실, 여론, 이론 등을 적용하고 활용하는 것은 건강한 지역사회를 만들기 위한 노력의 산물일 것입니다.

건강한 지역사회를 만들기 위한 사회복지 노력 가운데 특별히 지역사회복지라는 분야의 중요성이 강조되고 있습니다. 이러한 지역사회복지에 있어서 각각의 지역복지현장에서 만나게 될 다양한 문제를 해결하기 위해서는 기초적인 이론을 습득하는 것이 중요합니다.

따라서 본 교재는 우리나라 지역사회복지 현실 상황에서 적용 가능한 실증학문의 기초자료로 활용되기를 기대하면서 다음과 같이 세 가지 방향에 주목하였습니다.

첫째, 교재 내용을 최대한 핵심적인 부분만 소개하였습니다. 기존의 수많은 지역사회복지론 교재가 있으나, 본 교재는 실제 강단에서 가장 중요하게 다루는 내용을 중심으로 본문의 양을 최소화하여 핵심적인 내용을 담을 수 있게 노력하였습니다.

둘째, 사회복지사 1급 시험을 대비하였습니다. 본 교재는 12개의 장으로 구성되어 있는데, 각 장이 끝날 때마다 연습문제를 제시하여 그 내용을 피드백하도록 하였습니다. 또한, 사회복지사 1급 시험을 대비하기 위한 출제 경향에 맞춘 연습문제를 소개하였으며, 각 문제마다 정답과 해설을 제시하였습니다.

셋째, 생각해 볼 문제를 제시하였습니다. 지역사회복지론 교과목을 습득한 후 지역사회복지 현장에서 다루게 될 다양한 쟁점들에 대해 해결문제, 찬반토론 등을 제시하여 본 교재에서 습득된 내용에 대해 이론에 그치지 않고 지역사회복지 현장에서 적용 가능한 활동 근거를 마련하도록 노력하였습니다. 또한, 최근 여러 대학에서 다양한 교수학습 방법이 시도되고 있는데, 각 대학에서 본 교재 사용 시 문제해결활동, 토론활동 등으로 활용할 수 있기를 기대합니다.

본 교재의 구성은 다음과 같이 12개의 장으로 되어있으며, 그 내용을 좀 더 구체적으로 살펴보면 다음과 같습니다.

제1장에서는 지역사회복지라는 주제를 선정하였습니다. 1절은 지역사회의 의의로 지역사회의 개념, 지역사회의 유형과 기능을 다루었고, 2절은 지역사회복지의 의의로 지역사회복지의 이해(개념), 지역사회복지 실천의 이해(개념, 목적, 가치, 윤리)를 다루었습니다.

제2장에서는 지역사회복지의 역사라는 주제를 선정하였습니다. 1절은 한국 지역사회복지의 역사를 다루었고, 2절은 외국의 지역사회복지 역사로 영국, 미국, 일본을 예로 다루었습니다.

제3장에서는 지역사회복지의 실천이론이라는 주제를 선정하였습니다. 1절은 체계이론과 생태이론, 2절은 구조기능론과 갈등이론, 3절은 사회교환이론과 자원동원이론, 4절은 권력의존이론과 사회구성이론, 5절은 엘리트이론과 다원주의이론을 다루었습니다.

제4장에서는 지역사회복지의 실천모델이라는 주제를 선정하였습니다. 1절은 지역사회복지 실천모델의 의의에 대해 다루었습니다. 2절은 로스만의 지역사회복지 실천모델로 지역사회개발모델, 사회계획 및 정책모델, 사회행동모델을 다루고 있습니다. 또한, 2절에서는 테일러와 로버츠, 웨일과 겜블, 포플의 모델에 대해서도 다루고 있습니다. 3절에서는 지역사회복지 실천모델의 특징를 다루고 있습니다.

제5장에서는 지역사회복지 실천 기술론이라는 주제를 선정하였습니다. 1절은 지역사회복지 실천에서 사회복지사의 역할로 지역사회개발모델, 사회계획모델, 사회행동모델을 다루었습니다. 2절은 지역사회복지 실천에서 사회복지사의 실천 기술로 옹호기술, 연계기술, 조직화기술, 자원 개발 및 동원기술, 임파워먼트를 다루었습니다.

제6장에서는 사회행동의 전략과 전술이라는 주제를 선정하였습니다. 사회행동의 개념, 사회행동의 전략, 정치적 압력 전술, 법적 행동과 사회적 대결, 언론의 활용과 협상 전술을 다루었습니다.

제7장에서는 지역사회복지 실천과정이라는 주제를 선정하였습니다. 1절은 지역사회복지의 실천과정에 대한 견해를 다루었고, 2절은 지역사회복지의 실천 과정을 구체화하여 문제분석 및 확인, 지역사회에 대한 욕구사정, 목표의 설정, 계획수립 및 실행단계, 평가단계 순으로 다루었습니다.

제8장에서는 지역사회보장계획이라는 주제를 선정하였습니다. 1절은 지역사회보장계획의 이해라는 주제 아래 지역사회보장계획의 개념, 지역사회보장계획 수립 배경과 필요성을 다루었고, 2절은 지역사회보장계획 수립을, 3절은 지역사회보장협의체를, 4절은 지역사회보장계획의 평가와 과제를 다루었습니다.

제9장에서는 지방분권화와 지역사회복지라는 주제를 선정하였습니다. 1절은 지방자치와 사회복지의 지역화, 2절은 지방자치와 사회복지전달체계를 다루었습니다.

제10장에서는 지역사회복지 전달체계라는 주제를 선정하였습니다. 1절은 지역사회복지 직접적 전달체계로 지역사회복지관, 재가복지, 지역자활센터를 다루었고, 2절은 지역사회복지 간접적 전달체계로 사회복지협의회, 사회복지공동모금회를 다루었습니다. 3절은 기타 지역사회복지 전달체계로 지역아동센터, 자원봉사센터, 사회복지사협회를 다루었습니다.

제11장에서는 지역사회복지운동과 주민참여라는 주제를 선정하였습니다. 1절은 지역사회복지운동, 2절은 주민참여, 3절은 시민운동과 비영리 민간단체를 다루었습니다.

제12장에서는 지역사회복지 환경변화와 과제라는 주제를 선정하였습니다. 1절은 지역사회복지 환경변화와 쟁점을 다루었고, 2절은 한국 지역복지 현황과 과제를 다루었습니다.

본 교재가 지역사회복지현장 종사자나 지역사회복지를 공부하는 학생들에게 유용한 참고 서적으로 활용되기를 바라지만, 부족한 점이 많아 부끄러운 생각이 더 큼을 밝히지 않을 수 없습니다. 아쉽고 부족한 부분은 추후 수정하고 보완할 것이니 여러분들의 아낌없는 지적과 충고를 바랍니다.

끝으로 본 교재 집필에 참여해 주신 교수님들께 진심을 다해 감사를 드립니다. 또한, 여러 작업을 도와준 학생들과 창지사 임직원 여러분들께도 감사의 인사를 전합니다.

2022년 8월

저자대표 정성배

차례

제1장 지역사회와 지역사회복지

§1. 지역사회의 이해

지역사회는 거시적 사회복지실천이 이루어지고 있는 장소이지만 아직 하나의 정의나 이론으로 전체적인 본질이 파악될 수 없을 만큼 다양하다. 현대사회에서 'global community'나 'world community'라는 말은 세계 속의 사람들 사이의 복잡한 관계를 설명하는 데 종종 사용되기도 한다. 하지만 대부분의 사람은 지역사회를 그들에게 중요한 것으로 생각하고 있지만 지역을 생각할 때에는 세계(global)라는 개념으로 이해를 하기보다는 그들이 성장한 곳을 기억하거나 그들이 현재 살고 있는 곳으로서 이해를 하거나 그렇지 않다면 전통적인 지리상의 경계를 초월한 다양한 관계에 대해 초점을 맞추고 있다. 이러한 관계는 역사와 문화적인 가치를 공유하거나 빈번한 의사소통의 장으로서 특징지어진다(Netting, et al., 2004; 김치영 외, 2009).

1. 지역사회의 개념

워렌(Warren, 1978)은 지역사회의 개념을 '주요한 사회적 기능을 수행하는 사회적 단위 및 체계의 조합'으로 정의하였다. 여기에서 지역사회는 그 지역주민들이 하루하루 살아가는 동안에 가까이에서 필요로 하게 되는 사회적인 기본 단위나 시스템과 같은 사회적인 활동조직을 의미한다(박태영 외, 2015 재인용).

그리고 로스(Ross, 2005)는 지역사회를 지리적 의미의 지역사회와 기능적 의미의 지역사회로 구분하였다(사회복지교육연구센터, 2017 재인용).

첫째, 지리적 의미의 지역사회(공간 중심의 지역사회)는 일정한 지리적 공간을 공유하며 밀접한 상호작용을 하는 사람들의 집단을 의미한다. 예를 들면, 시 · 도, 시 · 군 · 구, 읍 · 면 · 동 등과 같은 행정단위이다.

둘째, 기능적 의미의 지역사회(관계중심의 지역사회)는 공동의 관심 또는 이익을 추구하거나 이해관계를 함께하는 사람들의 집단을 의미한다. 예를 들면, 종교, 인종, 민족, 언어, 이념, 직업, 생활방식, 취미 등과 같은 사회적 · 문화적 동질성을 기반으로 하는 것이다.

2. 지역사회의 유형과 기능

1) 지역사회의 유형

펠린(Fellin, 2001)은 '일반적인 장소, 이익, 동질감, 문화 그리고 활동 등을 기초로 한 사회단위로 형성된 사람들의 공동체'에서 지역이 생겨날 수 있다고 했다. 그는 지역사회를 세 가지의 범위로 구분하였다(유동철 외, 2016 재인용).

첫째, 인간의 실질적인 욕구가 충족되는 지리적인 장소이며, 둘째, 사회적인 상호작용의 유형이고, 셋째, 인간의 정체성에 의미를 두는 상징적인 동일성이다.

이러한 구분을 통해서 보면, 지리적인 지역사회는 어떻게 사람들의 욕구에 직면하게 되며, 어떻게 사회적인 상호작용으로 유형화되는 방법과 동질감을 이해하게 되는지는 다소 차이가 날 수 있다고 하였다. 따라서 지리적인 지역사회는 종종 이웃이나 동네, 타운 등으로 불리고 있다.

그리고 오늘날의 지역사회는 다른 방법으로 개념화되어 가고 있다. 지리적인 영역 내에서 작동하기보다는 지역적인 경계선 너머의 영향을 더 받을 수 있다는 것이다. 동질감으로서의 지역사회는 지리적인 기반을 필요로 하지 않는다. 이러한 지역사회는 기능적인 지역사회 혹은 조합적인 지역사회 등으로 불리기도 한다. 따라서 이러한 비지역적이거나 기능적인 지역사회는 민족, 인종, 종교, 생활방식, 사회적 계급 등을 기반으로 형성된다(지은구, 2005).

던햄(Dunham, 1979)은 지역사회의 유형이 구분하는 방법에 있어서 다양하나 지리적 차원(공간)으로 다음과 같이 구분하였다(사회복지교육연구센터, 2017; 고수현, 2015 재인용).

첫째, 인구의 크기에 따른 기준이다.

지역사회 내 거주하는 인구의 수를 통해 구분하는 형태이다. 예를 들면, 소도시, 중소도시, 대도시 등이다.

둘째, 경제적 기반에 따른 기준이다.

지역주민들의 경제생활뿐만 아니라 사회 · 문화적 특성을 파악하고자 하는 인류학적 조사 · 연구에서 자주 사용되는 기준이다. 예를 들면, 농촌, 어촌, 산촌, 광산촌 등이다.

셋째, 정부의 행정구역에 따른 기준이다.

행정구역은 인구의 크기와 비슷하다. 하지만 행정구역을 구분할 때 반드시 인구의 크기에 비례하여 구분되는 것은 아니다. 예를 들면, 시 · 도, 시 · 군 · 구, 읍 · 면 · 동이 그렇다.

넷째, 인구구성의 특수성에 따른 기준이다.

지역사회 구성원의 사회적 특수성에 따라 지역을 구분한다. 예를 들면, 도시 슬럼가, 인천의 차이나타운 등이 이에 해당된다.

2) 지역사회의 기능

지역사회는 구성원들을 위한 기능들로 이루어져 있다. 모든 지역사회가 공통적으로 수행하는 주요 기능에 대해서 길버트와 스펙트(Gilbert & Spect, 1974)는 다음과 같이 다섯 가지 기능으로 설명하고 있다(김치영 외, 2009).

(1) 생산 · 분배 · 소비의 기능

이 기능은 지역사회의 구성원들이 일상생활을 영위하는 데 필요로 하는 상품과 서비스를 생산하고 분배하며 소비하는 과정과 관련된 기능을 의미한다. 그리고 현대사회에서 재화와 서비스를 생산하고 분배하는 기능은 흔히 기업을 통해서 이루어지고 있으나, 공공기관을 비롯한 각종 전문기관, 종교단체, 교육기관, 건강 및 사회복지서비스 등도 이러한 기능을 담당하고 있다. 이러한 기능을 수행하는 대표적인 제도는 경제제도이다.

(2) 사회화 기능

이 기능은 지역사회가 향유하고 있는 일반적인 지식, 사회적 가치 등을 그 사회 구성원들에게 전달하는 기능을 의미한다. 이 기능을 통해 구성원들은 다른 사회의 구성원들과 구별되는 생활양식 및 행동유형을 터득하게 되는 것이다. 사회화의 과정은 개인의 유년기에 특히 중요하나 일생을 통해 지속되는 것이 보통이다. 이러한 기능을 수행하는 대표적인 제도는 가족제도이다.

(3) 사회통제의 기능

이 기능은 지역사회가 그 구성원들에게 사회의 규범(법, 도덕, 규칙 등)에 순응하게 하는 기능을 의미한다. 이러한 규범을 준수하도록 하는 것은 사회질서 유지를 위한 것이다.

사회통제를 담당하는 일차적인 기관인 정부는 보편적으로 적용될 수 있는 법을 집행하는 강제력을 행사한다. 이러한 기능은 정치제도가 대표적이다.

(4) 사회통합의 기능

이 기능은 사회참여의 기능이라고도 하며(Warren, 1978), 사회체계를 구성하는 사회단위 조직들 간의 관계와 관련된 기능을 의미한다. 이 기능은 사회통제의 기능과는 다르게 사람들 스스로 규범을 준수하여 바람직한 행동을 하도록 하는 것이다. 이러한 기능을 수행하는 가장 대표적인 제도는 종교제도이다.

(5) 상부상조의 기능

이 기능은 상호지원이라고도 한다(Warren, 1978). 사회구성원들이 기존제도에 의해서 욕구를 충족할 수 없는 경우에 필요하게 되는 기능을 의미한다. 과거의 전통적인 사회나 오늘날의 후진사회에서 상부상조의 기능은 가족, 친척, 이웃, 각종단체 등에 의해 수행되고 있으나, 현대의 산업사회에서는 이러한 기능이 정부, 민간단체, 종교단체 등으로 옮겨지게 되었다. 이러한 기능을 수행하는 대표적인 제도는 사회복지제도이다.

이상에서 살펴본 사회적 기능이 가장 단순한 사회에서는 가족이라는 단 하나의 사회제도에서 수행되었으나, 사회가 점차 복잡화되어 감에 따라 개인과 집단이 이러한 기능을 전문적으로 수행하게 되어, 전문화에 따른 사회제도, 즉 정치 · 경제 · 종교 · 사회복지 등의 제도가 생성되었다. 그리고 각 사회제도는 하나 이상의 사회적 기능을 수행하고 있으나, 동시에 핵심적인 기능을 담당하고 있다(〈표 1-1〉 참조).

〈표 1-1〉 사회적 기능과 제도

사회적 기능	제도
사회화	가족
사회통합(사회참여)	종교
생산 · 소비 · 분배	경제
사회통제	정치
상부상조(상호지원)	사회복지

§2. 지역사회복지와 지역사회복지실천의 이해

1. 지역사회복지

1) 지역사회복지의 개념

지역사회복지란 지역주민의 복지증진과 삶의 질 향상을 위하여 지역사회 차원에서 전개되는 사회복지를 말한다(「사회복지사업법」 제2조 제2호). 이러한 지역사회는 살기 좋은 이상적인 지역사회를 만드는 것을 목표로 하여 지역사회 자체를 변화시키거나 지역사회 내에서 구성원들의 복지를 위해 전문적 개입방법을 사용하여 지역주민들의 삶의 질을 향상시킬 수 있도록 스스로 변화하게 도와주는 것이다.

최일섭 · 류진석(2002)은 지역사회복지란 매우 포괄적인 개념으로 전문 또는 비전문인력이 지역사회 수준에 개입하여 지역사회에 존재하는 각종 제도에 영향을 주고 지역사회 문제를 해결하고자 하는 일체의 사회적 노력을 의미한다고 말하고 있다. 그러나 지역사회복지라는 것은 개인복지나 가정복지보다 넓은 수준의 개념이며, 아동복지, 청소년복지, 노인복지 등이라는 대상 중심의 복지활동보다는 지역성이 뚜렷하다는 데서 그 차이를 발견할 수 있다.

그리고 지역사회복지는 최근에 이념과 정책분야에서 급속하게 발전해 온 사회복지의 중요한 분야 중 하나이다. 그것은 다른 사회복지 분야와는 현저히 다르며, 접근방향이 생활권별 또는 문제별로 계통적인 복지가 아니고, 지역사회라는 장(field)에서 주민절차 원칙이 민간과 공공이 협동으로 형성된다는 점에서 그 의미가 있다. 그러나 지역사회복지의 사상과 실천에 관한 학문적 접근방법은 매우 어려운 문제이다. 이러한 문제점에 의하여 지역사회복지의 범위와 영역은 광범위하고 여러 분야와 밀접하게 연결되어 있어서 연구방법과 전개방향도 범위와 영역 설정에 따라 달라진다. 따라서 지역사회복지는 전문적인 분야 또는 비전문적인 분야, 공식적인 분야 또는 비공식적인 분야 등이 지역사회 차원에서 지역사회의 문제를 해결하기 위해서 지역사회 내의 사회자원을 동원하여 주민의 자율적인 노력에 의하여 문제를 해결하는 과정이다.

종합적으로 본다면, 지역사회의 개념적 속성을 다음과 같이 정리할 수 있다(사회복지교육연구센터, 2017 재인용).

첫째, 지역사회복지는 지역성과 기능성을 포함하는 일정한 지역사회 내에서 이루어진다.

둘째, 지역사회복지는 지역주민의 삶의 질 향상이라는 목표를 가지고 있다.

셋째, 지역사회복지는 지역사회의 문제를 해결하고 주민의 복지욕구를 충족시키는 기능을 갖고 있다.

넷째, 지역사회복지는 정부와 민간기관이 공동주체가 되어 공공과 민간의 협력이 강화되는 추세로 발전하고 있다.

다섯째, 지역사회복지는 조직적인 활동을 강조하는 전문적인 서비스와 방법을 사용한다.

2) 지역사회복지 관련 용어(김치영 외, 2009 재인용)

지역사회복지를 이해하기 위해서는 관련 용어들을 살펴볼 필요가 있다.

(1) 지역사회조직(community organization)

지역사회조직(community organization)은 전통적 방법론인 개별사회사업, 집단사회사업, 지역사회조직사업이라는 3대 방법에서 나온 개념으로 지역사회복지라는 용어를 사용하기 전에 주로 사용되었다.

또한 지역사회조직은 지역사회복지의 전문적인 실천방법의 하나로서, 지역사회의 문제를 해결하기 위해 지역사회를 구성하는 개인, 집단, 이웃이 사회적 복지를 향상시키기 위해 지역사회 수준에서 전개하는 일련의 활동을 말한다.

(2) 지역사회보호(community care)

지역사회보호(community care)는 영국을 중심으로 1950년대 말 이후에 발전된 개념으로, 정신질환자의 치료에 있어서 시설보호보다는 클라이언트의 생활권에서 치료하고자 한 것이 지역사회보호의 시초라고 할 수 있다.

다시 말해서, 지역사회보호는 시설보호에 대한 부정적 평가, 즉 격리성 · 폐쇄성 · 일방성과 같은 시설보호의 문제점을 해결하기 위한 방안으로 그 필요성이 대두되었다고 할 수 있다.

(3) 시설보호(institutional care)와 재가보호(domiciliary care)

첫째, 시설보호(institutional care)는 사회적으로 보호를 필요로 하는 사람들이 시설에 입소하여 보호서비스와 함께 의식주를 제공받으면서 장기적 또는 단기적으로 거주하는 형태의 사회적 보호이다. 시설보호는 주거의 개념이 포함된다는 점, 훈련된 직원이 함께 거주한다는 점, 비교적 엄격한 규율과 절차가 있어 개인의 자유와 선택이 제한된다는 점 등이 특징이다.

둘째, 재가보호(domiciliary care)는 보호를 필요로 하는 사람들이 자신의 가정에서 보호를 받는 것을 말하는 것으로, 여기에는 공식적 조직에 의한 보호는 물론 비공식적 조직에 의한 보호도 포함된다. 재가보호는 '가정'이라는 환경을 강조한다는 점에서는 지역사회보호와 비슷하지만, '가정과 유사한' 지역사회 환경에서의 보호를 포함하고 있지 않다는 점에서 지역사회보호와 차이가 있다.

(4) 지역사회개발 · 지역사회교육 · 사회행동

첫째, 지역사회개발(community development)은 지역사회주민들의 삶의 질 향상을 위해 주민들이 스스로에 대한 확신을 가지고 대처능력과 기술을 획득할 수 있도록 지원하는 활동이다.

둘째, 지역사회교육(community education)은 지역사회의 생활, 문화, 활동, 필요에 그 기초를 두고 이에 적응하도록 하는 교육을 말한다.

셋째, 사회행동(social action)은 사회적 약자들의 권익을 보호하고 그들이 보다 많은 자원과 향상된 처우를 받을 수 있도록 그 지역사회에 요구하는 행동을 말한다.

(5) 지역사회건설(community bulding)

빈곤지역이나 특정 낙후 지역을 되살리기 위해 정부의 주도로 행해지는 지역재개발을 위한 모델이다. 지역사회문제 해결에 있어 지역사회의 자산과 강점을 강조하는 임파워먼트 관점을 중요시 한다.

(6) 지역사회실천(community practice)

지역사회를 사회복지실천의 대상으로 보는 지역사회실천이 최근에 강조되고 있으며, 지역사회의 욕구나 문제를 예방, 해결하기 위해 사회복지사가 그 지역사회의 제반 자원과 지역사회실천 관련 기술을 활용하여 개입하는 사회복지 실천의 한 방법이라 할 수 있다.

(7) 지역공동체주의

개인주의와 권위주의에 대한 도전으로 1980년대 후반 지역공동체주의가 등장하였다. 지역공동체주의는 지역이 개인주의의 부패효과를 극복하기 위해 그리고 권위주의에 대한 위협으로부터 모든 시민을 보호하기 위해 사회적으로 그리고 정치적으로 개발 또는 발전되어야 한다고 보고 있다.

3) 지역사회복지의 특성

워렌(Warren, 1983)은 좋은 지역사회는 다음과 같은 특성을 갖는다고 하였다.

첫째, 사람들은 비인간적 기초가 아닌 인간적인 기초 위에서 서로를 존중하여야 한다.

둘째, 지역사회 내에 권력의 광범위한 배분이 이루어져야 한다.

셋째, 지역사회는 다양한 소득집단, 인종집단, 종교집단, 이익집단을 포용하여야 한다.

넷째, 높은 수준의 지역적 통제가 이루어질 수 있어야 한다.

다섯째, 지역사회는 의사결정과정에서 협력을 극대화하고 갈등을 최소화하여야 한다.

지역사회는 변화할 수 있는 능력을 갖는다. 변화 능력을 가지고 있다는 것은 인간에 대한 인본주의적 관점에 의한 것이다. 지역사회의 형성과정을 인간이 주도하기 때문에 인간의 변화 능력을 인정한다면 지역사회 역시 스스로 변화할 수 있는 능력을 잠재하고 있다고 볼 수 있다. 실제로 모든 지역사회는 그 구성 요소의 특성이 달라 다양한 유형으로 존재한다. 따라서 지역사회복지의 특성은 세 가지 측면에서 간략하게 제시할 수 있다. 예방성, 종합성과 포괄성, 연대성과 공통성이 그것이다.

2. 지역사회복지 실천

1) 지역사회복지 실천의 개념

지역사회복지 실천(community welfare practice)은 지역사회를 대상으로 하는 사회복지 실천을 포괄적으로 일컫는 개념이다. 그리고 개인, 가족, 지역사회를 대상으로 이루어지는 사회복지 실천방법을 통합적으로 보는 관점에서, 특히 지역사회를 중심으로 이루어지는 사회복지 실천을 의미한다(정무성, 1997). 따라서 지역사회복지 실천은 지역사회조직과 내용이 유사하다고 할 수 있다.

또한 지역사회복지 실천은 과거에 많이 사용되었던 용어인 지역사회조직이 갖는 다양한 의미, 지역사회 계획 및 서비스 통합, 지역사회주민의 조직화와 사회행동을 포괄하는 개념으로 변화를 위한 직접적 개입활동에 초점을 두는 것이라고 할 수 있다.

웨일(Weil, 1997)은 기존에 사용되었던 지역사회조직의 의미로는 지역사회복지의 실체 및 활동 영역을 포괄할 수 없기 때문에 오히려 지역사회복지 실천이라는 용어를 사용하는 것이 바람직하다고 주장하였다. 왜냐하면, 지역사회복지 실천은 지식, 기술, 방법 측면에서 다양한 실천모델을 포괄할 수 있기 때문이다. 특히, 지역사회복지 실천은 지역사회주민의 참여, 서비스의 계획에 따른 과정 및 기술적 방법, 삶의 조건을 개선하기 위한 지속 가능한 개발, 사회행동 및 사회변화전략 등에 관한 실천기술과 밀접하게 관련되어 있다.

2) 지역사회복지 실천의 특징(김치영 외, 2009 재인용)

지역사회복지 실천의 특징을 세 가지 측면에서 제시할 수 있다.

첫째, 지역사회를 사회복지 실천의 클라이언트로 간주한다.

둘째, 사회복지사의 개입목표는 지역사회에 존재하는 욕구나 문제의 예방 또는 해결에 있다.

셋째, 지역사회복지 실천은 철저히 사회복지실천의 전문지식과 기술을 토대로 하여 이루어지나 필요한 타 분야의 지식과 기술을 응용하여 활용한다.

3) 지역사회복지 실천의 이념과 그 목적

(1) 지역사회복지 실천의 이념

우리나라의 사회복지는 1980년대 초반까지는 주로 경제적 빈곤 해소를 위한 전략에 치중하였으나, 1980년대 후반부터는 복지당사자가 요보호당사자에서 일반 국민 전체로 전환되어 사회복지의 성격이 변화되기 시작하였다. 특히 중요한 변화는 종전의 시설보호로 지적된 시설병(hospitalism)의 예방과 치료차원에서의 탈시설화(deinstitutionalization)운동과 장애인복지 분야에서의 정상화(normalization)와 사회통합(socialization) 등의 이념이 제시되었다. 그리고 정신분야에서 시작된 주간시설 및 치료기관, 장애인 재활을 위한 직업보도재활시설 운동이 구체적으로 전개되기 시작하였다. 이러한 변화는 시설의 소규모화, 시설의 개방화, 그리고 시설의 사회화 등의 개념을 낳게 되었다. 이러한 새로운 이념의 출현으로 인하여 지역사회복지가 새로운 처우 이념이나 방법으로 주목받게 된 이념, 즉 정상화와 탈시설화, 통합화를 살펴보면 다음과 같다.

① 정상화와 탈시설화

정상화의 이념은 1950년대 덴마크에서 정신지체인의 생활을 가능한 한 정상적인 생활에 가깝게 추구하기 위해 대두된 이념이다. 1981년 국제장애인의 해를 계기로 전 세계로 파급된 이념으로서, 정신지체인뿐만 아니라 모든 클라이언트를 대상으로 하는 개념으로 확대되었다. 지역사회복지실천에서 정상화의 이념은 클라이언트가 가능한 한 가족생활을 기반으로 각 생활주기에 대응하는 보통의 발달과제로서 인간으로서의 욕구를 충족시키며, 이웃관계, 교육, 고용, 문화 등을 포함한 그 이외의 사회적 교류의 기회가 정상적으로 확보될 수 있는 지역사회의 체계를 만들어 내는 것을 목적으로 한다. 또한 정상화는 특별한 장애나 욕구를 가진 사람이라고 해서 지역사회와 분리된 곳, 즉 시설이나 병원 등에서만 살아가는 것은 인간다운 삶이 아니므로 가능한 한 일반인이 살아가는 보통의 삶과 유사한 생활을 살아갈 수 있도록 하는 것을 의미한다.

그리고 1920년대 영국에서 주창된 지역사회보호(community care)는 구빈원(poor house)의 폐해에 대한 개선책으로 등장하여 시설보호와 함께 지역사회 내에서의 자립을 중심으로 한 지역사회복지가 전개되었다. 지역사회보호를 이끈 이론은 시설병과 탈시설화에 대한 이론이다. 시설병이란 입소시설이나 요양시설에서 장기적인 집단생활을 할 경우 발생하는 부정적인 요소, 부적응적인 특징을 말한다.

이러한 시설병은 사립시설보다 공공기관에서 운영하는 시설에서 또는 지역주민에게 개방된 시설보다는 개방되지 않은 시설에서, 그리고 자원봉사자의 손길이 많이 닿는 곳보다는 많이 닿지 않는 시설에서 더 많이 발생하고 있다(김범수, 2012).

이러한 시설병에 대한 우려로 인해 미국이나 유럽 지역에서 탈시설화가 시작되었다. 1960년대 미국 사회복지시설 서비스를 가리켜 탈시설화의 시대라고 할 만큼 적극적으로 전개되었다.

② 통합화

통합화의 이념은 장애인이나 노인 등의 보호대상자가 자신들이 성장한 지역사회에서 일반주민들과 함께 생활해야 한다는 것이다. 역사적으로 볼 때 보호대상자들은 지역사회로부터 격리된 수용시설에서 특별히 보호받는 것이 일반적이었으나, 최근에는 인간의 기본적 인권을 중요시하는 입장에서 복지적 처우는 격리적 보호에서 통합적 처우를 중시하는 방향으로, 또는 시설보호에서 재가복지와 지역사회복지를 중시하는 방향으로 전환되었다. 아울러 통합화는 정상화의 이념을 달성하기 위한 주요한 원칙으로서 그 목적은 지역사회의 보호대상자들이 가능한 한 지역주민들과 함께 생활하고 일하는 것을 원칙으로 한다.

(2) 지역사회복지 실천의 목적과 목표

지역사회복지의 목적은 무엇인가? 지역사회가 당면한 지역문제들을 해결하기 위해 지역사회를 변화시켜 지역문제를 해결하는 것이 지역복지실천 활동의 목적이다.

그러면 지역사회를 변화시킨다는 것의 의미는 무엇인가? 그것은 다차원의 변화를 포함하고 있다(지은구, 2005).

첫째, 지역사회 문제를 경감하고 예방하고 과업을 성취하며 자원을 활용하도록 개인, 집단, 가족, 지역을 도움으로써 그들의 사회적 기능을 고취, 증진, 유지, 보존시킨다.

둘째, 사회복지재화와 서비스의 개발과 확대를 통해서 지역주민들의 삶의 질을 향상시키고 지역의 힘과 자원의 평등하고 공평하며 적절하고 효율적인 분배의 조화를 통해서 사회정의를 실현한다.

이상의 목적과 더불어 지역사회복지실천의 목표는 다음과 같다. 목적에 따른 목표를 펄먼과 구린(Perlman & Gurin, 1972)은 네 가지로 설명하였다.

① 지역사회 참여와 통합강화

지역사회에 있는 모든 집단이 자신들의 의사를 표현하도록 격려하고 효과적인 상호작용을 통해 자신들의 사회환경을 개선하는 방안에 대해 합의하도록 한다. 그리고 집단들과 조직들 간의 적응과 협동적인 관계가 중요한 목표가 된다(Ross, 1967).

② 문제대처능력의 강화

지역사회 또는 지역사회의 일부가 환경과 변화에 대처할 수 있는 능력을 갖추도록 하기 위해서 의사소통과 상호작용의 수단을 향상시키는 데 역점을 둔다(Lippitt, 1958).

③ 사회조건과 서비스 향상

지역사회의 욕구와 결함을 찾아내어 사회문제를 해결하거나 예방하기 위한 효과적인 서비스와 방법을 개발하는 것이 중심목표이며, 특정 목표의 설정과 이들 목표를 달성하기 위한 자원의 동원이 포함된다(Morris, et al, 1977).

④ 불이익 집단의 이익증대

특수집단(하위계층, 소수집단, 도시 빈민지역 주민 등)이 받아야 할 물질적 재화와 서비스의 몫을 증대시킴으로써, 또한 지역사회의 주요 결정에 있어서, 그들의 이익을 증대시키는 것이다(Grosser, 1969).

4) 지역사회복지 실천의 가치와 윤리

지역사회복지에 있어서 가치의 강조는 곧 지역주민이나 집단성원들의 복지의식 성장으로 현실적으로 나타나게 된다. 그리고 어떠한 직업도 직업적 윤리를 바탕으로 하지 않은 직업은 존재하지 않듯 지역사회복지실천에서도 직업적 윤리의 바탕인 사회복지의 가치와 실천 윤리가 강조되어야 한다.

(1) 지역사회복지 실천의 가치

지역사회복지 실천가들이 지역으로의 개입을 통한 실천행동을 수행하는 데 있어 지적될 수 있는 실천윤리강령에 포함되어 있는 내용으로는 다음과 같은 것들이 있다(Hardina, 2002; 지은구, 2005 재인용).

① 다양성 및 문화적 식견(이해)

다양성과 문화적 식견은 지역사회복지 실천가가 인간의 다양성과 다양한 문화를 이해하고, 그것이 인간의 행동과 사회에 대해 행하는 기능을 파악하는 일과 관련을 맺는다. 이러한 가치는 미국과 같은 다문화사회에 보다 더 어울리는 것이지만, 기본적인 태도는 공통적으로 적용될 수 있을 것이다.

② 자기결정권과 임파워먼트(역량강화)

자기결정권은 클라이언트가 전문가의 개입 여부를 결정하고 개입의 방법과 그것이 가져올 결과 등에 대해서도 선택할 수 있도록 하는 것을 말하며, 임파워먼트는 대상자 집단이 의사결정에 참여하는 것을 매우 소중히 여기는 것을 말한다.

자기결정과 임파워먼트에 초점을 둔 실천은 대상자 스스로가 환경을 이해하고 선택하며, 선택에 대해 책임을 지고, 조직화와 옹호를 통해 자신의 삶의 위치에 영향을 줄 수 있도록 개인의 능력을 발전시키기 위해 노력한다.

③ 비판적 의식의 발전

비판적 의식의 발전은 지역사회복지 실천가가 억압을 조장하는 사회의 메커니즘을 인식할 뿐만 아니라, 그러한 사회의 구조 및 의사결정과정을 주시하고 이해하는 것을 가리키며, 한발 더 나아가 이를 서비스 대상자들과 공유함으로써 그들의 비판의식을 제고하는 것을 말한다.

④ 상호학습

상호학습은 지역사회복지 실천가가 조직화의 과정에서 파트너인 대상자집단의 문화적 배경에 대해 적극적으로 배워야 한다는 것을 의미한다. 이것은 대상자 집단으로 하여금 클라이언트로서의 역할을 뛰어넘어 교육자이자 파트너로서의 역할을 맡을 수 있도록 고무할 수 있어야 한다는 것을 말하는 것이다. 이 가치는 실천가와 대상자 집단이 사회변화의 과정에서 동등한 파트너라는 점을 시사하고 있다.

⑤ 사회정의와 균등한 자원배분에 대한 헌신

사회정의와 균등한 자원배분에 대한 헌신은 지역사회복지 실천가가 억압적이거나 정의롭지 못한 사회현실을 변화시킬 책임을 포기하지 말아야 한다는 것을 의미한다. 사회정의의 의미는 매우 상대적이지만, 여기에서는 공정성, 개인의 복지에 대한 집합적 책임의식, 이타심, 균등한 자원 · 기회 · 권리 · 혜택의 배분 등이 그 예가 될 수 있다.

(2) 사회복지사의 결정 수립과 사회복지의 가치

지역복지 실천분야에서 활동하는 사회복지사들은 많은 결정의 순간에 직면하게 되는데 이성적 결정수립도 중요하지만 무엇보다 중요한 것은 그들의 직업적 실천윤리의 원칙에 근거하여 결정해야 한다는 것이다. 지역복지사가 다양한 결정 시 고려해야 하는 사회복지가치의 근본원천은 다음과 같다(지은구, 2005).

첫째, 사회복지사가 계획하고 발전시키고 제공하는 모든 사회복지 재화나 서비스, 프로그램들은 분명한 목적을 성취하기 위해 그리고 특정 인구집단에 제공되기 위해 만들어졌다는 것을 분명히 인식해야 한다.

둘째, 프로그램이나 서비스 목표의 우선권에 대한 것으로 가치지향적인 입장에서 무엇이 가장 사회적 만족, 집합적 가치를 위한 것인지에 대한 확실한 기준을 가지고 있어야 한다.

셋째, 사회복지사들은 상이한 클라이언트들이 행하는 다양한 행동들에 대한 기여, 혜택, 서비스 또는 프로그램이 공평하게 이루어질 수 있도록 형평의 원칙에 입각하여 자원의 배분과 할당에 있어 균형을 유지해야 할 필요가 있다.

넷째, 사회복지사가 특정 사례나 특정 분야에 어떤 이론적 접근이나 실천모델이 적당한지 결정할 때 개인적 가치선호보다는 클라이언트를 위한 문제해결식 접근방법으로 결정하는 방법을 취할 수 있어야 한다. 이성적 문제해결식 접근방법은 기본적으로 문제의 확인, 결정을 위한 자료의 수집, 모든 선택 가능한 대안들의 수립, 선택대안들이 가지고 올 결과에 대한 기대, 최선의 대안을 결정, 실행, 평가하는 단계를 거친다.

5) 지역사회복지 실천에 있어서 관여수준

사회복지 실천은 일반적으로 미시적 수준(개인, 가족, 집단)과 거시적 수준(조직, 지역사회)에서의 개입을 의미한다. 거시적 수준에서 개입을 하는 사회복지 실천가는 종종 '정책실천'을 담당하는 곳에 종사한다. 따라서 정책변화는 조직과 지역사회에서 일어나는 매우 통합적인 성격을 띠고 있다. 거시적 수준에서 전문적 역할을 하는 사람들은 '계획 수립가', '정책 분석가', '프로그램 조정가', '지역사회 조직가', '경영자', 그리고 '행정가' 등으로 불리고 있다. 거시적 수준에서의 개입이 복잡성을 띠고 있지만 관리가 가능하도록 하기 위해서는 체계적 접근이 이루어져야 한다.

지역사회복지 실천의 체계적 접근은 욕구 파악과 변화에 대해 연구하고 분석하는 데 사회복지 실천가가 활용할 수 있는 하나의 접근 방법이며, 종국적으로 문제에 대한 해답을 제시해 준다. 특정 문제는 대상에 대해 사회복지사가 관심을 가짐으로써 제기될 수 있다. 특정 지역에 거주하는 주민집단은 현재 이슈되고 있는 것과 검토할 필요성이 있는 관심사를 제안할 수 있다. 대상에게 제공되고 있는 서비스의 질과 같이, 현장에서 이슈화되고 있는 것들은 공론화되어 이의 해결을 위해 조직적인 개입이 필요하다. 지역사회의 문제는 변화에 대한 욕구가 무엇인지 매우 명백해질 수 있다.

따라서 사회와 지역사회의 문제 및 욕구는 문제, 인구, 지역, 조직 등이 움직이는 더 넓은 환경 속에서 검토되어야 한다. 또한 사회와 지역사회의 문제 및 욕구를 효과적으로 다루기 위해서는 변화의 시나리오가 작동되는 정치적 환경 내부에 대한 인식이 필요하다. 그러므로 정치적 및 정책적 맥락에 대한 이해의 중요성과 욕구가 지나치게 강조되어서는 안 될 것이다.

그리고 거시적 실천의 기반은 사회복지가 전문직이라는 사명감을 이해하는 것에서 거시적 실천이 왜 중요한지를 인식하는 데 근본적으로 필요하다. 사회복지의 사명은 지역사회에 대한 의미와 목적, 그리고 책임감을 정립하는 데 있다. 그것은 단지 지역사회에 대한 몰입과 책임성, 그리고 사회적 지지를 위한 기초를 구축함으로써 가능하다(김치영 외, 2009).

연습문제

1. 지역사회에 관한 설명으로 옳은 것은?

① 지리적 지역사회와 기능적 지역사회로 구분한 사람은 로스만(Rothman)이다.
② 장애인 부모회는 지리적 지역사회에 해당한다.
③ 교통 및 통신수단의 발달로 과거에 비해 기능적 지역사회가 더 많이 나타나게 되었다.
④ 지역사회는 의사소통, 교환, 상호작용의 필요성이 점차 줄어들고 있다.
⑤ 산업화 이후 공동사회가 발전되어 왔다.

2. 다음 중 지역사회를 정부의 행정구역에 따라 구분한 것은?

① 시·도, 시·군·구, 읍·면·동
② 서울, 부산, 대구, 진주, 진해 등
③ 농·어촌, 광산촌, 산촌
④ 인천 차이나타운
⑤ 도시 저소득 밀집지역

3. 다음에서 지역사회복지실천의 이념으로 옳은 것을 모두 고르시오.

가. 주민참여　　나. 탈시설화
다. 정상화　　라. 사회통합

① 가, 나, 다　② 가, 라
③ 가, 다, 라　④ 나, 다
⑤ 가, 나, 다, 라

4. 지역사회복지에 관한 설명으로 옳은 것은?

① 사회문제에 대한 사후관리에 초점을 둔다.
② 시설보호를 바탕으로 발전된 개념이다.
③ 최근에는 공공과 민간의 협력이 강조되고 있다.
④ 아동, 청소년, 노인 등 대사 중심의 활동이다.
⑤ 전문 인력을 통한 전문적 서비스에 한정된다.

5. 지역사회복지실천의 원칙으로 옳지 않은 것은?

① 지역사회는 특정 이익집단을 위해 활동해야 한다.
② 지역사회는 있는 그대로 이해되고 수용되어야 한다.
③ 지역복지가 사회복지실천의 한 분야임을 인식한다.
④ 사업을 진행함에 있어 욕구의 가변성을 인식해야 한다.
⑤ 지역사회의 사업은 자기결정권을 바탕으로 수행되어야 한다.

문제 해설

1번 해설

정답 : ③

해설 : ③ 지역사회는 과거에서 현대로 옮겨간다(기능적 지역사회가 확대됨).

오답 : ① 로스 ② 기능적 지역사회 ④ 늘어나고 있음 ⑤ 이익사회

2번 해설

정답 : ①

해설 : ① 행정구역에 따른 기준이다.

오답 : ② 인구크기 기준 ③경제적 기반 기준 ④⑤사회적 특수성 기준

3번 해설

정답 : ⑤

해설 : ⑤이면 '네트워크'도 해당된다.

4번 해설

정답 : ③

오답 : ① 사후관리적 기능도 있지만 예방적 기능에도 초점을 둔다.
② 시설보호와 대치되는 개념이다.
④ 지역주민이 대상이다.
⑤ 전문과 비전문 인력이 포함된 활동이다.

5번 해설

정답 : ①

해설 : ① 지역사회는 다양한 집단을 포함한다.

생각해 봅시다

〈보충개념정리〉

-지역사회와 커뮤니티
-지역사회복지 : 지역사회 + 사회복지
-지역사회복지실천 : 지역사회 + 사회복지실천

〈토론 및 논의 문제〉

* 지역사회와 지역사회복지에 관한 학습을 통해서 다음과 같은 내용을 토론해보자.

1. 우리는 지역사회를 살고 있다. 로스가 정의한대로 지리적 지역사회와 기능적 지역사회에 살고 있다. 그리고 우리가 살고 있는 지역사회는 정치 · 경제 · 사회 · 문화 등의 제도를 이루고 있다. 이러한 제도는 다양한 기능을 수행하고 있다. 이러한 제도와 기능의 수행은 지역사회의 여러 문제를 해결하기 위한 것이다. 그럼에도 불구하고 지역사회에서는 다양한 지역 문제를 안고 있다. 다양한 지역문제의 해결은 좋은 지역사회를 만들기 위한 노력이기도 하다.

2. 좋은 지역사회를 만들기 위한 노력은 어떻게 하는 것인가?

3. 전주의 한옥마을 유지, 경주의 황리단길, 안동의 전통 마을 보존, 각 지역의 아파트 재건축 등에 대해 토론해보자.

4. 젠트리피케이션(Gentrification)의 사례를 찾아보고 논의해보자.

제2장 지역사회복지 역사

§1. 한국 지역사회복지의 역사

1. 한국 지역사회복지의 역사

우리나라 지역사회복지의 역사를 살펴보면 한국에 지역사회복지가 도입되기 훨씬 전부터 전통적 지역공동체 안에서 상호부조의 사회복지 기능이 고대로부터 존속되어 왔으며, 대표적인 것이 두레, 계, 품앗이, 향약, 오가통 등이다[1)].

1) 근대 이전의 지역사회복지(1950년 이전)

근대 이전의 시기에 지역사회복지는 국가에 의한 제도보다는 촌락단위의 협동관행이 중점적으로 이루어졌다. 이 시기에는 전통적인 농경사회와 유교문화로 인하

1) 한국 지역사회복지의 역사는 김범수 · 신원우(2016), 엄태영(2016), 천정웅 외(2016), 이태희 외(2014), 전해황 외(2016) 등을 참조하였다.

여 촌락을 중심으로 촌락 자치 질서를 주도하였으며, 당면문제에 대한 공동의 노력과 상호부조를 위한 공동체를 형성하게 되었다. 그 가운데 대표적인 조직체들은 두레, 계(契), 품앗이, 향약(鄕約), 오가통 등으로 오늘날까지도 그 형태가 남아 있다.

두레는 촌락 단위에 조직된 농민들의 상호 협동체를 의미하는데, 농사일 협력을 위해 공동 방어, 상호 부조, 공동 오락, 협동노동, 공동소유의 역할도 담당하였다. 두루두루의 의미를 지닌 상호 교환 방식으로 노동력이 없는 노인, 아동, 한부모 가정의 농사일을 도우며, 마을 단위의 재분배 성격을 지닌 협동 시스템으로서 오늘날에도 농촌을 중심으로 상호 협동의 생산 방식이 남아 있다.

계(契)는 한국사회 특유의 조합적 성질을 가진 협동조직으로서 전통적 생활구조의 사회·경제적 측면에서 매우 중요한 의미를 지닌다. 우리 전통사회에서 계의 목적은 공익, 산업, 영리, 친목, 공제 등 다양하게 나타나며, 오늘날에 그 형태나 방식면에서는 변형되어 왔지만, 친목과 공제를 목적으로 민간 차원의 계조직이 활발하게 형성되어 있다.

품앗이는 부락 내 농민들이 노동력을 서로 차용 또는 교환하는 조직으로서, 이익사회적 성격을 가지는 것으로, 우리나라 농촌의 가장 대표적인 노동협력 양식이다.

향약은 전통적인 유교 사상의 영향으로 지역사회의 발전과 지역 주민의 순화, 덕화, 교화를 목적으로 하는 지식인들 간의 자치적인 협동 조직으로서 오늘날 지역사회복지의 정신과 상통하는 철학을 지닌다.

오가통(五家統) 제도는 중국의 인보제도를 본받아 우리나라에서 실시한 제도로서, 다섯 가구 중에서 나이가 많거나 지위가 높은 사람이 대표(統首:통수)를 담당하였다. 오가통은 강제성을 지닌 조선시대의 인보제도로서, 구역 내에 거주하는 모든 지역주민이 상부상조하며 연대감을 갖고, 지역 내의 치안 유지와 복리를 증진하는 지방행정의 자치제도였다(구자헌, 1970).

이후 20세기에 들어와 우리나라에는 외국선교사들에 의해 인보관이 설립되었으며, 이는 현재 사회복지관의 모체로 볼 수 있다. 1906년 메리 놀스(Mery Knowls)가 '반열방'이라는 이름으로 원산에 설립한 것이 우리나라 최초의 인보관이며, 여성을 위한 교육이나 보건사업 등을 통해 일본 관리의 감시를 벗어나기 위한 하나의 선교 전략이라 볼 수 있었다. 그 후 1921년 미국인 선교사 마이어스(Myers)가 설립한 태화사회관이 순수한 목적의 인보관이라고 할 수 있다.

일제강점기에 다양한 지역사회복지 차원의 움직임은 식민정책의 일부인 시혜 또는 자선으로서 우리 국민의 충성도를 높이려는 정치적 의미가 컸다. 근대적 행정제도의 도입은 우리 고유의 전통적인 지역사회복지 기반 활동을 해체시키는 계기가 되었다. 1944년 3월에는 전문 33 조로 된 조선구호령이 시작되어 근대적인 공공부조제도가 마련되었지만, 식민정책의 일부로서 복지사업을 활용하였을 뿐이다.

2) 지역사회복지 형성기(1950년대~1970년대)

한국의 사회복지사업은 광복 이후 급속한 사회변화와 한국전쟁에 따른 사회혼란 등으로 아동, 노인, 장애인 등을 위한 수용시설사업이 주류를 이루었다.

1950년대에서 1960년대는 지역사회복지의 형성기로서 외국 민간원조기관들이 전쟁고아들을 위한 시설보호와 빈민구호 활동에 주력하면서 지역사회복지의 기틀이 마련되었다(김용환 외, 2014). 또, 해방 이후 빈민을 위한 민간자원동원차원에서 만들어진 것이 바로 모금회 활동이다. 1951년 공동모금의 법적 근거를 마련하였고, 지역사회차원의 자원동원을 통해 지역주민들을 대상으로 지역복지활동에 대한 참여의 기회를 부여했다는 의의를 가진다.

① 외국 민간원조단체의 활동과 지역사회복지

6 · 25전쟁 중인 1952년 부산에서 7개의 외원기관이 모여 기관 간에 협력을 통한 효과적인 구호사업을 전개하기 위해서 외국 민간원조 단체 한국연합회(Korean Association of Voluntary Agencies: KAVA)를 결성하여 보건, 교육, 지역사회개발 등의 활동을 펼쳐나갔다. 연합회(KAVA)가 우리나라의 사회복지사업에 미친 영향으로는 상호 정보교환을 통해서 원조의 중복을 피했으며, 미국식 전문사회사업의 실천

방법과 관련된 이론들을 국내에 소개하는 데 큰 역할을 하였다.

② 지역사회개발사업과 새마을운동

1958년 9월 우리나라에서 본격적인 체제를 갖춘 지역사회개발사업이 시작되었는데, 지역사회개발사업은 1970년대 새마을운동사업으로 전환되어 지역사회복지실천을 위한 기반이 되었다.

지역사회개발모델의 대표적인 형태라고 할 수 있는 새마을운동은 생활환경개선과 소득증대사업 등 다양한 성과로 인한 한국 경제발전의 초석이 되었다는 평가를 받고 있으나, 정부주도의 강제적 운동이었다는 측면에서 자발적인 주민참여와 전문성 결여 및 과업을 강조하였으며, 새마을 지도자 중심으로 한 소수의 리더에 의해 주도 되었다는 점에서 한계를 가지고 있다(남일재 외, 2015).

3) 지역사회복지 정착기(1980년대~1990년대 초반)

1980년대는 복지사회건설의 제5공화국 국정지표를 추진하기 위해 「생활보호법」을 전면 개정하는 등 복지시책을 강력하게 주도하기 시작한 시기였다. 이 시기의 지역사회복지는 정부 주도하에 지역사회복지관의 설립, 재가복지서비스의 도입, 사회복지전담요원제도 실시, 지역사회행동모델의 확대 등으로 더욱 구체화되기 시작하였다.

1983년 「사회복지사업법」 개정에 따라 사회복지관은 공식적으로 국가의 지원을 받게 되었다. 특히 임대아파트 단지 내 사회복지관 건립이 법제화되면서 저소득층 복지향상에 기여하였으며, 또한 이 시기에 지역사회중심의 사회복지서비스를 제공하는 재가복지사업이 도입되었고, 재가복지는 노인복지와 장애인복지의 민간분야에서 처음으로 시도되었다.

노인복지분야에서는 1980년대 초에 노인결연사업, 상담사업이 확대되어 가정봉사원 파견사업으로 실시되었으며, 장애인복지 분야에서는 지역사회중심 재활사업이 실시되어 장애인 가정방문을 통한 상담, 진단치료, 교육 프로그램 등 재가복지서비스가 실시되었다.

한편 1987년부터 전국 읍 · 면 · 동사무소에 사회복지전담요원(사회복지전담공무원)을 배치하기 시작하여 지역의 생활보호대상자(국민기초생활보장수급자)를 중심으로 하는 공공부조 업무를 수행하였다. 이 제도는 공공부조 사업뿐만 아니라 지역사회중심의 공공사회복지 전달체계가 발달하는 계기가 되었다(이양훈 외, 2007).

1980년대 중반 이후 정치, 경제, 사회적인 변화는 지역사회조직사업의 유형도 지역사회개발모델에서 지역사회행동모델인 지역사회복지운동으로 점차 확대시키는 경향을 띠기 시작하였다.

4) 지역사회복지 발전기(1990년대 중반~현재)

1990년대 이후 지역사회복지는 본격적인 지방자치제도의 실시, 사회복지 정책의 확대, IMF 경제위기라는 외부환경의 변화로 인해 새로운 전환기를 맞았다. 즉, 1995년 지방자치제도의 실시는 지역사회복지의 전개에 지방자치와 주민참여의 활성화를 가져왔다(양정하 외, 2008).

1997년 「사회복지사업법」 개정에 따른 사회복지관 평가제 도입으로 인해서 사회복지관의 운영 및 프로그램의 효율성 및 전문성을 강화하였으며, 지역사회중심의 자원동원과 서비스전달체계의 확립 및 지역주민의 조직화사업 강화 등 지역사회복지의 실천영역을 확대시켰다.

2000년대 들어서면서 우리나라의 지역사회복지는 능동적 복지와 고령친화적 복지를 지향하고 있으며, 2000년 1월 1일부터는 재가복지(봉사)센터를 부설로 운영하던 사회복지관과 통합하여 재가복지(봉사)팀의 새로운 형태로 운영하고 있다.

2000년대 광역단체 및 기초자치단체 사회복지협의회의 독립법인화, 지역사회복지협의체의 구성, 지역사회복지계획의 수립과 실행, 사회복지재정의 지방분권화 등으로 지역사회중심의 사회복지가 더욱 강화되고 있다(김종일, 2005).

2000년 10월에 국민기초생활보장법의 시행으로 지역사회 중심의 자활 지원 사업이 본격적으로 전개되었다. 특히 자활 사업은 지역성을 반영한 다양한 일자리 창출을 시도하고 있으며, 취업 성공패키지 등과 같은 취업 지원 사업도 적극적으로 진행하고 있다. 지역 주민의 특성을 고려하여 지역 중심의 일자리를 만들어내는 과정에서 지역 지역사회의 적극적인 참여와 지원이 존재 된다는 점에서 지역사회복지적 차원의 의의가 크다.

2003년 사회복지사업법 개정으로 지역사회복지계획 수립 의무화 및 지역사회복지협의체 설치 근거가 마련되었으며, 2004년 아동복지법 개정으로 지역 아동 센터가 법제화 되었다.

2006년 자원봉사활동 기본법이 시행되어 지역사회복지 차원에 다양한 인적 자원 발굴의 시초가 마련되었다. 2007년 주민생활 지원서비스 전달 체계가 전면 시행되었고, 전자 바우처 사회 서비스 사업과 지역사회 서비스 투자 사업이 실시됨으로서 현재까지 지속적인 사회 서비스 영역에서 양적 증가를 하고 있다. 2008년 7월 1일부터 정부는 노인 인구 증가로 인한 초고령 사회에 대비하여 노인장기요양보험제도를 시행하고 있다.

2010년에는 사회복지 통합관리망 행복(e음)이 구축되었고, 2012년 시 · 군 · 구에 희망복지지원단이 운영됨으로서 공공영역 중심에 통합사례 관리가 시행되기에 이른다. 2013년 사회보장 정보시스템이 개통 되었고 2015년 사회보장 급여 이용제공 및 수급권자 발굴에 관한 법률이 시행되어 지역사회복지 계획이 지역 사회보장 계획으로 변경되었다. 특히 지역사회보장 계획으로 변화하면서 복지 외에도 교육,문화, 고용, 주거등의 다양한 영역으로 확대되는 결과가 나타났다. 2016년도에 읍 · 면 · 동의 복지 기능을 강화하면서 동 주민센터를 권역별로 묶어 행정 복지 센터로 명칭 변경하여 '읍 · 면 · 동 허브화사업'을 시행하였다.

2018년 찾아가는 보건복지 서비스를 시행하고 민관 공공 사례 관리로 종합사회복지관, 장애인복지관, 노인복지관의 3대 복지관과 행복e음 시스템을 공유하며, 관할 보건소에 치매 안심 센터를 설치 시행하였다. 2019년 공공 부분에서 사회 서비스를 직접 제공하는 사회 서비스원을 2022년까지 시행하는 등 지역사회복지 시스템이 더욱 강화되고 있다.

§2. 외국의 지역사회복지 역사

지역사회복지는 전통적으로 국가 주도의 사회복지에서 발생하는 다양한 문제점들로 인한 사회복지 사각지대의 공백을 보충하기 위해 발달되어 왔다. 이러한 성격으로 인해 지역사회복지는 공공부문보다는 민간부문의 자발적 참여가 강조되어 자선조직운동을 중심으로 전개되었다. 특히 지방자치가 발달된 영국과 미국은 주민의 자발적이고 적극적인 참여를 기반으로 하는 지역사회복지가 정착되었으며, 이러한 영 · 미식 지역사회복지는 한국을 포함한 다른 나라에도 많은 영향을 주었다[2].

1. 영국 지역사회복지의 역사

1) 지역사회복지의 기원(1800년대 후반~1950년대 초반)

19세기 초부터 확산된 도시 중심의 산업화 과정은 농촌지역의 노동인력과 그 가족들을 도시로 집중시키는 결과로 나타났고, 그로 인한 주택 부족과 열악한 주거환경, 위생, 의료, 교육 등의 다양한 사회문제가 발생하게 되었다. 이 시기에 대표적인 지역사회복지 역사 과정이라 할 수 있는 자선조직협회와 인보관 사업이 이루어졌다. 1834년 「신빈민법」으로도 노동자들의 빈곤문제가 해결되지 못하고, 경제상황이 좋아지지 않음에 따라 많은 자선조직들이 난립하였다. 이에 따라 산업혁명 이후 야기

2) 영국 지역사회복지의 역사는 전해황 외(2016), 박서영 외(2015), 엄태영(2016), 천정웅 외(2016) 등을 참조하였다.

된 많은 사회문제에 대처하기 위한 민간자선단체들의 활동조정과 체계적인 원조를 목적으로 자선조직협회(COS: Charity Organization Society)가 설립되었다. 이 협회는 직접 구제보다는 기존 자선단체들의 상호관계 증진에 중점을 두었으며 빈곤가정의 욕구조사를 통해 서비스를 제공하는 개별사회사업(case work)의 시작으로 지역사회복지를 시작하였다고 할 수 있다(황철수 외, 2011).

이러한 빈민에 대한 환경조사를 위해 자선조직협회 내에 조사부를 설치하고 빈민들에 대한 중산층들의 개별(우애)방문(friendly visitor)을 통해 빈곤을 탈피할 수 있도록 인격적인 접근을 하게 된다. 개별(우애)방문을 실시하게 된 것은 이전과는 달리 전문적인 사회복지적 접근이 시작되었다는 점과 함께 환경조사 과정에서의 과학적인 접근으로 사회조사를 발전시켰다는 점에서 매우 큰 의의라 할 수 있다.

또한, 그 무렵 빈곤거주지역의 환경개선을 목표로 런던에서는 최초의 인보관인 토인비 홀(Toynbee Hall)이 개관되었다. 사무엘 바네트(Samuel Barnet)목사는 대학생들과 함께 빈민지역에서 함께 생활하면서 빈곤자를 대상으로 하는 교육, 문화활동, 보건 및 빈곤문제에 지역주민들의 관심을 불러일으키는 사회운동을 전개하였다.

이와 같이 자선조직협회와 함께 지역사회복지의 역사상 매우 큰 의미를 지니고 있는 인보관(settlement) 사업이 시작되었다. 인보관 운동은 1854년 데니슨(Edward Denison) 목사가 주축이 되어 옥스퍼드와 케임브리지 대학의 학생들을 중심으로 시작되었으며 영국 최초의 인보관인 토인비 홀(Toynbee Hall)은 1884년 바네트(Samuel Barnet)목사에 의해 런던 동부 빈민 지역에 설립되게 된다. 인보관 운동은 대학생들이 빈민들을 자신의 이웃으로 생각하고 이들과 함께 생활하면서 이들을 대상으로 빈곤을 극복할 수 있는 다양한 교육사업을 전개해 나간 활동이다.

자선조직협회와 인보관 운동(settlement movement)과 같은 민간차원의 지역사회복지는 1920년대에 들어서면서 지역사회보호사업으로 전환되어 갔는데, 시설수용에 대한 반성, 노인을 위한 재가복지서비스 등 지역사회 내에서 조직적으로 사회복지서비스를 제공하기 시작하였다(김범수 외, 2012).

그 후 제2차 세계대전 후, 베버리지 보고서를 기반으로 하여 국가가 복지의 일차적인 책임자가 되었고, 지방정부가 지역사회복지를 관할하게 되었다. 1942년 베버리지 보고서에서는 사회문제를 무지, 불결, 질병, 나태, 결핍 등 5대악으로 규정하고, 사회보험의 성공을 위해 완전고용, 포괄적 보건서비스, 가족수당의 필요성을 강조하였다.

2) 지역사회복지의 태동기(1950년대 후반~1960년대 후반)

영국의 지역사회복지는 1920년대 정신장애인의 치료와 서비스를 위해 시작하였으나, 약물요법의 발전과 더불어 지역사회 내에서의 치료와 서비스가 강조되었다. 1950년대 들어서서 두 차례에 걸친 "정신병과 정신장애에 관한 왕립위원회 보고서"가 제출되고, 1959년 정신위생법 제정으로 지역사회보호가 법률적으로 규정됨으로써 재가복지서비스중심의 지역사회보호정책이 전개되기 시작하였다. 이 법은 정신병과 정신장애에 대한 왕립보고서의 영향을 받아 재가복지서비스가 법률적으로 규정한 것이었다. 이후 탈시설화와 지역보호 등 환자를 시설보다 지역에서 보호해야 한다는 정책이 시작되었고 1963년 최초의 지역보호계획이 탄생하였다.

3) 지역사회복지의 형성기(1960년대 후반~1980년대 후반)

제2차 세계대전 이후 영국에서는 공공부조의 경우 중앙정부 차원의 사업으로 그 외의 사회복지서비스는 시설 중심의 지방정부가 책임을 지도록 역할이 명확해졌다. 주로 만성질환자에 대한 시설수용 문제의 대안적 접근으로서, 이것이 바로 영국 지역사회복지 내용을 대표하는 지역사회보호(community care)이다.

영국 지역사회보호의 형성기의 특징은 지역사회를 기반으로 한 서비스 통합과 비공식적 서비스의 중요성을 강조하고 있는데, 그 내용은 세 가지 보고서를 통해서 살펴볼 수 있다.

먼저, 1960년대 후반에 발표된 시봄보고서(seebohm report, 1968)는 지역사회보호의 실질적인 전환이 일어난 계기가 되었다. 시봄위원회는 보고서에서 지역사회를 기반으로 한 사회서비스 제공에 초점을 둔 행정개편으로 서비스를 통합하여 지역에 서비스 전담사무소 설치와 지역사회주민참여를 통한 지역사회보호 실현을 강조하였다.

이후 지역사회복지에 영향을 미친 하버트보고서(Harbert report, 1971)는 '지역사회에 기초한 사회적 보호(Community-Based Social Care)'라는 이름으로 출판되었다. 이 보고서는 공공서비스와 민간서비스 외에 가족체계와 지역사회의 비공식적 서비스의 중요성을 강조하였다.

마지막으로 바클레이보고서(Barkley report, 1982)는 대부분의 지역사회보호가 공공 및 민간의 공식 서비스에 의해서 제공되는 것이 아니라, 지역사회주민들의 인간관계에서 비롯된 돌봄 네트워크에 의해 제공된다는 점을 인식하여 비공식 보호서비스와 공식 보호서비스 간의 파트너십 개발을 강조하였다.

결국 재가복지서비스 정책의 구체화는 시봄보고서에 의한 지방정부의 사회복지행정의 개혁, 그리고 국민보건서비스의 개편으로 의료 · 보건 · 복지시스템으로의 전환을 통해 이루어졌다. 이 외에도 지역사회복지에 영향을 미친 하버트보고서(Harbert report)와 바클레이보고서(Barkley report)들의 공통점은 지역사회의 비공식적 서비스 역할의 필요성을 강조하는 데 있다. 즉, 지역사회의 다양하고 복잡한 주민의 모든 욕구를 공공 및 민간서비스만으로 충족시키는 데 한계가 있기 때문에 비공식적 서비스를 통해 지역서비스를 제공해야 함을 제시하고 있다.

4) 지역사회보호의 발전기(1980년대 후반~현재)

1980년대부터 보수당 정부는 국가 위주의 서비스를 시장의 민간 중심 서비스로 전환하는 커다란 변화를 시도하였으며, 이는 다른 선진국들의 복지시스템에도 지대한 영향을 주었다(Bode, 2007). 즉, 1980년대에 복지재정의 압박으로 지역사회보호에 소요되는 공공재정에 대한 재검토가 이루어졌는데, 그 결과 보수당 정부는 그리피스보고서(Griffith report, 1988)로 알려진 '지역사회보호행동지침'을 발표하였는데, 이로써 지역사회보호와 서비스 분야에 대한 복지국가 개혁에 대한 내용이 마련되었다. 이는 신보수주의 경향 하에서 돌봄의 혼합경제(mixed economy of care) 혹은 복지다원주의 논리를 따랐으며, 이후 1990년 「국민보건서비스 및 지역사회보호법」으로 제정, 공포되었다.

이후 개정된 법에서는 시장경제원리의 원칙을 도입하여 지역사회보호서비스의 수준을 향상시키고자 하였으며 더불어 복지다원주의라는 논리에 따라 지역사회보호는 공공부문보다 민간부문의 역할이 강조되었다(오정수 외, 2012). 1993년 지역사회보호개혁에서는 소비자의 선택과 서비스 제공자 간의 경쟁을 통한 지역사회보호서비스 수준의 향상과 케어매니지먼트(care management)의 도입으로 적절한 서비스의 제공 등을 강조하였다. 1990년대 중반부터 2000년대 초반까지 영국 지역사회복지사의 역할은 토니 블레어(Tony Blair) 정부에서 슈어스타트(Sure Start) 같은 프로그램을 통해 지역사회의 불우한 젊은 세대에게 제한된 자원을 연결시키는 것으로 규정되었고, 기술 관료주의와 능력 기반을 기준으로 평가받게 되었다.복지다원주의는 복지제공의 주체 중 국가의 역할을 줄이고 시장, 자원봉사, 비공식부문의 역할을 강화하자는 입장으로, 복지에 관한 주요 의사결정과정에서 주민참여와 자원봉사를 강조하고 있다.

영국의 최근의 흐름은 노인, 장애인, 아동 서비스 제공에서 자조의 개념을 강조하고, 이용자 중심의 욕구 주도 서비스를 강조하며, 민간 부분이 관리 감독에 참여할 수 있도록 법적 근거를 마련하고 모니터링을 확대하고 있다. 뿐만 아니라 사회복지서비스에 민영화를 통해 정부의 복지 지출은 최대한 억제하고 소비자 선택권을 강조함으로서 서비스 제공 주체들 간의 경쟁을 유도해 나가고 있다.

2. 미국 지역사회복지의 역사

미국 지역사회복지의 역사는 19세기 말 산업화 이후 농촌 및 유럽 지역에서 이주한 이주민들의 도시 집중화로 인한 지역사회 문제에서 출발한다. 이후 제1차 세계대전, 대공황, 제2차 세계대전, 빈곤과의 전쟁, 신보수주의 시기를 거치면서 지역사회복지가 발달해 오고 있다. 특히, 미국의 지역사회복지는 다인종, 다민족 중심의 지역적 특성과 문화적 배경으로 사회복지기관의 설립과 재정지원을 위한 모금운동이 활발하게 전개되었다(김종일, 2004:오정수 외, 2004)[3].

1) 지역사회복지의 태동기(1860년대~1910년대)

19세기 초반, 미국은 산업화에 따른 인구의 도시집중과 이민자들로 인한 도시빈곤, 남북전쟁으로 인한 흑인문제, 주택문제, 질병 등 다양한 사회문제를 개선하기 위해서 지역단위의 노력이 필요한 상황이었다.

이 시기에 사회적 문제해결을 위한 활동으로 영향을 미친 것은 무엇보다도 영국의 영향을 받은 자선조직협회와 인보관운동이 대표적이다. 자선조직협회는 지역사회복지서비스의 연계와 지역사회계획 및 조직 간 관계의 원천이 되었으며, 인보관운동은 지역사회개발 · 계획 · 조직화와 변화의 뿌리 역할을 하였다.

(1) 자선조직협회

미국 최초의 자선조직협회(COS: Charity Organization Society)는 영국의 자선조직협회를 본받아 1877년 뉴욕 주 버팔로 시에서 성공회 소속인 거틴(Stephen H. Gurteen) 목사에 의해 창설되었다.

미국의 자선조직협회는 기관 간의 업무조정을 통해 자선의 중복 예방과 빈민구호

3) 미국 지역사회복지의 역사는 김범수 · 신원우(2016), 전해황 외(2016), 천정웅 외(2016), 등을 참조하였다.

단체의 업무를 조정하였으며, 특히 영국협회와 달리 특정 개인이나 가족에게 제공하는 원조활동을 논의하기 위해 사례회의(Case Conference)를 조직화하였고, 직접적 구호와 서비스도 제공하였다. 또한 자선조직협회는 지역사회 내의 복지서비스를 조직화하였고 지역문제해결을 위한 공동모금 능력을 강화하기 위해 사회복지기관협의회로 발전하였다. 이러한 자선조직협회는 빈민들에 대한 우월감을 갖고 있었으며 이러한 분위기에 비판적 견해를 가지게 되었고, 1886년 뉴욕에 근린조합이 설립되었다.

(2) 인보관운동

미국 최초의 인보관은 1889년 제인 아담스(Jane Adams)에 의해 시카고에 설립된 헐 하우스(Hall Honse)로 전해지고 있다. 당시 헐 하우스의 주된 사업은 여성과 소년・소녀의 클럽조직활동, 보육원의 운영, 거리청소 등 지역사회의 개선과 무료 목욕실의 제공, 도서관, 일요학교, 노동보호입법의 제안, 이민자 상담 및 교육서비스 등으로 이로써 본격적인 활동을 전개하였다. 즉, 인보관운동은 주민들의 잠재력을 최대한 발휘할 수 있도록 교육에 초점을 두고, 지역사회가 스스로 그들의 문제를 효과적으로 대처할 수 있는 능력을 배양하는 것이 중요하다고 보았다(홍현미라 외, 2010). 이와 같이 미국의 인보관 사업은 1929년 경제대공황과 함께 지역사회 중심의 근린지역사회센터를 통해 지역주민을 대상으로 하는 서비스가 발달하게 되었으며, 이후에 지역사회조직이론과 기술을 강화시키는 계기가 되었다.

2) 지역사회복지의 형성기(1920년대~1950년대 중반)

미국은 제1차 세계대전 이후 이어지는 산업화와 도시화, 인종 간의 대립, 및 경제대공황여파에 따른 실업자 증가로 인하여 지역사회복지시스템의 한계를 절감하였고, 1935년 뉴딜정책에 의해 「사회보장법」이 도입되어 공공복지사업이 확대되었고, 빈민구제사업이 정부기관으로 이양되었다.

새로운 「사회보장법」에서는 연방정부가 운영하는 노령연금과 실업보험을 통해 전체 노동인구의 50%가 혜택을 받도록 하였고, ADC(Aid to Dependent Children)와 같은 공공부조프로그램을 통해 요보호아동을 위한 수당이 지급되었다.

(1) 지역공동모금제도

제1차 세계대전은 공동모금제도의 발전에 촉진제 역할을 하였는데, 이것은 '전시모금회(War chests)'를 탄생시키고(최일섭 외, 1997), 지역공동모금기관을 만드는 데 중요한 역할을 하였다. 이 제도는 기부자들의 영향력 하에 있었기 때문에 서비스 제공사업 위주로 지원하여 보수적이라는 비판을 받았는데, 오늘날 사회복지공동모금회의 출발점이라는 데 그 의의가 있다고 볼 수 있다(김용환 외, 2014).

(2) 사회복지기관협의회

1939년에는 지역사회복지발전에 영향을 미친 레인위원회의 '지역사회조직의 실천분야'라는 보고서를 통하여 지역사회조직을 사회사업실천 방법으로 공식화하여 전통적 사회사업실천 방법의 하나로 자리 매김을 하게 되었다. 1940년대 이후로는 보건과 복지협의회의 발전, 지역사회계획, 풀뿌리조직의 개발 등 지역사회복지실천이 강조되었고, 1946년 '지역사회조직에 관한 연구협회'가 설립되었고 이는 1955년 '전국사회복지사협회'로 통합되었다.

(3) 지역사회조직화

다양한 사회문제와 빈곤의 해결방법을 개인이 아닌 지역사회조직화(Community Organization: CO)로부터 찾고자 하는 노력을 했는데, 특히 지역사회문제에 초점을 두고 비이데올로기적인 지역주민조직에 초점을 맞춘 지역사회조직 형성, 지역사회 구성원 스스로의 조직을 통한 문제해결에 초점을 둔 알린스키(Alinsky)의 지역사회조직 활동(지역조직운동)이 시도되었다.

3) 지역사회복지의 정착기(1950년대 중반~ 1980년대)

1960년대와 1970년대는 미국에서 빈곤의 재발견으로 특징되는 시기이다. 1960년 케네디와 존슨 행정부에 의해 이루어진 가장 큰 이슈는 '빈곤과의 전쟁(war on poverty)' 정책이며, 사회복지를 위한 연방정부의 역할은 더욱 증대되었다. 그 가운데 지역사회행동 프로그램(Community Action Program)은 지역사회의 주민들을 조직화하여 자신들이 당면한 문제를 직접 해결하도록 유도하는 방식을 사용하여 지역사회를 대변하고 조직하는 활동을 전개해 나갔다. 그 후 '빈곤과의 전쟁' 정책은 실효성 없이 종결되었으나 흑인 및 빈민 운동을 통해 대중을 조직화하는 중요한 계기가 되었다.

특히 1950년대 말 정신건강 분야에 대한 국가 투자가 확대되었고, 1970년대에는 지역사회 정신건강 (Community Mental Health, MH) 프로그램이 활발히 전개된 배경이 되었다.

한편 1970년대와 1980년대의 신보수주의 이념의 확대는 지역사회복지실천모델의 변화에 영향을 미쳤다. 1970년대 초반에 발생한 세계적인 석유파동과 심한 인플레이션의 여파로 경제성장이 위축되면서, 신자유주의와 신보수주의의 등장으로 사회복지에 대한 정부의 지원이 축소되기 시작하였다. 이 시기의 특성을 살펴보면, 지역중심의 지역사회복지에 있어서 평가 및 외부의 영향력이 커졌고, 사회계획과 사회행동을 위한 센터들이 증가했으며, 지역사회복지 실천모델의 접근방법, 프로그램, 목표 등이 다양화·세분화되기 시작하였으며, 민간 비영리기관이 활성화되었다.

4) 지역사회복지의 활성화기 (1980년대~ 현재)

1980년대 들어와 지역사회복지 분야의 가장 큰 변화는 레이건 및 부시의 정권하에서 사회복지 예산이 감축되었고, 지역사회 개입을 위한 전문 사회복지 방법도 크게 위축되었다. 이러한 이유로 자원봉사조직 등 민간 자조조직이 대거 활동하게 되었다.

1981년 레이건 정부의 사회복지 철학은 복지를 개인이나 가족 그리고 지역사회의 책임으로 보았으며 이에 따라 지역사회복지 예산을 삭감하기 시작하였으며, 축소된 예산으로 질적 수준이 떨어지지 않는 사회복지 서비스를 제공하기 위하여 사회복지 기관은 자조 집단을 형성하고 자원봉사를 조직화하려는 노력을 경주하였다. 또한 복지 개혁으로 지역사회 중심의 민간 비영리 조직이 양적으로 확산되었다.

클린턴 정부 때인 1996년 복지 개혁으로 복지수급 기간을 제한하고 근로와 복지를 연계하는 생산적 복지를 강조하였으며 복지관계가 재정립되었다. 이로 인해 사회복지 서비스의 효과성과 효율성 강화 및 평가를 증진하는 계기가 되었다.

3. 일본 지역사회복지의 역사

일본의 현대적 의미의 사회복지는 제1차 세계대전 이후의 쌀 소동을 계기로 빈곤에 대한 인식전환과 더불어 다양한 사회사업이 시작되었다. 이러한 시대적 상황을 토대로 일본의 지역사회복지 과정을 살펴보면 다음과 같다[4].

1) 지역사회복지의 기원(1800년대 말~1945년 이전)

제1차 세계대전으로 인해 독점 자본주의를 확립시킨 일본은 도시와 농촌에서 실업자가 증가하였으며, 1819년 토야마현에서 어부들의 부인들이 생존을 위해 쌀값 인하를 요구하며 쌀가게를 습격하는 사건이 발생하였고, 1890년 언론매체의 주도로 구빈 체계의 문제점을 깨닫고 빈곤을 사회적으로 해결해야 할 사회문제로서 인식하게 되었다. 이것을 계기로 1897년 내무성에 구호과를 설치한 이후에 사회국으로 승격하였고 빈민구호, 군사구호, 실업구제, 아동보호, 기타 사회사업이 국가의 법

4) 일본 지역사회복지의 역사는 고명석 외(2014), 사회복지연구센터(2017) 등을 참조하였다.

령에 명시되었다.

일본은 1900년 사회방위의 목적과 불량청소년에 대한 보호를 실현하고자 「감화법」을 도입하였으며, 1903년에는 오사카에서 전국자선대회가 열린 것을 계기로 1908년 중앙자선협회가 발족해 사회사업가 단체를 전국적 조직으로 발전하게 되었다. 1921년에는 사회사업조사회가 생겨나게 되었고 이것으로 사회사업이 이념으로 등장하게 되었다. 타이쇼(大正)말기에 금융 공황을 계기로 1929년 본격적인 구호법이 제정되었다. 이러한 사회사업은 쇼와(昭和) 공황 아래 만주사변, 중일전쟁 등 전시 후생사업으로 변질하였으며, 1937년 「모자보건법」과 「군사부조법」, 1941년 「의료보호법」이 제정되었고, 1941년 사회사업이라는 용어 대신 후생사업이라는 용어로 사용되었다.

제2차 세계대전 이전의 일본의 지역사회복지 사업은 매우 소극적이었으며, 빈곤의 근대사회적 원인에 대한 이해가 없었기 때문에, 국가 차원의 책임은 회피하던 경향이었다.

2) 지역사회복지의 태동기(1945년 이후~1970년대)

제2차 세계대전 이후 근대적 의미의 지역사회복지라는 용어가 나타나기 시작하였다. 사회복지협의회가 중심이 되어 지역사회복지를 지향하였으며, 미국의 사회복지방법론이 1960년대에 도입되어 실천기술로서 지역사회조직 사업이 정착하게 되었다.

먼저, 1945년부터 1960년대 이전의 일본은 선별주의적인 사회복지의 특징을 가지는데, 태평양 전쟁에서 패배한 일본은 총제척인 기아상태와 사회문제 해결에 직면하게 되면서, 사회복지의 전후 개혁은 연합군총사령부에 의해 추진되었다. 평등의 원칙, 공적 책임의 원칙, 구제비 제한의 3가지 원칙에 의해 사회복지 개혁을 추진하였으며, 가장 시급했던 소위 복지 3법을 통해 전후 일본의 복지를 성립시켰다. 1946년 「생활보호법」, 1947년 「아동복지법」, 1949년 「신체장애자복지법」을 정비하였는데, 이러한 복지 3법은 모든 것이 정부 주도하에 실시되었다는 공통점을 가졌다.

이후, 1960년대부터 1970년대 시기는 사회복지 확대의 특징을 보였는데, 일본은 고도경제성장정책을 전개하면서 질병 등 악순환이 심각하게 되어 1958년에 「국민건강보험법」을 제정하고 보험 체제를 정비, 1959년 「국민연금법」을 통해 연금체제를 발전시켰다. 1960년에는 18세 이상의 정신박약자에 대한 적극적인 복지조치와 원호시설을 규정한 「정신박약복지법」이 제정되었고 1963년에는 「노인복지법」이 제정되어 통합적인 노인복지 서비스를 지향하게 되었다. 1964년 모자가정의 복지증진을 위한 「모자복지법」이 제정됨으로써 복지 6법 체제를 확립해 현재의 복지체제를 완성하게 되었으며, 다수의 지방자치제로서 다양한 사회복지시책이 단독사업으로 시행되면서부터 복지의 지방시대가 시작되었다. 1962년 전국사회복지협의회의 지역사회 재가복지서비스의 활성화와 복지사무소 서비스 부분을 강화하였으며, 1966년 시정촌협의회를 법인화하여 지역복지 문제의 조직적 해결을 위한 체제를 갖추었으며, 1968년 '와상노인 실태조사'를 통하여 구체적인 재가복지사업을 전개했다.

3) 지역사회복지의 형성기(1970년대~1980년대 초)

1970년대와 1980년대는 일본 사회복지 서비스의 변화와 재가복지의 시작이라는 특징을 가진다. 1970년대 경제성장에 따른 도시화, 핵가족 증가, 농촌 인구 과소화 등 복지욕구의 다양화로 대인서비스와 재가복지서비스의 필요성을 강조하여 지역사회정책이 확대되기 시작하였으며, 지역사회복지의 중심이 정부 · 지방자치단체로 이행하기 시작하였다. 1970년 「심신 장애인을 위한 기본법」이 마련되면서 사회정상화를 통해 재가복지서비스, 지역사회 중심의 자립지원서비스 등을 전개하였다.

1973년 말 오일 쇼크로 인한 복지수정론과 복지억제정책이 등장하면서 정부 및 지방자치단체 차원의 정책으로서 지역사회복지를 강조하게 되었으며, 1973년 도 · 도 · 부 · 현 협의회에 봉사은행을 설치하고, 1977년에 자원봉사활동 지도센터를 설치하여 정책을 통한 봉사활동을 강조하고, 자원봉사의 일반화에 기여하였다. 이에 일본정부는 1979년 사회복지에 대한 재정의 대폭 삭감과 행정기구 · 사무의 간소화, 효율화, 민영화를 단행하였다.

4) 지역사회보호의 발전기(1980년대~현재)

1980년대 이후의 일본 사회복지의 가장 큰 변화는 복지재정의 축소로 인한 가족과 지역사회의 책임 강화로 볼 수 있다. 따라서, 1985년 연금개혁의 실시와 더불어 1987년 사회복지 행정권한의 일부를 주민에게 가까운 기초자치제인 시 · 정 · 촌에 위임하였으며, 1989년 3월 재가복지가 강조되고, '고령자 보건복지증진 10개년 전략'의 골드플랜을 만들어 홈 헬퍼, 단기보호, 데이케어서비스라는 재가복지 3대 핵심을 이루었다.

1990년대에는 일본 사회복지 패러다임 전환을 상징하는 지방중심의 사회복지와 복지제도의 개혁을 특징으로 이용자 중심 사회복지로의 전환을 주요 내용으로 하고 있다. 1990년 6월에 '「노인복지법」 등 일부 개정'되어 「사회복지사업법」, 「노인보건법」, 「사회복지 · 의료사업단법」이 포함되어 복지관계 8법 개정이 이루어지면서 오늘날과 가까운 일본의 사회복지 체계가 이루어졌는데, 종합적 복지추진과 계획적 복지행정의 전개라는 특징을 가진다.

1993년 노인보건복지계획의 수립이 의무화되었으며, 1994년 신 골드 플랜의 방향은 자립지원, 보편주의, 종합적 서비스 제공, 지역주의를 기본이념으로 규정하고 있다.

2000년 사회복지법 개정에서는 지역복지 추진이라는 새로운 목적을 제시하며 지역복지계획 수립을 법제화하고 주민참여를 강조하고 있다.

연습문제

1. 자선조직협회(COS)와 인보관에 관한 설명으로 옳지 않은 것은?

① 자선조직협회에서는 우애방문원들이 가정방문을 하였다.
② 성직자나 대학생 등이 중심이 되어 인보관운동을 전개하였다.
③ 우애방문원은 오늘날 사회복지사의 모태라고 할 수 있다.
④ 인보관운동은 사회개혁을 추구했다.
⑤ 인보관운동은 사회진화론에 바탕을 두었다.

2. 영국의 지역사회보호 관련 보고서에 관한 설명으로 옳지 않은 것은?

가. 그리피스 보고서는 지역사회를 기반으로 한 사회서비스 제공을 강조한 첫 보고서이다.
나. 시봄 보고서는 공식 서비스의 역할만을 강조하며 사회서비스 전담사무소 설치를 주장했다.
다. 하버트 보고서는 비공식 서비스를 통해 긴급한 문제가 해결될 수 있다고 보았다.
라. 바클레이 보고서는 공식 서비스와 비공식 서비스 간 파트너십 개발을 강조했다.

① 가, 나 ② 가, 다
③ 가, 나, 다 ④ 가, 다, 라
⑤ 가, 나, 다, 라

3. 인보관 활동에 관한 설명으로 옳지 않은 것은?

① 1884년 영국 바네트 목사가 설립한 토인비홀에서 시작되었다.
② 빈곤을 산업화, 도시화에 따른 사회문제의 산물로 인식하였다.
③ 대학생, 성직자, 지식인들을 중심으로 빈곤주민의 거주지역에서 함께 생활하였다.
④ 우애방문원의 활동은 개별사회사업(case work)이 발전하는 계기가 되었다.
⑤ 다양한 교육활동 및 문화활동을 전개하여 주민들의 잠재력을 끌어내고자 하였다.

4. 최근 공공 사회복지 전달 체계가 읍면동 중심으로 개편됨에 따라 나타난 현상이 아닌 것은?

① 찾아가는 보건복지 서비스 확대
② 읍 면 동에서 통합사례 관리 직접 수행
③ 사회보장정보시스템(행복e음) 개시
④ 보건 복지 고용 연계 등 통합 서비스 강화
⑤ 지역인적안전망 구성의 활성화

문제 해설

1번 해설

정답 : ⑤

해설 : 사회진화론은 변화하는 사회 환경에 스스로의 능력으로 적응해나가는 존재만이 살아남을 수 있다고 하는 적자생존의 원리를 강조하며, 이는 자선조직협회의 사상적 바탕이 되었다. 자선조직협회는 이러한 사상에 입각하여 빈곤의 책임은 빈민 스스로에게 있다고 여기고, 개인의 노력을 강조하였다.

2번 해설

정답 : ①

해설 : 가. 지역사회보호와 관련된 가장 첫 보고서는 시봄 보고서이다.

나. 시봄 보고서는 공식 서비스뿐만 아니라 가족이나 이웃, 지역주민을 통한 비공식 서비스를 통한 지역사회보호의 실현을 강조했다.

3번 해설

정답 : ④

해설 : 우애방문원

- 우애방문원의 활동은 인보관이 아닌 자선조직협회(COS)에서 진행된 것이다.
- 우애방문원은 오늘날 사회복지사의 모태가 되었다. 빈민에 대한 개별방문지도를 수행했으며, 개별사회사업으로 발전하였다.

4번 해설

정답 :③

생각해 봅시다

〈해결문제〉

1. 한국, 영국, 미국의 지역사회복지 역사의 발달 과정 중 현재까지 지속되어 오고 있는 것에는 어떠한 내용들이 있는지 찾아보시오.

2. 한국, 영국, 미국의 지역사회복지 역사 전개 내용 중 서로 연관성이 있는 것들 사이에는 각 나라의 무슨 영역과 어떤 관계가 있는지 분석하고, 공통점과 차이점을 찾아보시오.

〈토론문제〉

1. 내가 살고 있는 지역에서 지역사회복지의 현재 이슈가 되는 내용을 찾아보고, 최우선 지역사회문제에 대한 쟁점사항은 어떠한 것이 있는지 살펴보고, 이에 대한 다양한 대안을 찾아서제시하고, 현실적인 실현가능성에 대하여 토론하여 보시오.

2. 코로나19로 인해 나타난 지역사회 내의 다양한 변화에 대하여 찾아보고, 변화된 지역사회 서비스의 양상 및 미래 대안적 사회복지 서비스 방안을 찾아 적용가능성과 장단점을 토론하시오.

제3장 지역사회복지의 실천이론

지역사회복지 실천현장에서 전문가로서의 사회복지사는 실천적 기술과 이론적 근거가 필수적으로 요구된다. 이때 지역사회복지 실천이론은 보다 전문적이고 체계적인 지역사회복지의 실천적 접근을 가능하도록 과학적인 이론의 틀을 제시해 준다.

따라서, 이론적 기반은 전문적 사회복지사가 복지현장에서 발생하는 지역문제를 해결하고자 할 때 예측 가능한 원인과 결과를 도출할 수 있는 근거를 만들어 준다. 즉, 이론은 실천현장에서 사회복지서비스를 제공할 수 있도록 장애요인 극복을 위한 개입방법이나 분석틀을 제공하여 준다. 이러한 인간의 행동이나 지역사회복지실천에 대하여 단일한 거대이론은 존재하지 않기 때문에, 지역사회나 문화에 따라 매우 다양한 이론들이 적용될 수 있다. 따라서 사회복지사는 실천현장에서 다양한 이론을 이해하고 이를 상황에 맞게 유연하게 활용할 수 있어야 한다[1].

1) 지역사회복지의 실천이론은 박서영 외(2015), 김범수 · 신원우(2016), 천정웅 외(2016), 엄태영(2016), 전해황 외(2016), 이태희 외(2014), 사회복지교육연구센터(2017) 등을 참조하였다.

§1. 체계이론과 생태이론

1. 사회체계이론

1) 개념

체계는 특정한 목표달성을 위해 상호작용하는 물체나 요소들의 집합이라고 정의할 수 있다. 이 이론은 사회를 체계로 보며, 복잡한 사회의 본질이 무엇인지를 규명하는 이론으로 평가된다. 체계이론은 전체 사회는 크고 작은 하위체계로 구성되고, 서로 연결되어 있으며, 사회는 이들이 상호작용하는 부분들의 합이며, 또 하나의 전체로서 살아 있는 개방체계를 이루고 있다고 가정한다. 사회체계는 우리가 살고 있는 사회적 환경 안에 존재하는 다양한 형태의 인간 공동체에 적용할 수 있는 사회조직의 모형을 의미하며, 가족, 조직, 지역사회, 문화 등이 포함된다. 이러한 관점에서, 지역사회는 각 구성원들 간에 그들 지역사회가 지니고 있는 지역적 특성을 가지고 상호작용 활동을 통해 공동체를 이루고, 제도를 형성하고, 발전해나간다.

사회체계이론은 지역사회의 구성, 지역사회구성체 사이의 관계, 그리고 지역사회와 외부환경의 관계 등 세 가지 측면에서 지역사회를 이해하고 지역사회가 갖는 욕구 및 문제들을 이해하는 데 유용하다. 따라서 사회체계이론은 지역사회의 구조와 구조적 요소들이 서로 연계되는 과정인 상호작용 과정을 이해하는 데에 유용한 분석틀을 제공한다.

그러나, 이 이론은 지역사회를 매우 유기적으로 잘 짜여져 있는 시스템으로 보고 있으나, 실제로 현실의 지역사회는 그렇지 않기 때문에 이론을 적용하기에 어려움이 있다. 또한 하위체계 간의 갈등과 분쟁을 간과하여, 지역사회의 균형과 유지에 초점을 맞추고 있어, 지역사회의 변화 및 갈등을 설명하는 데에는 한계가 있다.

2) 지역사회복지 실천에의 적용

사회복지실천에서 사회체계이론은 클라이언트가 가지고 있는 문제나 집단의 욕구 해결을 위한 총체적인 이해를 제공하고, 다양한 체계들을 동시에 볼 수 있는 안목을 갖게 하므로, 생태도, 가계도, 사회적 관계망 지도 등 사정(assessment)의 도구를 제공하고, 전체 체계를 변화시키는 개입전략을 제공하는 등 많은 유용성을 갖는다(최옥채 외, 2002).

그러므로, 지역사회체계의 학교폭력문제 해결을 위한 폭력 가해청소년의 교정이나 처벌, 피해 청소년의 치료 및 가족, 학교, 또래, 전문가 등을 포함한 학교폭력 예방위원회 결성과 캠페인 전개 등의 개입접근을 통해 지역사회문제를 체계적인 관점에서 개입적용 할 수 있다(김범수 · 신원우, 2016).

또한, 지역사회에 적용시키는 과정에서 실천가는 지역사회 구성요소 간 상호작용의 성격과 연관성이 지역사회에 어떻게 영향을 미치게 될 것인지에 대해 관심을 가져야 한다. 지역사회에 급증하는 고독사나 독거노인 자살문제의 개입전략에서, 실천가는 독거노인 개인에 대한 접근 및 가족, 이웃, 지역사회 내 공공기관 등의 하위체계와 독거노인과의 상호작용과정 분석을 통해 지역사회문제에 효과적 대안을 모색할 수 있다(엄태영, 2016).

2. 생태이론

1) 개념

생태이론은 인간이 환경과 끊임없이 상호 작용을 하면서, 환경을 변화시키고, 환경에 적응해 가는 존재로서, 환경 속의 인간(PIE: Person in Environment)과 같은 맥락을 의미한다. 이 이론은 지역사회를 하나의 생태계로 인식하게 해주고, 모든 것들이 서로 연관되어 영향을 주고받고 있음을 인지하는 거시적 관점을 갖게 해준다. 특히 상호작용 결과로 나타나는 다양한 서비스의 공간적 분포 및 사회조직과 인간의 관계에 초점을 두고 있다. 따라서, 지역사회의 지리적 위치, 관계, 기능 등의 다양한 영역에서 지역사회가 어떻게 지금의 형태에 이르게 되었는지, 특히 지역사회의 현안과 관련하여 지역사회를 구성하는 요소들이 어떤 환경적인 요소들과의 상호작용 과정을 통해 지금의 형태를 이루게 되었는지를 알 수 있게 한다(박서영 외, 2015).

사회복지관련 인프라가 발달하지 못한 지역사회에서는 지역사회주민들 간 각종 비공식적 지원망을 발달시키게 되는데, 이는 공식적 인프라부족의 사회 환경이 지역 조직의 비공식적 원조가 활발하도록 영향을 주는 예로 볼 수 있다. 반대의 경우, 비공식적 원조가 활발하면 공식적 인프라에 대한 욕구가 낮아질 수 있는데(김종일, 2005), 이는 인간이 환경에 자연스럽게 적응해 나가는 과정으로 볼 수 있다(엄태영, 2016).

그러나, 생태이론은 이러한 지역 환경에 대한 적응을 중요한 개념으로 다루고 있으므로, 기본적으로 체계의 안정성을 지향한다. 따라서 지역의 다양한 문제적 환경에 대한 저항이나 변화를 적극적으로 추구하지 않고, 문제 환경에 대한 대안제시에도 한계가 있다.

2) 지역사회복지 실천에의 적용

생태이론은 우리가 관심을 갖는 지역사회현상인 지역사회문제의 원인을 시간적 · 공간적 차원에서 조망하는 것을 가능하게 하는 이론적 틀이다. 지역사회와 지역사회문제의 변형과정에 대한 이해를 가능하게 하며, 지역사회와 지역사회문제에 대한 이해를 확장시키며, 안내자 역할을 수행하는 데 유용하다. 따라서, 지역사회 변화과정에서 사회복지사가 개입대상으로 하는 문제를 역동적 진화과정 측면에서 이해하면서, 지역사회문제를 새로운 시각에서 설명할 수 있게 한다.

지역사회복지실천에서 생태이론은 지역사회구성원들과 지역 환경과의 상호의존성 및 다른 지역사회와의 상호작용에 초점을 두고 있으며, 자원의 집중도, 이민과 이주, 인구의 변화, 사회조직 및 사회계층의 구조적 변동, 저소득층 밀집과 고립의 상황, 지역의 성장과 역동성 등 변화하는 지역사회의 특성을 이해하는 데 기초를 제공한다.

§2. 구조기능론과 갈등이론

1. 구조기능론

1) 개념

구조기능론은 사회를 구성하는 각 구조들이 저마다의 기능을 수행하면서 사회의 유지와 균형, 안정을 지향해 간다는 관점이다. 사회는 상호 연관성을 갖는 가운데 정치, 경제, 종교, 가족 등과 같이 상호의존적인 부분들로 구성됨과 동시에 부분들은 전체가 성공적인 기능을 발휘할 수 있도록 통합적인 기능을 한다. 제도 · 역할 · 규범 같은 한 사회의 모든 요소들은 어떤 목적을 가지며, 그 사회의 장기적인 존속에 반드시 필요하다는 전제에서 출발한다.

지역사회를 포함한 사회체계는 균형상태를 향해 움직이는 경향이 있으며, 다양한 부분들의 통합, 조정, 결속을 이루면서 균형상태가 유지된다. 그러므로 구조기능론에서는 사회 각 부분의 부조화, 개인과 사회에 대한 불이익, 기존 부분들의 일탈 등이 있으면 전체로서의 사회를 이루는 데 어려움이 발생하게 된다.

그러나, 이 이론은 지역사회의 유지와 균형을 이루려는 경향이 있기 때문에, 지역사회를 하나의 사회체계로 파악하고, 각 하위체계 간의 조절과 조정, 통합을 이루기를 원하지만, 실천현장에서 지역사회의 변화와 지역사회에서의 자원, 권력을 둘러싼 하위체계들 간의 갈등을 설명하는 데는 한계가 있다.

2) 지역사회복지 실천에의 적용

구조기능론은 지역사회의 문제원인이 사회 자체보다는 개인, 가족, 일탈적 하위문화, 부실한 교육제도 등 지역사회 하위체계들의 기능이 제대로 작동하지 못하여 발생한 것이라 보기 때문에, 지역사회문제는 개인의 사회적응을 통해서 해결될 수 있다는 관점을 제공한다. 따라서, 지역사회복지실천은 지역주민들 간의 연대감을 형성하고, 지역사회를 통합하며, 균형을 회복하기 위해 역기능적 요소를 제거하려고 노력한다.

지역사회조직의 중요한 목적은 주민들의 참여를 통하여 각 체계들의 기능이 조화를 이룬 안정된 지역사회건설에 있음을 강조하며, 각자의 기능 수행을 활성화하고, 이들의 조화에 역점을 둘 필요가 있다.

2. 갈등이론

1) 개념

갈등주의 이론에서 사회는 서로 다른 이해관계를 추구하는 개인과 집단으로 구성되어 있으며, 이들이 대립과 경쟁, 갈등과 변화의 관계에 있다고 주장하는 이론이다. 이 이론에서는 어떠한 사회이든 인간집단에는 갈등이 있는데, 이는 사회구성원이 가치를 부여하는 자원이 한정되어 있기 때문이라고 본다. 지역사회 구성원들의 경제적 자원, 권력, 권위 등이 불평등한 배분관계에 놓일 때 갈등이 발생되며, 이러한 갈등은 지역사회 변화의 원인이 되며, 사회발전이나 복지증진에 이바지하게 된다는 관점이다.

즉, 지역사회복지 실천은 불평등을 경험하는 집단이 권력과 자원에 대한 접근권을 확보하도록 억압된 집단 구성원과 함께 변화를 위해 일하는 실천이라고 할 수 있다. 이를 위해 지역사회복지 실천가의 역할은 옹호와 조직화를 통해 억압받는 집단의 역량을 강화하여 지역사회 내 의사결정 접근권을 높이고 평등한 자원배분이 되도록 일하는 것이다. 이러한 관점은 미국의 대표적인 지역사회 조직운동가인 알린스키(Alinsky)의 지역사회조직활동에 영향을 미쳤다. 이처럼 조직 간의 변동을 유발한다는 것이 갈등의 역할이라고 할 수 있다.

그러나, 이 이론에 의하며, 자원의 재배분 과정, 타협이나 협상의 과정이 원활하지 않을 경우 지역사회의 긴장이 고조될 수 있으며, 지역사회 전체의 발전이 정체될 수도 있다.

2) 지역사회복지 실천에의 적용

모든 지역사회에는 갈등, 긴장, 논쟁이 존재하는데, 이러한 갈등과 긴장은 지역사회에서 지속되던 균형을 변화시키고자 할 때 불평등한 구조, 파생되는 이해관계, 관계의 대립이 지역사회에 미치는 영향 등에 대해 더욱 정확히 이해하고 예측하는 데 기여한다.

지역사회복지 실천 과정에 있어서 갈등은 반드시 부정적인 것이 아니라, 지역사회 변화를 이끄는 원동력이 될 수 있다. 따라서, 어느 지역사회에도 불평등과 부조리가 존재할 수 있으므로, 다양한 방법을 동원하여 갈등을 통한 변화를 유발하는 것이 필요하다.

또, 갈등이 지역사회복지 실천의 한 과정으로 적절하게 인정받으려면 반드시 합법적인 방법을 활용하여 갈등을 유발시켜야 한다. 갈등이론에서는 항상 충돌과 긴장이 발생할 수 있기 때문에 실천 과정에서 불법적인 갈등유발요인은 절대 활용되어서는 안 된다(강철희 · 정무성, 2006).

이와 같이, 외부와의 갈등은 지역사회 내부의 결속력을 높여주기도 하며, 갈등을 겪으면서 더욱 역동적이고 민주적인 지역사회로 성장할 수도 있다.

§3. 사회교환이론과 자원동원이론

1. 사회교환이론

1) 개념

교환이론의 기본 개념에는 보상, 교환자원, 대가 등이 있다. 이 이론에서는 교환관계의 단절이나 불균형으로 인해 지역사회문제가 발생한다고 본다. 즉, 교환의 상호과정에서 교환행위가 반복되다 보면, 개인이나 집단의 사회적 관계는 더욱 강화될 것이라 보는 것이다. 예를 들어, 지역사회복지 실천기관의 후원자나 자원봉사자와 같은 경우는 자신의 물적 자원과 시간을 제공하는 대가로 돌아오는 보상이 기대에 못 미친다고 생각할 경우 더 이상 자원제공을 하지 않게 됨으로써 자원 부족의 상황이 발생될 수 있다. 결국, 지역사회 내에 적절한 사회복지서비스를 위한 자원이 부족한 상태가 되어 지역사회문제로 발전하는 것이다. 또한 교환이론은 정부조직, 사회복지서비스조직, 클라이언트 당사자 조직 등 지역사회 내 다양한 조직 간의 권력관계를 설명하는 데 유용하다.

이러한 사회 교환이론은 보상 · 이익의 최대화와 처벌 · 비용의 최소화와 관련된 인간관계를 경제적 관점에서 분석하는 데서 출발하였다. 사회적 교환이론을 개발한 호만스(Homans)에 의하면, 사람들은 교환과정에서 돌아올 보상과 지불해야 할 비용을 면밀히 검토하여 최소의 비용으로 최대의 보상을 얻을 수 있는 길을 선택한다는 것이다(김종일, 2005).

블라우(Blau)는 경제적 관점의 교환이론에 권력분석을 추가하여 인간의 사회적 행동이 어떠한 경로를 통해 사회적 유대(동반자 · 평등의 관계) 또는 차별적 지위구조(불평등의 관계)를 만들어 가는지 분석하였다. 이러한 관계상의 차이를 호혜성(쌍방의 상호교환)과 시혜성(일반적 제공)의 개념으로 설명하였다.

하드캐슬(Hardcastle)에 의하면 교환 과정에서 보상과 비용 간의 차이에 의한 불평등한 관계가 발생하게 되면, 이를 수정하기 위해 다양한 전략을 활용하여 다시금 균형 상태로 회복시킬 수 있다.

2) 지역사회복지 실천에의 적용

지역사회 차원의 중요한 교환자원으로는 상담, 지역사회 중심의 서비스, 기부금, 재정지원, 정보, 정치적 권력, 의미, 힘 등이 포함된다. 이 이론은 지역사회문제가 교환관계의 단절이나 불균형 때문에 생기는 것으로 보며, 교환자원이 부족 · 고갈상태에 빠지거나 가치저하현상을 보일 때 지역사회문제가 발생할 수 있다고 본다.

예를 들어 공동모금회의에 기부자가 재산을 기부한다고 할 때 되돌아오는 보상(즉 사회적 지위, 지역사회 개선, 욕구가 있는 사람들에 대한 도움)은 기부자의 기부에대해 정확히 상응 할 수 있는 수준이 아닐 수 있는 것이다. 이로 인해 기부를 중단하려 할 것이고 지역사회 내의에 적절한 사회복지 서비스를 위한 자원이 부족한 상태가 되어 지역사회 문제로 발전하는 것이다.

2. 자원동원이론

1) 개념

자원동원이론은 사회적 불만이나 변동을 지향하는 신념을 가진 사람들은 어느 사회에나 항상 존재하며, 사회운동조직이 비주류계층의 권리를 옹호하거나 사회적 약자를 대변하기 위한 사회적 항의 활동을 할 때 동원할 수 있는 자원의 정도와 범위에 따라 활동의 역할과 한계가 규정된다는 이론이다. 자원동원이론에 의하면 본질적으로 사회운동조직은 회원을 모집하고, 필요한 모금활동을 하고, 직원을 채용하는 데 주력하는 동시에 대중과 주요 의사결정자에게 정당성을 인정받는 역할을 한다(감정기 · 백종만 · 김찬우, 2005). 결국 집단행동이 발생되기 위해서는 자원의 동원이 중요한 전제가 되어야 하며, 자원을 동원하기 위해서는 돈, 정보, 인적자원은 물론 조직원 간의 연대성과 운동의 목적과 방법에 대한 정당성 등이 필요하다.

지역사회복지 실천과정에서 우선 주민조직화를 통해 지역사회 문제해결을 추진하는 과정에서도 집단행동이 이루어질 필요가 있는데, 이의 성패에 있어서 집단적 정체성 형성과 공식, 비공식적 조직 마련, 그리고 무엇보다도 적절한 인적 · 물적 자원동원이 중요한 부분이다.

그러나, 이 이론은 자원동원을 위한 외부자원에의 의존이 조직의 자율성과 역동성을 약화시킬 수 있다는 근본적인 한계를 갖는다.

2) 지역사회복지 실천에의 적용

자원동원이론은 지역사회 현장에서 사회적 약자의 권익옹호 활동을 펼치거나, 그들의 이익대변을 위해 사회운동을 조직 및 행동화하는 데 있어 중요한 이론적 토대가 될 수 있다. 지역사회에서 자원동원은 조직의 성장과 생존의 문제와 관련되고, 클라이언트를 위한 서비스제공과 관련된다.

예를 들어 지역사회가 안정적인 지역사회로 기능하기 위해서 자원(인적 및 경제적 자원)이 필요하며, 필요한 자원이 유입 및 동원되지 못한다면 지역사회는 발전이 지체되거나 쇠퇴한다.

지역사회에서 사회복지사는 기존 잠재자원을 확인하여 자원동원을 재구성하고, 부족한 경우 조직형성이나 자원봉사자 등을 활용하여 새로운 자원을 개발해야 한다.

§4. 권력의존이론과 사회구성이론

1. 권력의존이론

1) 개념

권력의존이론(Power Dependence Theory)은 자원동원이론 및 교환이론과 매우 밀접한 관련을 가지고 있는데, 지역사회의 다양한 집단들이 가진 권력의 여부에 따라 지역사회가 발전할 수 있다는 이론이다. 이때 권력은 각종 자원을 가진 집단과 그렇지 못한 집단 간의 관계에서 나타나는데, 중앙정부와 지방정부 간의 관계가 대표적인 권력의존이론의 사례이다. 즉, 중앙정부는 지방정부에 비해 많은 자원을 보유하고 있기 때문에 지방정부는 자원획득을 위해 중앙정부의 권력에 의존할 수밖에 없다.

권력의존 이론은 사회복지서비스 조직들은 생존의 차원에서 외부 재정적 지원에 의존할 수밖에 없다는 전제에서 출발한다. 우리나라의 경우 많은 사회복지관이 정부의 후원금에 의존하고 있으며, 이런 경우 정부의 요구에 순응하며 클라이언트의 욕구를 충족해 나가는 중간자로서의 기능이 강조되어 순수한 사회복지서비스 기관으로서의 정치적 중립성이 훼손될 가능성을 내포하고 있다(감정기 · 백종만 · 김찬우, 2005).

따라서, 권력의존이론은 지역주민이나 집단 또는 조직의 힘의 소유 여부가 지역사회의 발전에 중대한 영향을 미친다는 것을 강조한다. 즉 지역 안에 존재하는 조직들이 어떻게 힘을 얻고 분산시키는지를 이해하는 데 사용될 수 있다. 여기서 힘은 물리적 힘뿐만 아니라 정치적, 경제적 힘을 포함한다. 그러므로, 권력의존이론은 복지조직이 여러 재원으로부터 재정지원을 받을 수 있도록 후원자 개발에 힘을 쏟는 것은 단지 많은 재원확보의 차원이 아니라 특정지원자로부터의 의존성을 탈피하려는 것임을 보여준다.

2) 지역사회복지 실천에의 적용

권력의존이론을 지역사회복지 실천에 적용할 때, 정부조직으로부터 자원을 제공받는 민간조직들은 정부조직에 의존하게 되고 정부조직의 문제점이나 서비스 또는 프로그램에 대한 비판을 자제하게 된다. 따라서 정부의 지원금을 받은 조직은 정부의 요구를 수용할 수밖에 없으며, 결국 클라이언트와의 상호작용에 있어서 정부의 정책이 강화되는 결과를 낳게 된다는 점을 인식해야 한다.

이러한 지역사회복지 실천기관들이 필요한 자원을 외부에 의존하는 비중이 클수록 자원제공자의 요구에 따를 수밖에 없게 됨으로써 조직이 지니고 있는 고유의 목적을 달성하기 어려울 수 있다. 시민사회단체가 운영을 위해 정부보조금에 의존하는 순간부터 시민사회단체로서 해야 할 정부에 대한 감시활동과 사회구조 변화를 위한 노력에 소극적일 수밖에 없는 것이다. 따라서 자원동원 과정에서 힘의 균형이 일어날 수 있도록 다양한 자원출처 개발을 위해 노력해야 한다. 그러므로 특정한 재정지원자에 대한 의존성에서 탈피할 필요가 있다.

2. 사회구성이론

1) 개념

사회구성이론적 시각은 기존의 지역사회분석이나 문제해결에 사용되었던 많은 이론들이 주류계층 중심의 시각에 의해 발전되어 왔다는 문제의식에서 출발한다. 사회구성이론은 크게 포스트모더니즘과 상징적 상호주의에 영향을 받으며 본격적 틀을 갖추게 된다(감정기 · 백종만 · 김찬우, 2005).

사회구성이론의 포스트모더니즘적 요소는 억압계층의 삶과 경험에 대한 새로운 이해를 통해 지식을 형성하며 그 억압을 해소하려는 점이다. 사회구성이론에 있어

상징적 상호작용주의 요소는 문화적 규범, 가치, 언어 등을 통해 구성되는 일상 활동에 대한 재해석을 강조한다는 데 있다.

따라서 현재 사회와 관련한 대부분의 지식들이 철저히 지배집단의 이익을 대변하고 있고, 사회문제로 인식되는 것들도 이를 문제로 보는 지배집단의 견해이지 객관적으로 볼 때 문제는 아니라는 것이다.

하지만 사회구성이론에서는 개인들 간의 교류를 통해 문화나 사회가 재창조될 수 있으며 이러한 맥락에서 사회복지사와 클라이언트 간의 관계는 기존의 전문가주의적 접근과 편견으로부터 탈피해야 함을 강조한다. 특히 클라이언트의 주체성을 인정하고 사회복지사와의 지속적인 관계 속에서 새로운 현실을 만들어갈 수 있도록 해야한다(고미영, 2004).

2) 지역사회복지 실천에의 적용

사회구성이론은 전문가 중심의 전통적 사회복지실천에 대해 비판적 시각을 가지고 있다. 즉, 사회복지사의 활동은 개인의 행동을 규제하고 통제하려는 사회의 욕구에 대한 반응으로 사회적으로 구성된다고 본다. 이는 클라이언트와의 관계 속에선 사회복지사가 가지고 있는 관습적인 지식은 선입관과 편견이 내재되어 있을 가능성이 높기 때문이다. 사회복지사는 클라이언트들의 주체성을 인정하고 그들이 자신의 권익의 주선자로 서도록 도와야 하며 사회복지사와의 교류에 있어서 새로운 의미부여를 통해 사회적 현실을 창조하는 데 참여할 기회를 제공해야 한다(고미영, 2004). 이를 위해 사회복지사는 클라이언트의 세계를 이해하고 들어가기 위한 의사소통 기술을 배워야 한다. 실천가는 클라이언트의 문제에 대해 좀 더 민감하게 사정할 수 있어야 한다. 또한 틀에 박히고 부적절한 진단적 용어 사용을 지양해야 한다.

지역사회복지사는 개인의 행동을 통제하고 규제하려는 사회적 욕구해결을 위한 기능을 담당하는 것으로 클라이언트와 관계된 정치적 · 문화적 · 개인적 역사에 대해 통찰하고 이러한 것이 전문적 개입에 미치는 영향에 대한 민감성을 가진다. 지역사회 구성원들이 지배적 권력기관이나 제도의 억압적인 영향에 대해 잘 이해할 수 있도록 돕고, 이것에 대항하는 지식과 이론을 개발하는 일에도 관심을 기울여야 한다.

§5. 엘리트이론과 다원주의이론

1. 엘리트이론

1) 개념

엘리트이론은 소수의 지배엘리트 집단이 국가의 정책을 좌우하고 권력을 장악하고 있다고 본다. 지역사회의 엘리트란 지역사회 내에서 높은 가치와 재화, 권력이나 권위를 가진 사람들로서 계층구조상 상위계층에 속해 있는 사람들을 말한다. 엘리트주의(Elitism)는 지역사회 내의 의사결정구조에 초점을 맞춰 권력구조의 특성에 대해서 설명하고 있는 이론이다.

엘리트이론은 공공정책결정과정에 국민 대중이 아닌 그 사회의 지배적 소수 엘리트의 가치가 반영되어 어떤 문제의 의사결정이 이루어진다고 주장한다. 엘리트이론은 다양한 사회집단의 역할을 강조하는 다원주의와는 상반되는 관점으로 사회복지정책과 관련해서는 엘리트들이 자신들의 이익을 위해 사회복지정책을 도입한다고 본다. 엘리트이론에 따르면 입법가, 정부관료 등 공식적인 정책결정자뿐만 아니라 지배엘리트들이 자신의 선호나 가치에 따라 정책을 결정하는 경향을 보인다.

그러나, 이 이론은 지역사회 내 다양한 집단들과 직접 소통하지 않기 때문에, 지역주민의 기본 욕구를 의사결정에 충분히 반영하기가 어렵다는 한계점을 가진다.

2) 지역사회복지 실천에의 적용

지역사회 수준에서 소수의 기업인 · 관료 · 정치가 등의 권력구성, 권력관계, 영향력 등을 평가하여 지역사회문제해결을 위한 의제선정과 정책결정과정을 준비하도록 만드는 데 활용될 수 있다.

지역사회의 전반적 모습에 대한 이해 또는 지역사회변화에 대한 이해를 통해 효과적 지역복지실천을 이루기 위해서는 지역사회를 움직이는 권력이 어디에, 어떻게 집중 또는 분산되는지, 그리고 이들이 갖는 이해관계와 영향력 등을 정확하게 이해하는 것이 매우 중요한 과제이다.

2. 다원주의이론

1) 개념

다원주의(Pluralism)이론은 한 사회 안에는 여러 개의 피라미드적 위계질서가 서로 겹쳐 있으며, 이들 간의 상호작용으로 지역사회의 권력이 견제되고 균형을 유지한다고 본다. 다원주의적 시각에서는 이익집단 상호 간의 관계를 경쟁적 상호관계로 인식하고 있다.

다원주의이론은 지역사회 권력이 집중되는 형태를 갖기보다는 전문성에 기반을 둔 다양한 사람들의 참여와 함께 다원화되는 경향이 크다고 보는 이론이다. 이에 따라 지역사회에서는 지역사회복지에 대한 영향력을 행사할 수 있는 집단들이 다원화될 수 있으며, 시민이 실제로 큰 권력을 가지고 정책결정과정에 영향력을 행사할 수 있게 된다. 이는 공급자 중심의 사회복지시스템에서 수요자 중심의 복지시스템으로 패러다임의 변화가 가능하게 된다(황철수 외, 2013).

이 이론에 의하면 사회복지정책은 개개인과 집단의 이익대결과 갈등을 정부가 공정하고 종합적인 입장에서 조정한 결과로서의 균형을 의미하며, 사회복지정책의 내용과 형태는 이익집단들의 상대적 영향력의 정도에 따라 달라진다. 이와 같이 다원주의는 정책결정에 대중의 참여와 경쟁을 강조하고 반계급적이며, 정치참여, 선거과정, 집단의 상호작용, 정치세력 간의 경쟁 등을 핵심으로 삼는다.

2) 지역사회복지 실천에서의 적용

지역사회에서는 지역복지에 대한 영향력을 행사할 수 있는 집단들이 다원화될 수 있으며 정책결정 과정에 시민들이 실제로 큰 권력을 가지고 영향력을 행사할 수 있다. 지역사회문제에 대해 시민집단이 갖는 이해관계와 영향력 등의 정확한 이해, 그리고 관련 전문가들의 영향력 등에 대한 정확한 이해는 지역사회의 현실을 더 정확히 이해하고 지역복지실천 과정을 효과적이고 효율적으로 발전시키는 데 기여한다고 본다.

그러므로 지역사회복지 실천가는 지역사회 내 다양한 집단들이 가지고 있는 힘의 영향력 정도, 전문성 정도 등을 평가하여 지역사회문제와 지역주민의 욕구를 해결하기 위한 정책결정과정이 민주적 합의로 이루어지도록 준비할 수 있어야 한다.

연습문제

1. 사회운동의 성패는 조직원의 충원, 자금 조달 등 동원할 수 있는 자원의 정도와 범위에 따라 좌우된다는 관점을 취하는 지역사회복지 관련 이론은?

① 교환이론 ② 구조기능론
③ 갈등이론 ④ 상호조직이론
⑤ 자원동원이론

2. 사람은 누구나 자신의 최대 이익을 추구하며, 교환을 토대로 상호작용을 한다고 본 지역사회복지 실천이론은?

① 상호조직이론 ② 자원동원이론
③ 교환이론 ④ 갈등이론
⑤ 체계이론

3. 지역사회복지관의 운영위원회에 지역사회주민을 비롯한 다양한 계층을 참여시키는 것은 지역사회복지 이론 중 어떠한 이론을 토대로 하는가?

① 기능주의 ② 갈등주의
③ 엘리트주의 ④ 다원주의
⑤ 사회구성이론

4. 갈등이론에서 설명하는 '갈등'에 대한 설명으로 옳지 않은 것은?
① 경제적 형태와 문화적 가치 및 신념의 차이로 갈등이 발생한다.
② 지역사회에서 갈등이 지속됨에 따라 새로운 쟁점을 낳기도 한다.
③ 지역사회 구조에 미치는 갈등은 사회조직 간의 안정에 기여한다.
④ 갈등과정에서 반대자에 대한 직접적 적대감으로 비화되기도 한다.
⑤ 영향력 있는 지역 인사들이 갈등에 많은 영향을 끼친다.

5. 지역사회복지 이론에 관한 설명으로 옳지 않은 것은?
① 갈등론적 관점은 구조기능론적 관점을 비판하면서 출발한 것이다.
② 체계이론은 지역사회 내에 일어나는 갈등을 설명하지 못하는 한계가 있다.
③ 사회구성이론은 지식의 객관성을 강조하는 전통적인 실증주의를 계승하였다.
④ 생태이론은 '환경 속의 인간'이라는 관점을 토대로 한다.
⑤ 다원주의는 자유주의 경제 질서에 대해 낙관적인 입장을 보였다.

문제 해설

1번 해설

정답 : ⑤

해설 :

① 교환이론 : 사람들 사이에 이루어지는 교환과정에 초점을 둔 이론이다.

② 구조기능론 : 사회는 각 기능을 담당하는 여러 구조로 나누어져 있고, 이 구조들이 조정 · 통합 등을 통해 사회의 균형과 안정을 지향해 나간다는 관점이다.

③ 갈등이론 : 사회의 권력과 자원이 불평등함에 따라 갈등이 본질적으로 일어난다는 관점이다.

④ 상호조직이론 : 조직 상호 간의 지지 · 조정 · 협력이 지역사회의 원동력이 된다고 보는 이론이다.

2번 해설

정답 : ③

해설 : 교환이론은 사람들 사이에 일어나는 사회적, 물질적 자원의 교환을 인간 상호작용의 근본 형태로 파악한다. 교환을 할 수 있는 자원의 소유 정도에 따라 권력 불균형이 일어나게 된다고 본다. 하드캐슬은 권력의 불균형을 개선하기 위한 방안으로 경쟁, 재평가, 호혜성, 연합 등의 권력균형전략을 제시하였다.

3번 해설

정답 : ④

해설 : 다원주의에서는 전문성 등에 기반을 둔 다양한 사람들이 참여함으로써 지역사회 권력이 다원화되는 경향이 있다.

4번 해설

정답 : ③

해설 : 갈등은 지역사회조직 간의 변동을 유발한다. 다만, 한 집단이 다른 집단을 성공적으로 지배할 때 일시적인 안정이 나타난다고 보았다.

5번 해설

정답 : ③

해설 : 사회구성이론은 지식의 객관성을 강조하는 전통적인 실증주의를 비판하며 출발했다. 이 이론은 지식은 사회적 · 역사적 맥락에 따라 만들어진다고 보았으며, 기존의 지식들은 지배집단을 대변하는 방향으로 구성된 것이라고 보았다. 이 이론은 개인이 처한 사회적 · 문화적 맥락에서 현실의 문제나 상황을 살펴볼 수 있도록 해주는 관점이다.

생각해 봅시다

〈해결문제〉

1. 내가 현재 살고 있는 지역사회에서 가장 시급하게 해결이 필요한 지역사회문제 한 가지를 찾아보고, 이의 해결을 위한 대안마련 과정에서 지역사회복지 실천이론 한 가지를 선택하여 적용해 보시오.

2. 자원동원이론과 교환이론의 공통점과 차이점을 비교하여 설명해 보시오.

〈토론문제〉

1. 지역사회실천현장에서 다양하게 존재하는 갈등을 해결하기 위한 방법을, 갈등이론에 적용하여 대상, 구성, 기관, 한계자원 등 다차원적으로 제시하고, 실제적인 해결방안을 토론하여 보시오.

2. 코로나 19로 발생하게된 다양한 지역사회복지현장의 문제들 가운데 자원동원이론을 적용하여 문제발견, 이론적용, 해결방안을 모색하여 토론하시오.

제4장 지역사회복지 실천모델

§1. 지역사회복지 실천모델의 의의

1. 지역사회복지 실천의 개념

사회복지실천의 기초로서 사회복지사의 활동영역에서 필수적인 지역사회복지 실천(community practice)은 로스만(Rothman)의 전통적인 지역사회복지의 실천모델로 언급되는 지역사회개발, 사회행동, 사회계획과 밀접히 관련되어 있다.

그리고 지역사회복지 실천은 클라이언트의 의뢰, 지역사회자원의 사정, 클라이언트 지원체계의 개발, 클라이언트의 욕구충족을 위한 정책결정자에 대한 옹호 등 거시적 사회복지실천 활동 및 직접적인 서비스 제공과 관련이 될 수밖에 없다.

지역사회복지 실천이란 '지역사회집단, 조직과 제도, 그리고 지역사회 구성원 간의 관계 및 상호작용의 행동패턴을 변화시키는 실천기술의 적용이라고 할 수 있으며, 조직과 지역사회에서 사회변화를 위한 전문적이고 직접적인 개입을 의미하는 거시적 사회복지실천 활동(macro-practice)의 일부'라 할 수 있다(Hardcastle et al., 1997).

그러나 이러한 거시적 실천 활동은 지역사회주민의 회생 및 심리사회적 손상회복을 강조함으로써 상담, 임상치료 등 미시적 개입 (micro-oriented intervention)과 관련될 수밖에 없기 때문에, 지역사회복지 실천이란 반드시 거시적 접근의 실천에 제한되는 것은 아니다. 사회복지사가 지역사회 주민의 삶과 생활기능을 높이기 위해 지역사회 자원의 개발, 연결, 관리는 물론 클라이언트가 사회적 환경을 활용하도록 도움을 제공하는 것처럼 미시적 사회복지실천 활동과 유기적 관계를 맺고 있다고 볼 수 있다. 따라서 지역사회조직가, 계획가, 사회행동가 등의 거시적 사회복지사뿐만 아니라 직접적인 서비스 제공자 혹은 임상사회복지사도 지역사회복지실천과 관련된 지식과 기술을 필요로 한다.

2. 지역사회복지 실천모델의 목적과 역할

1) 지역사회복지 실천모델의 목적과 구성요소

지역사회복지 실천모델은 과정목적과 과업목적 두 가지 기본적인 목적을 가지고 있다.

과정목적(process goal)은 지역사회의 개입활동을 수행하기 위해 사용되는 수단과 방법들에 초점을 맞춘 반면에, 과업목적(task goal)은 지역사회개입 노력에 따른 목적과 성과에 초점을 맞춘다.

이러한 두 가지 목적과 관련하여 일부의 지역사회복지 실천모델은 과정(process)을 매우 중요시하기도 하며, 다른 실천모델의 경우에는 성과(outcome)를 강조하기도 한다(Hardina, 2002).

지역사회복지 실천모델의 분류기준 또는 구성요소는 변화목적, 변화전략 및 전술, 사회복지사의 역할 등 각 모델을 제시하고 있는 학자들에 따라 다양하게 언급하고 있는데, 몬드로스와 윌슨(Mondros & Wilson, 1994)은 지역사회복지 실천모델들이 가지고 있는 구성요소들을 다음과 같이 제시하고 있다(Hardina, 2002 재인용).

① 변화목적
② 직원, 지도자, 구성원들에게 필요한 구체적인 역할
③ 이슈선택과정
④ 변화노력을 위한 표적(target)의 확인
⑤ 표적체계의 협조여부에 대한 사정(assessment)
⑥ 변화전략
⑦ 변화를 위한 필요자원의 이해
⑧ 변화과정에서의 조직역할에 대한 이해

2) 지역사회복지 실천모델의 역할

하디나(Hardina, 2002)에 따르면 지역사회복지실천모델은 사회복지사들에게 지역사회개입방법을 안내하는 역할을 수행한다고 하였다. 그리고 로만과 로만(Lohmann and Lohmann, 2002)은 지역사회의 변화를 위해 실천가나 사회복지사들이 지역사회에 어느 정도로 개입하는 것이 좋은지 그 정도와 어떤 전략과 전술을 사용해야 하는지 등을 알려주며, 지역사회의 변화 과정에서 사회복지사가 맡아야 할 역할을 알려준다. 웨일(Weil, 1996)은 지역사회실천모델이 개념적인 구성요소나 사회복지사의 역할 측면에서 상호배타적이지 않다는 점을 인정하지만, 각각의 실천모델은 사회복지사들에게 지역사회 문제해결을 위한 사정과 전략선택, 실천개입에 대한 평가 등에서 유용하게 활용될 수 있다는 점을 강조하고 있다. 따라서 각 실천모델은 지역사회복지 실천의 영역에서 지역사회의 개입방법들을 비교하고 특정 상황에서 필요로 하는 적정 모델을 선택하는 데 도움을 줄 수 있다. 그러므로 지역사회복지실천모델은 현장의 실천가와 사회복지사들에게 이정표 역할을 한다.

§2. 지역사회복지 실천모델의 유형

지역사회복지 실천모델은 각 사회마다 각기 다른 전통과 사회 · 정치 · 경제 발전 과정과 관련하여 발전하였기 때문에, 지역사회복지 실천모델을 단일한 모델로 설명하는 것은 어렵다.

따라서 대표적인 실천모델로 미국의 경험을 기초로 제시하고 있는 로스만(Rothman)의 모델, 테일러와 로버츠(Taylor and Roberts)의 모델, 웨일과 갬블(Weil and Gamble)의 모델과 영국의 경험을 기초로 분류한 포플(popple)의 모델에 대해 살펴보면 다음과 같다(지은구, 2005; 박태영 외, 2015; 유동철 외, 2016).

1. 로스만(Rothman)의 모델

로스만(1976, 1995)은 지역사회복지 활동들을 체계적으로 분류하여 지역사회복지 실천모델로 제시한 대표적인 학자로 지역사회조직을 한 가지 형태로 보지 않고 세 가지 모델, 즉 지역사회개발모델, 사회계획 및 정책모델, 사회행동모델로 구분하였다. 또한 이들 유형들이 분석적으로는 상호구분이 되지만 실제에 있어서는 혼용된 형태로 나타나기도 한다고 강조하고 있다.

또한 로스만(2001)은 변화하는 지역사회실천현장을 반영하기 위해 기존의 세 가지 모델을 지역사회역량강화모델, 기획 · 정책 모델, 사회옹호모델 등으로 수정 보완하였다(지은구 외, 2021).

이러한 로스만의 3분류방식은 지역사회복지 실천모델의 가장 전형적인 모형으로 인식되고 있으며, 구체적인 내용을 살펴보면 다음과 같다(정무성, 1997; Rothman, et al, 2001)

1) 지역사회개발모델(local/community development)

지역사회개발모델은 자조기반에 근거하여 지역사회문제 해결을 위한 지역사회능력과 사회통합이라는 과정목표를 통해 지역사회를 새롭게 만드는 데 초점을 두고 있으며, 지역사회의 문제나 욕구를 다룰 때 주민들의 자조(self-help)정신을 강조하는 형태이다.

따라서 주민들이 문제를 스스로 해결할 수 있는 능력을 강화시켜 주는 데 역점을 두고, 문제의 파악 및 해결과정에 있어 주민들의 광범위한 참여를 장려한다.

이 모델에서 전문가는 조력자, 조정자, 문제해결기술 훈련자의 역할을 담당하게 된다.

그러나 지역사회모델은 첫째, 지역사회의 변화노력을 위해 지역사회의 관련 집단들 간의 합의와 협력을 이끌어 내기가 용이하지 않다는 점, 둘째 지역사회의 관련 집단들이 성, 계급, 인종 등과 관련된 경계를 초월하는 공통의 이해관계를 가지고 있다는 가정의 현실성 문제, 셋째, 실질적인 정책결정자가 사회변화를 지지할 수 없는 경우 지역사회개발을 위한 협상을 거부할 수 있는 권력구조의 문제 등은 한계점으로 지적되고 있다(Hardina, 2002).

2) 사회계획 및 정책모델(social planning/policy)

사회계획 및 정책모델은 각종 지역사회문제를 해결하는 데 있어 합리적인 면을 강조한다.

이 모델은 범죄, 주택, 정신건강문제와 같은 구체적인 사회문제를 해결하는 기술적 과정을 중시한다. 이 모델에서는 공식적인 계획과 정책 준거 틀에 대한 설계가 핵심적이며, 계획이나 정책집행의 효과성과 효율성을 강조하기 때문에 과업목적에 초점을 두고 있다.

특히 사회계획과정은 문제 확인, 사정, 목표개발, 실행, 평가라는 구성요소로 이루어지며, 사회복지사들은 문제해결모델로서 이러한 요소를 인식해야 한다는 것이다.

사회복지사는 전문가로서 지역사회실천의 과정을 주도해 나가고, 욕구가 있는 지역사회주민들에게 재화와 서비스를 제공함으로써 지역사회주민들은 수급자의 역할에 머무르게 된다. 현대 사회계획은 고도의 자료 분석 기법들이 활용되는데 전문가는 자료를 수집, 분석하여 전망하고 그에 입각한 프로그램의 계획과 평가까지를 담당하게 된다.

그러나 사회계획모델은 첫째, 계획가는 무제한적인 시간과 자원을 가지고 있지 않다는 점, 둘째, 계획과정의 합리성을 전제하고 있기 때문에 문제해결과정에 미치는 정치적 영향력을 고려하지 못하고 있다는 점 등이 한계점으로 지적되고 있다.

3) 사회행동모델(social action)

사회행동모델은 지역사회의 억압받고 소외된 주민들이 사회정의와 정치적 공평성의 입장에서 사회, 정치, 경제적으로 보다 나은 처우를 받을 수 있도록 해주는 활동을 말한다.

이 모델에서는 지역사회에서 권력과 자원의 재분배, 사회적 약자에 대한 의사결정의 접근성을 강화함으로써 지역사회 변화에 초점을 두고 있다. 따라서 지역사회의 기존 제도나 상태에 대한 근본적인 변화를 추구한다. 항의나 시위, 협상 등이 문제를 해결하기 위한 수단으로 이용되기도 한다.

사회복지사들은 조직가로서 역할을 담당하게 되며, 직접행동을 취할 수 있도록 조직화하는 데 있으며 사회적 약자를 지지하고 옹호하는 역할을 수행하게 된다.

사회행동모델의 한계점으로 지적되고 있는 것은 첫째, 일부 실천가는 지역사회상황에서 대항활동(confrontation)으로 제한시키고 있다는 점이다. 이러한 경향은 지역사회 관련 집단들을 양극화시키거나 바람직한 결과를 달성하는 데 어려움으로 작용한다. 둘째, 일부 조직가와 지역사회구성원이 대항 전략에 대해 주저할 수 있다는 것이다. 셋째, 윤리적 이슈와 관련된 것으로 대항형태의 불법성이 있을 수 있으며,

긴급 상황에서 사용될 수 있어 조직가와 조직구성원이 위험에 놓여 있을 수도 있다는 점이다(Hardina, 2002).

〈표 4-1〉 로스만의 지역사회복지 실천모델 비교

구분 \ 모델	지역사회개발 (local development)	사회계획 (social planning/policy)	사회행동 (social action)
지역사회 활동목표	지역사회의 활동능력과 통합; 자조(과정목표)	지역사회 문제의 해결 (과업목표)	권력관계와 자원의 변화; 기본적인 제도변화 (과업 및 과정목표)
지역사회구조와 문제상황에 관한 전제	지역사회의 상실, 아노미; 관계 및 민주적 문제해결 능력의 결여; 정태적 전통적 지역사회	실질적인 사회문제, 정신 및 신체적 건강문제, 주택, 여가 등	사회적 고통을 당하고 있는 사람, 사회 부정의, 박탈, 불평등
변화전략	문제해결 및 해결에 다수의 사람 참여	문제에 관한 자료수집과 최적의 합리적 행동조치 결정	이슈의 구체화와 표적대상에 대해 조치를 취할 수 있도록 주민 동원
변화전술과 기법	합의; 지역사회집단간, 이해관계간 상호의사소통, 집단 토의	합의 또는 갈등	갈등대결, 직접행동, 협상
사회복지사의 역할	조력자-촉매자, 조정자; 문제해결 기술과 윤리적 가치에 대한 교사	사실 수집자와 분석자,프로그램 실행자, 촉진자	행동주의적 옹호자; 선동자 중개자, 협상자, 파당
변화의 매개체	과업지향적인 소집단 활용	공식조직과 객관적 자료 활용	대중조직과 정치과정활용
권력구조에 대한 지향성	협력자로서 권력구조의 구성원	고용주와 후원자로서 권력구조	활동의 외부표적으로서 권력구조; 타도되거나 강요된 압제자
수급체계 (지역)의 범위 정의	지리적 측면에서 전체지역사회	지역사회 전체 또는 지역사회 일부	지역사회 일부
지역사회 하위부분의 이해 관계에 대한 전제	공통의 이해관계 및 조정 가능한 차이	이해관계의 조정가능 또는 갈등	쉽게 조정할 수 없는 갈등적 이해관계, 자원의 희소성
수급자개념	상호작용적 문제해결 과정에 참여	소비자 혹은 수령자	고용주, 지역사회구성원, 회원

모델 / 구분	지역사회개발 (local development)	사회계획 (social planning/policy)	사회행동 (social action)
임파워먼트의 활용	협동적이고 의사결정을 할 수 있는 지역사회 능력구축; 주민의 개인적 주인의식 고취	소비자들의 서비스 욕구 규명; 소비자의 서비스 선택의 정보 제공	수급자체계(지역사회)를 위한 객관적 권력–지역사회 의사결정에 영향을 미치는 권리와 수단–의 획득; 참여자의 주인의식

자료 : J. Rothman, Approaches to community intervention, In J.L.Erlich, & J. E. Tropman, Strategies of Community Intervention, 2001(sixth ed.), pp. 45-46.

2. 테일러와 로버츠의 모델

테일러와 로버츠는 자신들의 저서 Theory and Practice of Community Social Work(1985)에서 로스만의 기본 3모델을 중심으로 2모델을 새로 추가하여 5모델을 제시하고 있다(지은구, 2005 재인용; 남일재 외, 2015 재인용).

첫째, 실천방법의 각 변인, 둘째, 대안적인 전략, 셋째, 의사결정의 영향 정도 등에 따라 후원자와 클라이언트가 어느 정도의 결정권한이 있느냐에 따라 〈표 4-2〉와 같이 구분하였다(정무성, 1997; Taylor & Roberts, 1985; Weil, 1996에서 재인용).

1) 프로그램개발 및 조정(program development and coordination)

프로그램개발 및 조정은 지역사회복지의 모체인 인보관운동과 자선조직협회운동에 근거하고 있다. 이 모델은 주로 공공기관, 지리적 지역사회를 대상으로 서비스를 제공하는 민간기관, 기능적 지역사회, 기관협의회 등에서 수행되는 실천에 초점을 두고 있다.

2) 계획(planning)

계획모델은 로스만의 초기 사회계획모델을 인간지향적인 측면을 강조하도록 수정한 것으로, 합리적인 기획모델에 기초한 조사전략 및 기술을 강조한다.

3) 지역사회연계(community liaison)

지역사회연계모델은 로스만 모델에는 포함되어 있지 않은 것으로 사회복지기관의 일선 스태프나 행정가들에 의해 수행되는 기능을 중심으로 설명된다.

이 모델에서 지역사회실천은 사회복지기관의 일차적인 책임인 직접적인 서비스 전달에 대한 이차적 기능으로 보고 있다. 사회복지기관의 행정가들은 지역사회관계, 지지활동, 환경개선, 조직 간의 관계 등과 같은 역할을 수행하는 데 반해, 일선 사회복지사들은 클라이언트의 옹호, 욕구사정, 프로그램 개발 등의 역할을 수행한다.

4) 지역사회개발(community development)

지역사회개발모델은 조력, 리더십 개발, 자조, 상호부조, 지역성에 바탕을 둔 지역사회 연구 및 문제해결을 강조한다. 이 모델은 시민참여와 교육과정을 매우 중요시하고 있으며, 전문가는 조직가의 역할보다는 주로 조력자의 역할을 담당하게 된다.

5) 정치적 권력 강화(political empowerment)

정치적 권력 강화모델은 로스만의 사회행동모델과 밀접히 관련된 것으로, 갈등이론과 다원주의 사회에서 다양한 이익집단의 경쟁원리에 기초하고 있다. 의도된 시민참여에 의한 정치적 권력 강화에 초점을 둔다.

이 모델의 중요한 목적은 사회체계 및 사회제도에서 시민참여를 보장하고 극대화함으로써 민주주의 확장을 도모하고 새로운 조직개발을 통해 참여의 채널을 촉진하는 데 있다.

〈표 4-2〉 테일러와 로버츠의 지역사회복지 실천모델 비교

실천모델	후원자와 클라이언트의 결정권한 정도
프로그램개발 및 조정 (program development and coordination)	후원자가 100% 결정권한
계획(planning)	후원자가 7/8의 결정권한
지역사회연계(community liaison)	후원자와 클라이언트가 각각 1/2의 결정권한
지역사회개발(community development)	클라이언트가 7/8의 결정권한
정치적 권력강화(political empowerment)	클라이언트가 100%의 결정권한

자료 : M. Weil, Model Development in Community Practice: An Historical Perspective, Journal of Community Practice, Vol. 3, 3/4, 1996, pp. 32-33에서 재정리

3. 웨일과 갬블의 모델

웨일과 갬블(1995)은 목표, 변화 표적체계, 일차적인 구성원, 관심영역, 사회복지사의 역할 등을 중심으로 지역사회복지 실천모델을 8가지 유형으로 구분하고 있다(〈표 4-3〉). 8가지 모델은 개발(지역사회의 사회·경제적 개발모델), 조직화(근린지역사회조직모델, 기능적인 지역사회조직모델), 계획(프로그램개발과 지역사회연결, 사회계획모델), 사회변화(정치·사회행동모델, 연합모델, 사회운동모델)라는 기능중심으로 재분류할 수 있다(지은구, 2005; 고수현, 2015).

1) 근린지역사회조직(neighborhood and community organizing)

이 모델은 지리적으로 가까운 지역사회 조직화에 초점을 두고 능력개발과 과업수

행이라는 두 가지 목표를 강조한다. 즉, 지역사회주민들이 조직 활동에 참가하면 조직하는 기술, 문제분석, 계획 그리고 리더십을 발전시키기 때문에 주민들의 능력을 개발할 수 있다는 것이다. 그리고 지역사회주민들은 조직 활동을 통해 지역사회의 사회경제적 조건들을 향상시키거나 도시계획이나 지역계획과 외부개발에 영향을 미쳐 구체적인 과업을 성취한다는 것이다.

변화를 위한 표적체계는 시와 같은 공공행정기관, 개발계획의 추진 기업이며, 주요관심영역은 지역사회주민의 삶의 질에 있다. 사회복지사는 조직가(organizer), 교사(teacher), 코치(coach) 그리고 촉진자(facilitator)로서 역할을 수행한다.

2) 기능적인 지역사회조직(functional community organizing)

이 모델은 지리적인 의미의 지역사회조직보다 기능에 초점을 두고 있다. 기능적인 의미의 지역사회조직이란 이해관계를 기초로 한 지역사회조직을 말한다.

기능적인 지역사회조직의 핵심적인 관심과 목표는 자신들이 선택한 이슈의 정책, 행위, 태도의 옹호나 변화에 있다. 그리고 이 조직은 선택한 이슈에 대해 교육하고 조직내적인 능력증진, 이슈에 관한 지식증대, 리더십 개발에 전념한다.

이 모델에서 사회복지사는 조직원의 충원, 문제의 정의, 옹호전략과 전술결정에 기여할 수 있는 촉진자의 역할과 조사와 분석기법을 가르치는 역할을 수행한다. 그리고 집필과 정보제공자로서의 역할도 수행해야 한다.

3) 지역사회의 사회 · 경제적 개발(community social and economic development)

이 모델은 로스만의 지역사회개발모델과 밀접한 관계가 있다. 이 모델은 저소득과 불이익 계층의 효과성을 제고시키기 위해서는 경제개발과 사회개발이 동시에 이루어져야 한다는 인식을 전제하고 있다.

이 모델의 주요목표는 저소득계층 및 불이익을 받는 지역사회주민의 삶의 질과 기회를 증진시키는 데 있다. 즉, 지역사회주민의 관점에서 개발계획을 주도하고 지역사회주민들로 하여금 사회경제적 투자를 이용하도록 준비시키며, 사회경제적 투자를 위해 내부적, 외부적 자원을 개발하고 이용하는 것이라 할 수 있다. 따라서 사회경제적 개발과 자원개발의 계획을 준비하고 실행할 수 있도록 주민과 지역사회조직 능력을 강화시키는 것에 초점을 둔다.

변화를 위한 표적체계는 은행, 재단, 외부개발자, 지역사회주민이라 할 수 있다. 이 모델의 일차적인 구성원은 저소득집단, 주변집단 또는 불이익집단이며, 주요관심영역은 사회경제적 영역에서 투자의 균형뿐만 아니라 교육수준과 리더십 기술의 향상에 있다.

사회복지사는 지방자치체의 스태프 또는 초기조직단계에서 집단의 스태프 역할을 수행하며 조직을 만들고 훈련시키는 능력뿐만 아니라 계획, 관리, 협상능력을 갖추는 것이 필수적이다.

4) 사회계획(social planning)

사회계획은 개별기관 수준 및 휴먼서비스 기관의 협의체(consortium) 또는 지역휴먼서비스계획협의회 등에서 이루어진다. 계획가의 중심과업은 휴먼서비스, 사회계획, 서비스의 통합과정에서 합리성을 발휘하는 것이며, 계획가는 휴먼서비스에 필요한 자원결정과 자원을 효율적으로 이용할 뿐만 아니라 구체적인 기술과 책임성을 가져야 한다.

변화를 위한 표적체계는 지역사회 지도자의 관점, 인간서비스 지도자의 관점이며, 사회계획의 일차적인 구성원은 선거로 선출된 공무원, 사회기관의 책임자, 기관 상호간의 조직 또는 이들 간의 조합으로 이루어진다. 주요관심영역은 휴먼서비스의 관계망을 계획하고 조정하는 데 있으며, 공공영역의 지역계획에 사회적 욕구를 통합시키는 일을 한다.

사회복지사는 계획가로서의 역할을 담당한다.

5) 프로그램 개발과 지역사회연결(program development and community liaison)

지역사회조직의 연결활동은 프로그램 개발 측면에서 필수적이라는 인식에 근거하고 있으며 목표는 지역사회의 대상자에게 필요하다고 평가되는 서비스를 향상시키거나 또는 새로운 서비스를 계획하고 실행하는 것이다. 또한 지역사회서비스의 효과성을 증진시키기 위해 기관프로그램의 확대 또는 프로그램의 방향전환도 이 모델의 목표가 될 수 있다.

변화를 위한 표적체계는 새로운 서비스나 재계획된 서비스의 잠재적 수혜자이고, 이러한 서비스에 비용을 지불하는 사람들이다. 이 모델의 일차적인 구성원은 계획된 변화와 프로그램 개발과정에 관여한 기관위원회와 지역사회 대표들이며, 관심의 주 영역은 특정 대상이나 지역사회를 위한 서비스 개발이다. 사회복지사의 주된 역할은 계획가, 프로포절 기획자, 대변자, 중개자, 촉진자라 할 수 있으며, 관리자, 감시감독자, 평가자의 역할도 수행해야 한다.

6) 정치 · 사회행동(political and social action)

이 모델은 지역사회에서 기회를 제한하는 불평등을 극복하거나 지역사회의 욕구를 무시하는 의사결정에 대항하고, 조직의 효과성에 대한 신념을 강화하고 불공정한 조건을 변화시키려는 기술을 개발함으로써 사람들의 권한을 부여하는 것을 주요 내용으로 한다.

이 모델의 초점과 목표는 정책 또는 정책결정자를 변화시키는 데 있으며, 특히 저소득집단에 불이익을 야기하는 정부당국의 조치를 변화시키는 데 초점을 둠으로써 사회적, 정치적, 경제정의를 위한 행동이라 할 수 있다.

변화를 위한 주요표적대상은 잠재적인 참여자와 선거로 선출된 공직자와 행정관료, 그리고 지역사회주민의 건강과 생존을 위협하는 환경오염 등과 같은 지역사회에 해를 미치는 활동에 참여한 기업과 정부당국이 될 수 있다.

이 모델의 일차적인 구성원은 특정 정치적 권한이 있는 시민이거나 특정사안에 책임 있는 시민들이다. 관심영역은 정치권력을 형성하는 것이며 사회정의를 위한 제도의 변화에 있다. 사회복지사의 역할은 옹호자, 교육자, 조사자로서의 수행이다.

7) 연합(coalitions)

연합모델은 분리된 집단 및 조직을 집합적인 사회변화에 동참시킨다. 목표는 연합의 공통이해관계에 대응할 수 있는 자원동원의 잠재력을 증진시키고, 사회적 프로그램의 방향에 영향을 미칠 수 있는 다조직적인(multi-organizational) 권력기반을 구축하는 것이다.

변화를 위한 표적체계는 대부분 선거로 선출된 공직자이며 서비스프로그램의 신설과 확대에 자금제공을 고취시키는 재단, 특정 사회적 관심에 대응할 수 있는 권위를 지녔지만 준비가 되지 않은 정부당국이다. 주된 관심영역은 연합의 구성 집단과 조직들이 지지하는 구체적인 이슈들이다.

사회복지사의 역할은 전문가 또는 휴먼서비스 연합에서 지도자와 대변인이며, 사회복지사는 연합을 만들고 유지하기 위해서 중개와 협상기술이 필요하다.

8) 사회운동(social movements)

사회운동의 목표는 바람직한 사회변화라 할 수 있다. 이 모델에서 변화를 위한 표적체계는 일반대중과 정치제도이다. 일차적인 구성원은 새로운 비전과 이미지를 창출할 수 있는 조직과 지도자이다. 사회복지사는 사회운동의 자원봉사자 또는 사회운동조직의 스태프로서 관여할 수 있다. 이때 사회사업가의 역할은 옹호자와 촉진자로서 수행한다.

〈표 4-3〉 웨일과 갬블의 지역사회복지실천모델 비교

모델 / 구분	근린지역 사회조직	기능적인지역사회조직	지역사회의 사회·경제개발	사회계획	프로그램개발과 지역사회연결	정치·사회 행동	연합	사회 운동
목표	조직화를 위한 구성원의 능력개발, 도시·지역계획과 외부개발에 영향과 변화	행위,태도의 옹호와 변화에 초점을 둔 사회정의를 위한 행동, 서비스제공	지역주민 관점에 입각한 개발계획주도, 사회경제적 투자를 주민이 이용할 수 있도록 준비	선출된 기관 또는 인간서비스 계획협의회가 행동을 하기 위한 제안	지역사회 서비스의 효과성을 증진시키기 위한 기관 프로그램의 확대와 방향 수정	정책 또는 정책형성자의 변화에 초점을 둔 사회정의를 위한 행동	프로그램의 방향 또는 자원을 최대한 끌어낼 수 있는 다조직적인 권력기반 형성	특정대상 집단 또는 이슈에 대해 사회정의를 위한 행동
변화의 표적 체계	시, 외부 개발자, 지역 사회주민	일반대중, 정부기관	은행, 재단, 외부개발자, 지역사회주민	지역사회 지도자의 관점, 인간서비스 지도자의 관점	기관 프로그램의 재정 충원자, 기관서비스의 수혜자	선거권자, 선출된 공무원, 잠재적 참여자	선출된 공무원, 재단, 정부기관	일반대중, 정치제도
일차적인 구성원	이웃지역 사회주민	동호인	지역사회의 저소득계층, 주변계층, 불이익계층	선거로 선출된 공무원, 사회기관과 기관간의 조직	기관위원회 또는 행정가, 지역사회대표자	특정 정치적 권한이 있는 시민	특정이슈에 이해관계가 있는 조직	새로운 비전과 이미지를 창출할 수 있는 조직과 지도자
관심 영역	지역사회 주민의 삶의 질	특정이슈와 대상을 옹호	소득자원, 사회적 지원개발, 교육과 리더십 기술 향상	지역계획에 사회적 욕구 통합, 인간서비스관계망 조정	특정대상자를 위한 서비스개발	정치권력의 형성,제도의 변화	사회적 욕구 또는 사회적관심과 관련된 특정이슈	사회 정의

모델 구분	근린지역 사회조직	기능적인지역사회조직	지역사회의 사회 · 경제개발	사회계획	프로그램개발과 지역사회연결	정치 · 사회 행동	연합	사회 운동
사회 복지사의 역할	조직가 교사 코치 촉진자	조직가 옹호자 집필자 및 정보전달자 촉진자	협상가 증진자 교사 계획가 관리자	조사자 프로포절 제안자 정보전달자 관리자	대변인 계획가 관리자 프로포절 제안자	옹호자 조직가 조사자 조정자	중개자 협상가 대변인	옹호자 촉진자

자료 : Marie O. Weil & Dorothy N. Gamble, Community Practice Models, in Encyclopedia of Social Work, 19th ed., 1995, p 581.

4. 포플(Popple, 1996)의 모델

지역사회복지 실천모델을 8가지로 유형화하고 있다(〈표 4-4〉 참조; 사회복지교육연구센터, 2017 재인용).

1) 지역사회보호

지역사회보호는 노인, 장애인, 아동 등 지역주민의 복지를 위한 사회적 관계망과 자발적 서비스를 증진시키는 데 목적이 있으며 복지욕구를 충족시키기 위한 자조개념을 개발하는 데 집중하고 있다.

2) 지역사회조직

지역사회조직은 타 복지기관 간의 상호협력을 증진시키는 수단으로 사용되고 있으며, 사회복지기관의 상호협력 및 조정은 중복서비스를 방지할 수 있으며, 자원의 부재현상을 극복하여 복지전달의 효율성과 효과성을 높이는 데 일조하고 있다.

3) 지역사회개발

지역사회개발모델은 지역구성원의 삶의 질을 향상시키기 위한 기술과 신뢰를 습득할 수 있도록 집단을 원조하는 데 중점을 두고 있다.

4) 사회/지역계획

사회/지역계획모델은 사회적 상황, 사회정책과 사회복지기관의 서비스 분석, 주요목표 및 우선순위 설정, 서비스 프로그램의 기획과 적절한 자원의 동원 그리고 서비스와 프로그램의 집행 및 평가 등에 중점을 두고 있다.

5) 지역사회교육

교육과 지역사회 간의 관계를 보다 밀접하고 동등한 관계로 방향설정을 모색하는 시도로서 비판적 사고와 담론을 통해 억압적 조건이나 상황을 변화시키는 행동양식을 고양시키는 데 중점을 두고 있다.

6) 지역사회행동

전통적으로 계급에 기초한 모델로 갈등과 직접적인 행동을 활용하며, 권력이 없는 집단이 자신들의 효과성을 증가시킬 수 있는 대응으로 볼 수 있다.

7) 여권주의적 지역사회사업

지역사회실천에 대한 페미니즘의 적용이라는 특징을 가지고 있으며, 여성평등의 사회적 요인에 대한 집합적 대응을 통해 여성의 복지를 향상시키는 데 초점을 두고 있다.

모델	주요전략	사회복지사의 역할
지역사회보호	• 사회적 관계망과 자발적 서비스의 증진 • 자조개념의 개발	조직가, 자원봉사자
지역사회조직	• 타 복지기관 간 협력증진	조직가, 촉매자, 관리자
지역사회개발	• 삶의 질 향상과 관련된 신뢰 및 기술습득을 하도록 집단원조 • 적극적 참여	조력가, 지역사회활동가, 촉진자
사회/지역계획	• 사회적 상황의 분석, 목표와 우선순위의 설정, 서비스 및 프로그램의 실행 및 평가	조력자, 촉진자
지역사회교육	• 교육과 지역사회 간의 밀접하고 동등한 관계시도	교육자, 촉진자
지역사회행동	• 지역수준에서 계급 및 갈등에 기초한 직접적인 행동	행동가
여권주의적 지역사회사업	• 여성복지의 향상 • 성 불평등 해소를 위한 집합적 활동	행동가, 조력자, 촉진자
인종차별철폐 지역사회사업	• 소수인종의 욕구충족을 위한 집단조직 및 활동 • 인종주의에 대한 도전	행동가, 자원봉사자

§3. 지역사회복지 실천모델의 특징

지역사회복지 실천은 조직화, 개발, 계획, 변화전략 등을 통해 지역사회의 다양한 문제 해결을 위한 노력이라 할 수 있다. 따라서 지역사회의 사회경제적 상황이나 문제해결방법, 이데올로기적 가치지향 등에 따라 다양한 유형으로 분류되고 있다.

지역사회복지 실천모델의 유형과 발전과정을 통해 나타난 특징을 종합적으로 살펴보면 다음과 같다.

첫째, 지역사회복지 실천모델은 시대적 상황 및 개별 국가의 경험을 반영하고 있어 단일한 모델보다는 다양한 유형으로 분류되고 있다.

둘째, 지역사회복지 실천모델의 발전과정은 사회적 배경이나 이데올로기, 사회복지실천의 전문화 경향과 밀접히 연관되어 있다.

셋째, 지역사회복지 실천모델의 세분화 경향을 띠고 있다.

넷째, 지역사회복지 실천모델의 다양한 분류는 실천현장에 적합한 적용과 선택에 유용할 것이며, 이를 효과적으로 실행하기 위해서는 사회복지사의 역할이 중요하다.

연습문제

1. 다음의 지역사회복지 실천의 모델 중 어떤 모델에 관한 설명인가?

> 2017년 B시의 지역복지전문가들이 보건, 교육, 주택, 고용, 복지 등 지역사회 문제를 해결하고자 문제규명, 욕구사정, 목표개발 등을 실행하려고 하는 움직임이 있다.

① 지역사회개발모델
② 사회계획모델
③ 사회행동모델
④ 연합모델
⑤ 기능적인 지역사회모델

2. 테일러와 로버츠의 지역사회복지 실천모델이 아닌 것은?

① 정치적 권력강화
② 지역사회개발
③ 지역사회연계
④ 연합
⑤ 계획

3. 다음 중 지역주민이 일차적 구성원이 되는 사회복지실천모델은?

① 연합모델
② 사회계획모델
③ 정치 · 사회행동모델
④ 기능적 지역사회조직모델
⑤ 지역사회의 사회 · 경제개발모델

4. 웨일과 갬블이 제시한 지역사회복지 실천모델 중 로스만의 지역사회개발모델과 관련이 있는 모델의 유형은 무엇인가?

① 프로그램개발과 지역사회연계모델
② 지역사회의 사회 · 경제개발모델
③ 연합모델
④ 사회계획모델
⑤ 정치 · 사회행동모델

문제 해설

1번 해설
정답 : ②
해설 : 이 모델은 사회복지사모델 또는 정책모델이라고도 한다.

2번 해설
정답 : ④
해설 : ④ 웨일과 갬블의 모델이다.
- 테일러와 로버츠의 모델은 프로그램 개발 및 조정모델을 포함하여 다섯 가지이다
- 웨일과 갬블의 모델은 근린지역사회조직, 기능적 지역사회조직, 지역사회의 사회 · 경제개발, 사회계획, 프로그램 개발과 지역사회연계, 정치 · 사회행동, 연합, 사회운동 등 여덟 가지이다.

3번 해설
정답 : ⑤
해설 : ⑤ 이 모델의 목적은 소외된 주민의 삶의 질 향상에 있다.

4번 해설
정답 : ②
해설 : ② 웨일과 갬블은 로스만의 모델을 세분화하여 모델을 제시하였다.

생각해 봅시다

〈보충개념정리〉
-지역사회역량개발모델(로스만, 2001)←지역사회개발모델의 수정(ex, 지역자활센터)
-지역주민참여활동모델 : 지역주민의 사회참여활동 및 시민의식 기초하는 실천모델
-지역사회옹호모델(로스만, 2001) : 대변, 방어, 역량강화 활동 등

〈토론문제〉
모델은 지역문제를 해결하기 위한 노력이며 행위이다. 다음의 문제를 토론해보자.

1. 아파트는 주거공간으로써 보편화되었다. 아파트는 분양아파트와 임대아파트 등으로 구분된다. 이러한 구분은 소득불평등으로 나타나기도 한다. 임대아파트에 사는 사람은 빈곤자가 사는 곳이라고 낙인이 찍혀있다.

2. A도시에 2차선 도로를 사이에 두고 한쪽은 분양아파트가 이미 들어서 있다. 반대쪽 공간에는 정책상 임대아파트가 건립될 예정이다. 그런데 분양아파트에 거주하는 주민들은 임대아파트를 건립하는 것에 반대하는 실정이다. 하여 주민들이 모여서 반대집회를 지속적으로 할 예정이다. 이유는 분양아파트의 집값이 낮아진다는 것과 빈곤자가 거주하는 아파트가 건립되면 분양아파트의 주민들에게 부정적인 영향을 끼친다는 것이다.

3. 위의 사례를 해결하기 위한 방안에 대해서 토론해보자.

제5장 지역사회복지 실천 기술론

§1. 지역사회복지 실천에서 사회복지사의 역할

지역사회복지 실천 영역에서 사회복지사는 다양한 역할을 수행한다. 지속적으로 변화하는 환경 속에서 바람직한 지역사회를 만들기 위하여 사회복지사는 전문가로서 기대되는 역할을 수행하며 노력한다. 일반적으로 사회복지사는 중개자(broker), 조력자(enabler), 교사(educator), 중재자(mediator), 옹호자(advocate), 사례관리자/조정자(coordinator), 협상가(negotiator), 집단촉진가(group facilitator), 활동가(activist) 등의 역할을 한다. 지역사회와 주민이 당면한 문제를 해결하기 위한 사회복지사의 역할은 지역사회의 상황, 그리고 수행하고자 하는 사업의 목적과 내용, 실천 과정의 단계 등에 따라 달라진다(김광희, 2015). 이러한 과정에서 수행되는 사회복지사의 역할은 지역사회복지 실천모델에 따라 구분하여 설명할 수 있다.

여기에서는 앞 장에서 다루었던 지역사회복지 실천모형 가운데 로스만(Rothman)의 모형을 중심으로 사회복지사의 역할에 대하여 살펴보고자 한다. 로스만의 모델은 전세계적으로 가장 널리 사용되고 있는 전통적인 실천모델로(김욱진, 김태연, 2012), 이후 다양한 연구에서 실천가의 역할정의와 구분에 있어 강력한 프레임으로 활용되는 모델이다(강대선, 2015). 로스만은 지역사회복지 실천모형으로서 지역사회개발모델, 사회계획모델, 사회행동모델을 제시하였다. 로스만의 각 모델에 따라 사회복지사는 한 가지 역할만이 아닌 다양한 역할들을 수행하고 있다. 단, 각 모델 간 사회복지사의 역할에 동일한 유형이 있더라도 그 역할의 의미가 강조하는 바는 조금씩 다를 수 있다(남일재, 문영주, 2019; 김병 외, 2016).

1. 지역사회개발모델

지역사회개발모델에서 실천의 목표는 지역사회문제해결을 위한 지역사회의 능력 향상과 기능적인 사회통합을 이루는 것이다. 문제파악 및 해결과정에 있어서 지역주민의 참여를 장려하며 자조와 협동을 강조하는 모델이다. 이 모델에서 로스(Ross)는 사회복지사의 역할을 안내자(guide), 조력자(enabler), 전문가(expert), 치료자(therapist)로 구분하였다.

1) 안내자

안내자로서의 역할은 지역사회복지 실천에 있어서 사회복지사의 1차적인 역할이라 할 수 있다. 지역사회개발모델에서 가장 중요한 목적은 지역사회를 변화시키는 것이며, 가장 효과적인 변화를 위해서는 지역주민의 참여를 최우선으로 한다. 즉, 지역사회의 변화라는 목적을 효과적으로 달성하기 위하여 주민에 의한 목표 설정과 실천행동이 이루어져야 한다는 것이다. 이때 실천가는 지역사회복지의 주체인 지역주민이 지역사회의 문제를 인식하고 문제해결에 따른 목표를 설정하고 이것을 해결하도록 도와주는 안내자의 역할을 하게 된다. 실천가는 문제해결에 있어 주도적인 입장을 취해서는 안 되며 문제해결을 위한 방법과 방향은 모두 지역사회 자체의 노력이어야 한다. 실천가는 전문가로서 전문지식과 기술을 이용하여 문제해결을 위해 주민조직을 격려하고 조언하며 내용을 설명해줌으로써 올바른 방향으로 나가가도록 돕는다. 안내자로서 사회복지사는 다음과 같은 원칙을 가지고 있어야 한다.

첫째, 객관적인 입장을 취해야 한다. 지역사회의 조건에 대하여 다른 지역사회와 비교하거나 비난하는 감정을 표현해서는 안 되며 지역사회 그 자체를 있는 그대로 수용하는 것이 중요하다. 둘째, 지역사회 전체에 동일시해야 한다. 이는 사회복지사가 지역사회 전체와 함께할 수 있어야 한다는 것을 의미하며 주민이 합리적인 결정을 내릴 수 있도록 도움을 주어야 한다는 뜻이다. 즉, 특정사업에 대해 찬성이나 반대의 의견을 피력하거나 지역사회의 특정 집단에 대해 배타적인 입장을 취해서는 안 된다. 셋째, 문제해결과정에서 주도적인 역량을 발휘한다. 지역사회의 변화를 위해서 지역문제에 대한 충분한 지식과 이해가 있어야 하며 주민에게 이익이 되는 대안을 제시할 수 있어야 한다. 단, 자신의 의견을 강요하거나 고집해서는 안 되며 자신의 목적을 위해 주민을 이용하거나 조종해서도 안 된다. 넷째, 자신의 역할을 수용한다. 안내자로서 사회복지사는 판단이나 지시를 직접 내리지 않고 주민들이 판단을 내릴 수 있도록 자료를 제시하거나 다양한 견해들을 소개하는 역할을 한다. 이러한 역할을 스스로 수용하며 실천 과정에서 자신이 맡게 되는 역할이 무엇이고 그 역할의 한계가 어디까지인지 주민들에게 명확히 설명할 필요가 있다.

2) 조력자

조력자의 역할은 지역주민 상호 간의 접촉과 네트워크 내의 멤버십을 촉진하면서 주민들 간의 연대를 통해 역량을 강화시킬 수 있도록 격려하는 것이다. 즉, 지역사회조직의 실천 과정을 용이하게 하는 사회복지사의 역할을 의미한다. 불만을 집약하고 조직화를 격려하며 좋은 대인관계를 육성하고 공동목표를 강조하는 역할을 하게 된다. 이와 같은 조력자의 역할을 구체적으로 설명하면 다음과 같다.

첫째, 불만을 집약하는 역할이다. 조직화의 과정은 지역주민들의 불만을 집약하는 단계로부터 시작된다. 지역사회의 당면 문제가 개인들만의 문제가 아니라 함께 해결해야 할 사회문제인지 확인하는 과정이 필요하다. 이때 사회복지사는 주민들이 불만을 표출하고 해결을 위한 노력을 할 수 있도록 그 필요성을 강조하면서, 지역주민들이 문제에 관하여 토의할 수 있도록 소집하는 것으로 조직화를 촉진시킨다. 둘째, 조직화를 격려하는 역할이다. 지역주민의 불만에 대해 서로 논의하고 해결 방안을 모색하기 위해 조직을 결성하는 과정을 격려하는 것이다. 주민들의 조직 참여를 격려하면서 조직체 결성에 도움을 주는 역할을 하게 되는데, 조력자로서 사회복지사는 어느 정도의 지지와 격려를 보내야 하는지, 어느 정도의 수준에서 불안해소를 해주어야 하는지 적절한 판단을 해야 한다. 셋째, 좋은 대인관계를 육성하는 역할이다. 주민들이 따뜻한 인간 관계를 바탕으로 긍정적으로 협동하는 관계가 되도록 분위기 조성이 필요하다. 주민들에게 친절하고 우호적이며, 협력활동에 방해 요소는 무엇인지 확인하는 교량적인 역할을 수행하게 된다. 공동의 목표와 가치를 해결하기 위해 상호 간 협력이 필수적임을 강조하면서 장애 요인을 없애는 데 노력해야 한다.

3) 전문가

사회복지사는 전문가로서 권위를 가지고 자신의 전문 영역 관련 자료를 제공하면서 직접적인 조언을 한다. 전문가로서 실천가는 각종 관련 통계자료, 기술적인 경험, 실천방법과 관련된 조언을 할 수 있으며 이는 객관적인 자료 제공을 통해 지역사회가 합리적인 판단을 하도록 도와주는 역할을 수행하게 된다.

전문가로서 사회복지사가 제공할 수 있는 역할은 다음과 같다. 첫째, 지역사회 진단이다. 지역사회의 구조와 특성, 공동의 목적을 추진하는 데 방해되는 요소를 진단하고 분석하는 역할을 수행하는 것이다. 둘째, 소사 및 연구 기술의 활용이다. 사회복지사는 조사 및 연구 기술을 사용하여 욕구조사, 수요조사, 평가조사 등을 수행함으로써 지역사회가 필요로 하는 정보에 대하여 신뢰할 수 있는 근거를 제시한다. 셋째, 지역사회에 대한 정보 수집이다. 지역사회에서 행해진 조사 및 연구, 시범사업 등에 대한 전문지식을 보유하여 문제를 해결하는 데 도움이 되는 정보를 제공해 주어야 한다. 넷째, 방법상의 조언 제공이다. 전문가로서 사회복지사는 지역주민조직의 결성과 그 절차에 대한 전문적 지식을 갖고 조언해 주어야 한다. 다섯째, 기술상의 정보 제공이다. 추진하고자 하는 사업과 관련된 기술적인 방안에 대한 참고자료를 숙지해서 필요한 시점에 제공해 주어야 한다. 사회복지사는 자료를 구하는 방법과 이용방법 등에 대한 정보를 지역주민들에게 제공할 수 있어야 한다. 여섯째, 평가의 역할이다. 수행되고 있는 사업의 과정이나 결과에 대한 평가를 하거나 혹은 사업과정에 대하여 설명해 줄 수 있어야 한다.

4) 사회치료자

지역사회개발모델에서 사회복지사는 사회치료자의 역할을 한다. 지역 내 긴장을 해소하거나 협력을 방해하는 요인을 제거하는 과정에서 지역사회의 태도에 따라 긴장 상태가 유발되거나 집단 내 불화가 발생하는 경우가 있다. 이러한 상황에서 사회복지사는 지역사회 수준에서 적절한 진단과 역할을 행해야 한다. 지역사회에 대한 적절한 진단과 치료를 위해서는 지역사회의 기원이나 역사, 관습, 권력구조, 구성원의 역할과 관계 등에 대하여 이해해야 한다. 지역사회의 본질과 성격을 파악함으로써 긴장상태를 해소하고 협력활동을 방해하는 요인을 찾아낼 수 있기 때문이다.

2. 사회계획모델

사회계획모델에서는 지역사회 과업의 완수에 중점을 두며, 주요한 지역사회문제 해결을 위한 논리적인 조치의 강구가 목적이다. 즉, 지역사회 문제에 대한 적절한 자료를 수집, 분석하고 문제를 해결하기 위한 가장 합리적이고 가능한 방안을 찾아낼 수 있는 사회복지사의 역할을 강조한다. 이 모델에서 샌더스(Sanders)는 계획된 변화를 달성하기 위해서 사회복지사의 역할을 분석가(analyst), 계획가(planner), 조직가(organizer), 행정가(program administrator)로 구분하였다.

1) 분석가

사회의 계획된 변화를 이끌어내기 위해서 사회복지사는 객관적이며 전문적인 사실을 발견하고 분석하는 역할을 하게 된다. 사회조사와 관련된 이론과 실천기법을 활용하여 다양한 수준의 지역사회 사정을 실시하게 된다. 지역사회 사정을 통해 밝혀진 지역사회의 욕구는 정부나 사회복지기관의 정책입안과 서비스 기획에서 근거자료로 사용될 수 있다. 특히 최근 주목받고 있는 근거기반실천(evidence based practice)은 모든 사회복지의 실천이 과학적이고 객관적인 자료에 의해 뒷받침되어야 한다는 원칙을 가지고 있으며 이와 관련하여 분석가로서의 사회복지사의 역할이 강조되고 있다. 분석가로서 사회복지사는 주로 사회문제와 영향을 미치는 요인들에 대한 조사, 사회변화를 위한 프로그램의 과정에 대한 분석, 유도된 변화에 대한 평가와 같은 다양한 영역에서 조사와 분석을 수행하게 된다.

2) 계획가

사회계획모델에서 사회복지사는 객관적인 사실 발견과 연구조사를 통한 분석의 결과를 바탕으로 하여 사회문제의 변화를 목표로 하는 '계획'을 수립한다. 목표달성을 위한 제반 여건, 공간, 재정, 인력, 법, 건축 등의 기술적인 면을 고려해야 하는 동시에, 사업을 계획하는 데 있어서 뚜렷한 철학을 가지고 임해야 하며 인간적인 측면에 관심을 가지면서 지역사회 복지증진 목표를 강조해야 한다. 목표달성을 위한 수단이 합리적인지 합법적인지 인권침해의 여지는 없는지 확인하는 작업도 수행해야 한다.

3) 조직가

조직가로서의 역할은 사업계획의 수립과 실천과정에 있어서 지역사회의 행동체계를 적절하게 참여시키는 것이다. 지역사회의 다양한 집단과 단체들이 해야 할 역할과 활동을 명확히 하고 효과적으로 수행할 수 있도록 훈련시키는 것도 조직가의 역할에 포함된다. 이 과정에서 지역주민들이 스스로 참여할 수 있도록 하고 지역사회계획을 자발적으로 수행해 나갈 수 있도록 사기를 북돋아 주어야 한다.

4) 행정가

행정가로서의 역할은 프로그램 기획 및 실행 단계 혹은 실제 사업의 운영에서 발휘되는 것으로 프로그램이나 기관의 운영과 관련된 사회복지사의 역할이다. 사업이나 프로그램의 목표를 효과적이고 효율적으로 달성하게 하기 위하여 인적 물적 자원을 동원하고 관리하며, 프로그램 운영에 있어서 규칙과 절차를 적용할 때 융통성을 가지고 있어야 한다. 또한 사회계획모델에서 사회복지사는 프로그램 운영 시 예상치 못한 행정적인 문제들을 능동적으로 대처할 수 있는 통찰력과 기술을 가지고 있어야 한다.

3. 사회행동모델

사회행동모델은 지역사회 내에서 억압이나 불평등을 경험하는 집단들과의 제휴를 통하여 조직화하며, 사회정의와 민주주의에 입각하여 필요한 자원이나 처우를 요구할 수 있도록 돕는 데 목적을 두고 있다. 즉, 불이익을 당하는 지역주민들로 하여금 합법적인 억압자를 찾아내고 집단적인 행동을 조직하고 참여하여 이들에 대하여 압력을 가하는 것에 목적이 있다고 할 수 있다. 따라서 이 모델에서 사회복지사는 대중 조직과 운동을 창출하고 정치적 과정에 영향을 미칠 수 있는 역량이 필요하며 조력자(enabler), 중개자(broker), 옹호자(advocator), 행동가 (activist)의 역할을 하게 된다.

1) 조력자

사회복지사는 소외된 지역주민의 복지증진을 위하여 클라이언트의 편에 서서 활동을 하게 되는데, 이때 주민들 스스로 역량을 강화시켜 주도적으로 참여할 수 있도록 원조한다. 또한 지역주민조직화에서 조직화를 도와주며 격려하는 역할을 수행하게 된다. 조력자로서의 사회복지사는 지역사회복지 실천에서 지역주민이 자발적으로 참여하고 스스로 일을 할 수 있게 도와주는 역할로 사회행동모델에서의 다른 역할에 비하여 중립적인 입장이며 소극적인 측면이 있다.

2) 중개자

사회복지사의 중개자로서의 역할은 주민들이 필요로 하는 자원을 어디에서 얻을 수 있는지 알려주는 것으로 자원에의 접근을 용이하게 해주는 것이다. 지역사회와 주민에 대한 집단적인 중개의 차원으로 의미를 확대할 수 있으며, 지역주민에게 영향을 주는 행정과 정책의 변화를 추구하는 것과 연결된다. 특히 지역사회개발 모델에서 사회복지사의 역할이었던 전문가의 역할과 비교하자면, 스스로 자원의 소재를 파악하도록 정보를 제공하는 입장에 비하여 중개는 지역사회의 자원에의 접근을 더욱 용이하게 하는 훨씬 적극적인 개입 역할이다.

3) 옹호자

옹호자란 지역사회와 주민에게 필요한 정보를 끌어주고, 주민들 입장에서 정당성을 주장하며 기관의 입장에 도전할 목적으로 사회복지사의 전문가로서의 지도력과 자원을 제공하는 역할을 의미한다. 사회적 갈등 상황에 있어서 전문적인 역량을 클라이언트의 이익을 위해 사용하게 되며 조력자로서의 중립적인 입장이나 중개자로서의 기능주의적이고 수동적인 입장과는 큰 차이가 있다.

4) 행동가

행동가로서의 역할은 지역사회에 있어 갈등상황에서 직접적인 행동을 수행하게 되는데, 주민조직과 함께 지역사회 환경을 개선하고 서비스를 요구하기 위한 집단행동에서 리더십을 발휘하여 지역주민과 함께 행동에 동참한다. 행동가로서 사회복지사에게 지역사회와 주민은 클라이언트가 아니라 사회 변화와 개혁을 하기 위한 동지의 의미이며, 나머지 역할에 비하여 가장 적극적이고 급진적인 역할이라고 볼 수 있다.

〈표 5-1〉 지역사회복지실천모델에 따른 사회복지사의 역할 구분

지역사회개발모델 로스(R. G. Ross)	사회계획모델 샌더스(I. T. Sanders)	사회행동모델 그로스(C. F. Gross)
안내자(guide) 조력자(enabler) 전문가(expert) 치료자(therapist)	분석가(analyst) 계획가(planner) 조직가(organizer) 행정가(administrator)	조력자(enabler) 중개자(broker) 옹호자(advocate) 행동가(activist)

§2. 지역사회복지 실천에서 사회복지사의 실천 기술[1)]

1. 옹호기술

1) 옹호의 개념

옹호란 사회정의를 지키고 유지하려는 목적으로 지역주민이나 지역사회의 입장에서 클라이언트의 이익 혹은 권리를 대변하거나 방어하는 활동을 의미한다. 직접적인 서비스 실천에서 옹호는 클라이언트를 지지하고 대변하는 활동 혹은 자기옹호 활동을 의미한다. 예를 들어 만약 지역주민이 서비스를 충분히 받을 자격임에도 불구하고 특정기관으로부터 서비스를 받지 못하는 경우나 특정집단에게 불리한 영향을 미치는 쟁점들을 변화시키는 데 개입하는 사회복지사의 활동들을 옹호활동으로 볼 수 있다. 옹호는 대신하여 말하거나 탄원하기, 다른 사람 대표하기, 조치 취하기, 변화를 촉진하기, 권리와 혜택에 접근하기, 동지로 일하기, 영향력과 정치적 기술들 과시하기, 사회정의 보장하기, 클라이언트 역량 강화하기, 클라이언트 문제에 동일시하기, 법적 기반 사용하기 등의 개념으로 구성된다(전선영, 2005). 한편 옹호는 '사회 행동'과 유사한 개념으로 통용되어 왔다고 할 수 있다. 옹호와 사회행동 모두 사회변화를 목표로 하는 상호교환적인 개념이라는 시각과 함께, 사회변화를 추구하는 사회행동이라는 큰 틀 속에 옹호가 하나의 역할을 한다고 보는 위계적인 개념으로 보는 시각이 존재한다.

카민스키와 웜스리(Kaminski & Walmsley, 1995)는 옹호야말로 사회복지를 다른 인간원조 전문직들과 구별해 주는 고유적이고 특징적인 행동 중 하나라고 강조하였다. 뿐만 아니라 미국사회복지사협회 윤리강령에서도 모든 사회복지사들은 옹호를

---

1) 홍현미라 외 (2015) 지역사회복지론(p.137-176)의 내용을 발췌하여 사용하였음을 밝혀둔다.

광범위하게 실천하는 책임을 져야 한다고 의무화하고 있다(전선영, 2005).

2) 옹호의 유형

하드캐슬(Hardcastle, 1997)에 의하면 옹호의 유형은 여섯 가지로 구분하여 설명할 수 있다(김광희, 2015 재인용). 첫째, 자기옹호이다. 이는 클라이언트 개인 및 집단이 스스로를 옹호하는 활동이다. 때로는 자조집단이나 지지집단을 구성해서 활동한다. 자기옹호에서 사회복지사는 주로 행정적이고 기술적인 지원을 하거나 격려를 하고 정보를 제공한다. 둘째, 개인옹호이다. 이는 클라이언트가 자신을 옹호할 수 없을 때 사회복지사가 개인이나 가족을 대신하여 진행하는 옹호활동이다. 개인옹호에서 스스로를 돌볼 수 없는 개인 혹은 가족에 대한 욕구 파악과 사정을 수행하는 활동을 하게 된다. 셋째, 집단옹호이다. 이것은 유사한 문제를 경험하는 클라이언트로 구성된 집단의 공동문제를 해결하기 위한 경우, 혹은 희생자 집단을 위한 옹호활동을 의미한다. 이 경우에 사회복지사는 집단 사회복지 실천기술을 적용하며 이들과 의사소통하는 역할을 하게 된다. 넷째, 지역사회 옹호이다. 소외된 지역주민, 동일한 문제를 경험하는 지역주민들을 위한 옹호활동을 의미한다. 지역주민들이 스스로 지역사회를 옹호하기도 하며, 지역사회를 대신하여 다른 사람들이 옹호활동을 하기도 한다. 이 경우 사회복지사는 조직화 기술을 수행하게 된다. 다섯째, 정책/정치 옹호이다. 사회정의와 복지를 증진시키기 위해서 입법, 행정, 사법 영역에서 다양한 형태로 전개될 수 있다. 여기에서 사회복지사의 역할은 특정 법안의 통과를 제안하거나 지지하기 위한 로비활동, 사법과정에서 증인으로 나서는 클라이언트를 보호하고 정보를 제공하는 기술을 수행한다. 여섯째, 체제 변환적 옹호활동이다. 근본적인 제도상의 변화를 위해서 구성원인 시민들과 함께 사회 체제 전체에 영향을 미치기 위한 활동을 의미한다. 여기에서 사회복지사는 조직화, 캠페인, 홍보 등의 역할을 하게 된다.

3) 옹호의 기술

커스트 애쉬만과 헐(Kirst-Achman & Hull, 2001)은 위기에 처한 인구집단을 위한 옹호와 사회행동 이론에서 옹호란 대신 표현하기, 투사로 활동하기, 타인의 권리를 지지하는 것이라 강조하였다. 따라서 옹호에는 다양한 전략 및 전술이 활용될 수 있으며 사회복지사들을 위한 교육과정을 통해 습득되어야 한다. 사회복지사가 옹호활동을 펼치게 되는 상황과 클라이언트는 다양하므로 옹호의 전술도 다양하게 나타난다. 주로 활용되는 전술들은 다음과 같다.

첫째, 설득은 사회복지실천에서 자주 사용되는 대인관계기술의 하나로 대상자 또는 어떤 명분에 대하여 호의적인 해석을 얻어내는 제반활동이다. 추가적인 정보를 제공하거나 잘못된 정보를 바로잡아서 대상자가 기존의 결정과는 다른 결정을 내릴 수 있도록 한다. 타인을 설득시키기 위한 주요 원칙을 몇 가지 제시하자면 다음과 같다(Hardcastle et al., 1997).

- 원하는 바를 분명히 하라
- 사실자료를 파악하고 그것들이 활용되도록 하라
- 활용할 권력의 원천에 대해 이해하라
- 연습하라
- 통상적이고 편안한 복장을 갖추라
- 분명하고 단순하며 시각적 이미지를 활용하라
- 감정과 논리에 호소하라
- 시선을 맞추라

둘째, 대변은 한 사람이 다른 사람에게 요청하여 요청받은 사람이 대변자가 되는데 동의하고 양측이 관계의 성격에 대해 결정하고 나면 시작된다. 누군가를 대변하기 위해서는 의사소통, 클라이언트의 실질적인 바람과 욕구의 발견, 클라이언트를 가르치고 동기화하는 일 등이 필요하다. 타인을 대변하기 위한 주요 원칙을 몇 가지 제시하면 다음과 같다.

- 문제당사자 외에 누군가가 관여될 수 있는지 판단하라
- 당신이 아는 바를 클라이언트와 공유하라
- 당신의 클라이언트가 바라는 바를 발견하여 확인하라
- 선택대안들을 제시하고 클라이언트로 하여금 바람직한 것을 선택하게 하며 중요한 순서를 정하도록 하라
- 특수한 상황에 대해 파악하라
- 추진과정의 공식화 수준을 결정하라
- 서로 조정하라
- 분할통지 전술에 대비하라
- 당신에 대한 채용과 해고의 권한을 클라이언트에게 주어라

셋째, 고충처리/이의신청이다. 여기에서 고충처리는 정책을 어긴 의사결정자에 대처하는 방법으로 기관 내부에서 직원이나 클라이언트의 불만과 고충을 처리하는 공식적인 절차를 말한다. 이의신청은 기관에 불만이나 이의가 있는 경우 관계법령에 의해 규정되는 행정상의 절차이다.

넷째, 변화의 표적을 궁지에 몰기는 직접적인 도전이나 공격이 어려울 때 사용하는 전술이다. 궁지에 몰아세우는 것은 표적을 바람직한 방향으로 변화시키는 데 효과적이다. 대중매체를 통해 상대방을 곤혹스럽게 만들기도 하고 해당기관 앞에서 시위를 하거나 기관의 잘못을 밝히는 전단지를 배포하는 활동을 통해 표적을 난처하게 하는 것이다.

다섯째, 정치적 압력은 주로 정치적인 권력을 이용하여 변화를 이끌어내는 방법이다. 공공조직이 변화의 요구에 대해 비교적 개방적이라서 주민의 참여에 대해 비교적 공평한 기회를 보장한다는 전제에서 출발한다. 정책형성과정에서 이슈를 정책의제로 내놓거나 법이나 관련 규정이 통과되도록 압력을 넣는 과정이 정치적 압력의 전술에 해당된다. 뿐만 아니라 정치적 압력 전술의 또 다른 활용으로 클라이언트는 유권자이기도 하므로 시/도의원 등을 직접 만나 지역사회에 발생한 문제에 대해 알리고 논의하는 것을 예로 들 수 있다.

여섯째, 청원 혹은 탄원서 서명은 특정 조직이나 기관이 바라는 방향으로 조치해 줄 것을 요청하는 다수인의 서명지를 전달하는 활동이다. 유동인구가 많은 지역에서 탄원서에 서명을 받아 해당문제를 지지하거나 그 문제에 공감하는 사람들이 많다는 것을 증명하는 방법으로 시의회의 정기회의에 제출하거나 공청회에서 제시하는 방법으로 활용된다.

2. 연계기술

1) 연계의 개념

연계기술이란 지역사회 또는 지역주민에게 필요한 자원이나 서비스를 연결하는 것을 돕는 것을 의미한다. 지역사회의 유용한 자원에 대한 정보나 그것을 활용할 지역주민의 능력이 부족할 경우에 적절한 실천기술이다. 게다가 최근에는 복합적인 욕구를 가진 클라이언트가 증가하고 서비스를 제공하는 기관의 전문성 추구로 인하여 지역사회의 자원을 연결하여 개입하고자 하는 사례관리가 강조되고 있으며, 이에 따라 연계기술은 더욱 중요해지고 있다. 사회복지사는 연계기술을 통하여 서비스의 중복과 누락을 피하고 자원을 효율적으로 관리할 수 있으며 정기적인 모임과 회의 등을 통해 서비스 계획을 공동으로 수립한 후에 서비스를 제공하게 된다. 특히 지역사회복지 실천에서 지역문제에 공동으로 대응하고 협력하기 위해 지역사회 자원을 동원하고 의사소통을 원활하게 하기 위한 연계기술은 더욱 강조되고 있는 시점이다.

2) 연계의 의의와 원칙

지역사회복지환경은 빠르게 변화하였다. 지방분권화와 사회복지사업법 개정에 따라 시군구 단위의 복지계획을 수립하고 집행하게 되면서 지역중심의 사회복지실천이 강조되어 왔다. 전반적인 변화에 의하여 공공부문을 포함하여 민간사회복지, 수요자 중심 조직, NGO 등 다양한 영역과 네트워크 형성으로 구체화되고 있다. 가장 대표적인 예로서 민관협력과 네트워크를 위한 지역사회보장협의체를 들 수 있으며 고용, 자활사업, 정신보건, 직업재활 등 영역 간 네트워크 형성이 지역사회복지 발전의 주요 과제가 되고 있다.

네트워크 구성에는 자발성의 원칙, 분권성의 원칙, 평등성의 원칙, 유연성의 원칙이 기본이 된다. 네트워크는 자발적인 참여로 구성되어야 하며, 참여조직들 사이에 권력과 자원이 분산되도록 분권화 구조를 가져야 하며, 네트워크를 구성하는 사람들 사이에 권한, 참여, 자원분배가 평등하게 이루어질 수 있도록 해야 한다. 또한 네트워크에의 참여와 탈퇴가 자유롭게 선택되어야 하며 하나의 네트워크에 참여하는 조직이 다른 네트워크에 참여하는 것에 제약을 가해서는 안 된다.

선행연구를 참고로 한 네트워크 작동의 원칙은 비전 공유, 자원과 자발성, 힘의 균등함 그리고 관리자의 중요성 등이다(홍현미라 외, 2015). 첫째, 협력의 목적과 비전에 대해 공유하는 것이다. 만약 네트워크가 잘 작동되지 않는다면 장기적 목적에 대해 재인지하고 이슈에 대한 토의를 진행하고 이슈를 세분화하여 관심있는 조직과 집단이 참여할 수 있도록 한다. 둘째, 자원이 풍부해야 각 조직 구성원들의 참여가 원활할 수 있다. 조직구조, 직원의 시간, 재정자원 모두를 포함하는 자원이 풍부해야 함을 의미한다. 셋째, 힘의 균등함과 자발성이다. 수평적 특징을 가지는 네트워트가 성공적으로 작동하려면 참여하는 조직들은 자발적이어야 한다. 즉, 네트워크는 자발적인 참여를 통하여 구성되어야 하며, 강제성을 갖거나 의무적인 참여가 되지 않도록 주의해야 한다. 비록 각 조직이 소유한 자원에는 차이가 있지만 평등한 지위와 발언권이 주어지는 것이 이상적이다. 넷째, 네트워크 성공을 위해 관리자 역할이 중요하다. 다른 조직과의 협력에 긍정적이고 적극적이어야 하며, 협력을 제안받았을 때 조직이 동원될 수 있도록 노력해야 한다. 따라서 연계 과정에서 상대조직과의 협력이 프로그램에 도움이 될 수 있는지 점검하고 동의하는 과정을 거쳐야 한다.

3. 조직화기술

1) 조직화의 개념

지역사회복지 실천 방법으로서 지역사회조직화는 지역의 문제를 해결하기 위하여 지역주민들의 역량을 결집시켜 문제해결 능력을 향상시키는 것으로 사회의 변화를 추구하는 활동이다. 지역사회조직화(community organization)는 지역사회주민조직화, 주민조직화, 지역사회조직사업 등의 다양한 용어로 사용되고 있다. 지역사회의 문제를 해결하는 실천 활동으로 주민들을 조직화하여 하나의 세력 또는 조직으로 고유하게 존재할 수 있게 하는 실천방법이며, 주민들의 노력과 역량을 결집하고 주민 참여를 통해 지역문제 해결과 공동체 의식을 형성하도록 유도 지원하는 사업 영역으로 정의내리기도 한다(김종일, 2008).

즉 지역주민 조직화를 통해 클라이언트의 참여를 강화시키고 그 과정에서 스스로 문제해결능력을 향상시키는 것이 조직화의 핵심이다(이원주, 2016; Rubin & Rubin, 2008). 이는 사회복지 실천이 클라이언트를 수동적인 서비스 수혜자로 머물지 않고 스스로 문제해결능력을 향상시킬 수 있도록 하는 것과 연결된다. 즉, 지역사회조직화는 사회복지 실천이 지역주민의 당면문제 해결을 위하여 서비스제공의 한계를 넘어 사회복지 실천의 주체로 성장시킬 수 있도록 하는 개입 전략으로 볼 수 있다.

루빈과 루빈(Rubin & Rubin, 2008)은 주민조직화의 목표를 문제의 해결, 복지와 권력배분의 불평등 해소, 민주적 가치와 실천의 연습과 향상, 개인의 잠재력 성취, 지역사회 강화로 설명하고 있다. 조직화를 통해 지역사회 구성원의 삶에 영향을 주는 문제를 공동의 노력으로 대처함으로써 문제를 해결하고자 하며, 복지와 권력의 공정한 분배를 통하여 사회의 불평등을 해소하고자 한다. 또한 조직화를 통하여 민주적인 가치와 실천의 연습과 향상을 통해 사람들로 하여금 민주적인 의사결정 과정을 경험하게 하는 것이며, 잠재력을 성취할 수 있게 하는 것이 목적이다. 지역사회 조직에 관여하는 것이 사람들로 하여금 유능함을 느끼게 하고 소속감을 느끼는 새로운 기회를 제공한다는 것이다. 마지막으로 조직화는 공동체 구성원으로 힘이 있고 유능한 존재가 됨으로써 지역사회를 강화시키는 것에 목적을 두고 있다.

2) 조직화의 단계와 기술

조직화의 단계는 학자마다 다양하게 구분하고 있다. 홍현미라 외(2015)는 론비(Ronnby, 1996)의 틀을 활용하여 조직화 단계를 크게 두 가지로 구분하여 설명하고 있다.

(1) 시작단계

조직화의 시작단계는 지역사회 내의 사람들이나 문제를 지닌 집단들과 우호적인 관계를 형성하는 것에서부터 시작된다. 지역사회의 사정을 잘 아는 사람들과 관계를 형성하는 것은 조직화사업에 있어서 다리역할을 한다고 볼 수 있다.

시작단계에 고려해야 하는 다음과 같은 몇 가지 과업이 요구된다.

첫째, 사람들과 환경에 대한 사정이 필요하다. 조직가는 지역사회 구성원의 태도, 관심사, 가치관, 사고방식, 표현방식 등을 파악하는 것이 중요하다. 이것은 주민과의 접촉을 용이하게 하면서 조직가의 존재를 알리는 데 유용하게 사용되기 때문이다.

둘째, 계획 수립하기이다. 이것은 왜 조직화 사업을 하려고 하는가에 대한 답을 찾는 과정으로, 표적 집단을 선정하고 사업내용과 운영방법 및 전략을 선정하는 것, 그리고 사업의 시기와 기간, 장소, 운영주체, 예산과 조달 방법 등에 대한 계획을 수립하는 것을 의미한다.

셋째, 주민 접촉하기이다. 주민접촉하기란 지도자 집단이나 문제 집단을 찾아서 그들과 접촉하는 것을 의미한다. 지역사회의 지도자나 지도자 집단을 찾아내어 우호적인 관계를 형성하는 것은 지역사회 기반의 실천 활동에서 매우 중요하다. 이 집단을 통해 지역사회를 알게 되고 효과적인 실천기술을 구사하는 데 정보를 제공받을 수 있다. 접촉에는 다양한 방법이 있으나 자연스러운 기회나 계기를 이용하는 것이 필요하다. 접촉하여 사업을 진행할 때에도 지역사회의 전통이나 관습과 자연스럽게 연계하는 계기를 만드는 것도 바람직하다.

넷째, 관계 형성하기이다. 지역사회와 구성원들과의 관계형성을 위해서는 네트워크 세우기와 협력을 위한 동기부여가 중요하다. 사회복지사는 관계형성에 있어서 기존의 모임을 탐색하고 자연스러운 기회를 통해 접촉한 후, 다양한 모임을 연계하는 과정에서 나타나는 중심조직이 더 많은 지역사회 구성원을 참여하도록 독려하는 촉진자의 역할을 하게 된다. 또한 구성원들이 그들의 상황, 문제와 욕구와 협력가능한 관심사를 먼저 발견하게 하는 것이 필요하다. 조직화라는 협력을 통해서 무엇을 해결할 수 있으며 달성하기 위한 구체적인 방법이 무엇인지 확인하고 찾아나가는 과정이 바로 협력을 위한 동기부여 과정이다. 이러한 동기부여 과정이 있어야 추후의 조직구성원 간의 갈등이나 저항, 협력방해요인 들을 극복할 수 있으며 이러한 과정 자체는 조직화에 참여하는 구성원을 돕는 구체적인 실천행위이다.

다섯째, 조직가의 존재 알리기이다. 조직가의 존재를 지역사회 구성원들에게 알리는 것은 조직가가 존재해야 하는 합의와 비공식적인 승인을 얻어내는 것을 의미한다. 조직가는 끊임없이 구성원들과 관계를 유지하면서 확장시켜나가야 하며, 지속적인 협력이 이루어질 수 있는 토대 위에 상호호혜적인 관계를 형성해야 한다. 또한 당면한 과제 해결과 지역사회구성원들의 관심사에 대한 모색에 책임을 지는 노력을 해야 한다.

여섯째, 협력의 토대 만들기이다. 협력의 토대를 만들기 위해서는 협력이 요구되는 구체적인 사안과 이슈를 찾으며, 협력을 위한 목표를 가능한 한 구체화해야 한다. 목표를 세우는 과정에서 구성원을 참여시키며 행동계획을 수립하는 것이 중요하다. 목표달성 과정에서 시간과 경비, 역할 등에서 공정한 분배가 이루어지도록 해야 하며 협력에 참여하는 모든 구성원에게 구체적인 과제를 제공하는 것이 좋다.

⑵ 조직화 단계

조직화의 시작 단계를 거치고 본격적인 조직화 단계에 오게 되면 구성원들 간의 상호작용도 활발해지고 구체적인 과업도 수행하게 된다. 이러한 과정에서 구성원들의 경험이 강화되며 조직의 지속성이 결정되므로 조직가에게 다음과 같은 과업들이 요구된다.

첫째, 창조적 분위기 조성하기이다. 구성원의 능력을 최대한 발휘할 수 있도록 창조적인 분위기를 만드는 것으로, 즐거운 분위기 속에서 모든 구성원의 의견이 표현되는 민주적인 분위기가 정착되어야 한다. 비판의 경우도 목표달성에 생산적인 역할을 하므로 긍정적인 발전을 위한 진지한 논의를 이끌어내기 위해서 필요하다. 다양한 의견과 관점을 논의하는 과정에서 더 나은 문제해결을 위한 대안이 만들어질 수 있다.

둘째, 집단 발전시키기이다. 조직가에게는 직접적으로 조직을 이끌어가는 역할보다 모든 구성원들의 참여를 이끌어내고 질문하고 답을 찾아가는 과정을 함께 하는 것이 중요하다. 이를 위해서 조직가는 우선 조직성원들에 대한 믿음이 있어야 하며, 개별적인 구성원에게 관심과 애정으로 개방적인 태도를 취해야 한다. 집단 성원이 의견을 구성하고 표현할 수 있도록 도우며, 상황이나 문제에 대해서 조직이 무엇을 원하고 무엇을 할 수 있는지에 대해 대화를 해야 한다. 지속적인 대화와 토의를 통해서 변화를 이루기 위해 무엇을 할 것인지에 대해 결정할 수 있다.

셋째, 구성원 역량 강화하기이다. 조직화 과정의 발전은 실천에서의 전략을 수립하고 문제해결을 위해 어떠한 자원을 동원할 것인지 논의하면서 이루어진다. 조직가는 구성원들에게 위기의 상황을 변화시킬 수 있다는 희망을 주어야 한다. 또한 조직가는 통찰력과 경험을 활용하여 구성원들 스스로 동기 부여를 할 수 있도록 행동수행의 기회를 주어야 한다. 사람들이 역량을 가지고 있다는 믿음을 가질 수 있도록 격려하면서 그들이 자원을 어떻게 사용할 수 있는지에 대해 알려준다. 조직가는 많은 구성원들이 용기를 갖도록 독려하며 해답을 찾기 위해 의제를 설정하고 행동계획을 수립할 수 있도록 도움을 주어야 한다.

4. 자원 개발 및 동원기술

지역사회복지 실천은 지역사회의 자원을 적절하게 동원하는 것과 밀접하게 연결된다. 특히 지방자치제와 복지다원주의로 인하여 지역중심의 복지 실천이 강조되면서 지역사회 자원에 대한 개발 및 동원이 중요해지고 있다. 지역사회 자원이란 지역사회를 개선하고 변화시키기 위해 활용될 수 있는 것들을 의미하며 인적, 물적 자원을 모두 포함하는 개념이다. 여기에서는 지역사회 주민의 욕구충족과 문제해결을 위해 자원이 필요한 경우에 자원을 개발하는 기술에 대해 살펴보고자 한다. 인적 자원 관리기법에서는 자원봉사자에 대한 인적자원 관리기술을 중심으로 살펴보며 물적 자원 관리기법으로는 펀드레이징을 중심으로 살펴보고자 한다.

1) 인적자원 관리기법

지역사회복지 실천에 있어서 가장 대표적인 인적 자원은 자원봉사활동이다. 자원봉사활동은 지역사회를 중심으로 하여 지역주민의 자발적인 참여와 연대의식을 바탕으로 이루어진다. 지역사회에 존재하는 다양한 인적자원에 대한 개발과 동원에 대한 관리 과정은 인적자원 활용을 극대화하는 데 반드시 필요한 실천기술이다. 지역사회의 인적자원 관리 기법은 지역사회 내 문제해결을 위해 유용하고 가치있는 인적자원을 발굴하는 측면과 함께 자원봉사에 참여하는 활동주체로서 지역 주민의 욕구를 충족시키는 것도 주요한 목표가 된다.

인적자원의 관리는 인적자원을 활용하는 기관의 규모나 목적, 환경에 따라 달라지지만 일반적으로 자원봉사자를 모집하는 사전준비과정부터 원활한 활동을 위해 돕는 과정, 사후관리까지 모든 과정이 포함된다고 하겠다. 자원봉사관리과정에 따라 서비스의 질과 효율성이 결정되며 자원봉사자의 기대와 서비스대상자의 만족도에 영향을 미치므로 체계적이고 과학적인 관리과정을 통해 효과적으로 관리하는 방안이 강구되어야 한다. 여기에서는 인적자원으로서 자원봉사자 관리기법을 직무개발 및 설계, 홍보 및 모집, 교육 및 훈련, 배치, 지도감독 및 평가, 인정과 보상을 통해 살펴보도록 하겠다.

(1) 자원봉사 직무개발 및 설계

현장발굴과 기획을 통하여 자원봉사 프로그램을 개발하게 되며 개발 후에 적절한 자원봉사자를 모집하게 된다. 그러나 자원봉사자 모집 전에 효율적인 자원봉사자 업무의 효과성을 최대화하기 위하여 자원봉사활동과 관련된 직무개발 및 설계가 우선되어야 한다. 자원봉사자가 수행할 업무에 대하여 개요를 정리하는 직무설계란, 자원봉사자가 필요한 업무, 각 업무의 목표와 활동시간, 활동의 구체적 내용, 활동 위치 등에 대해 명시하는 것을 의미한다. 자원봉사자 직무설계에서는 자원봉사자 활동과정에 대한 정확한 이해와 지식, 직무관리능력이 필요하며 특히 직무 관리 과정에 있어 주민참여의 사회적 가치 실현, 클라이언트 서비스 증대, 새로운 기술 습득, 의미있는 사회적 상호작용의 경험 등의 보상 요소가 반영되도록 하는 것이 중요하다.

자원봉사자의 참여 동기를 자극하고 자원봉사활동의 효과성을 극대화하기 위한 직무설계는 다음과 같은 네 요소를 포함한다. 첫째, 자원봉사자들이 스스로 업무를 통제하고 책임질 수 있다는 주인의식을 부여하고 자부심을 느끼도록 해야 한다. 둘째, 자원봉사자들이 단순히 일만 하는 것이 아니라 관련된 업무의 참여에 있어 기회와 권한이 주어지고 계획과 평가가 가능하도록 생각할 권한을 부여하는 것이다. 셋째, 자원봉사자에게도 결과에 대한 책임의식을 심어주어야 한다. 넷째, 자원봉사자의 업적과 결과를 측정하는 일로서 자신이 기여한 가치를 평가할 수 있도록 평가-성과 측정을 활용해야 한다.

(2) 모집

직무설계가 이루어지고 나면 본격적으로 자원봉사자 모집이 시작된다. 현실적으로 자원봉사자에 대한 지역사회의 요구가 증가하고 있으나 많은 기관들이 자원봉사자 인원을 충분히 확보하고 있지 못한 것이 사실이다. 자원봉사자의 모집에 있어 중요한 것은 기관의 모집동기를 자원봉사자들에게 명확히 전달한다는 점이나 합리적으로 세분화된 모집방식이 부족하다는 점 등의 지적이 있다는 것이다. 무엇보다도 모집과정에서 조직의 욕구와 부합되는 욕구를 가진 자원봉사자를 찾는 것이 중요하며, 자원봉사자의 숫자보다 기획된 업무를 수행할 수 있는 자원봉사자를 확보하는 질적인 충분성이 필요하다. 이를 위해서 자원봉사자 모집과정에서는 모집 방법, 모집 시간, 모집 장소 등에 대한 구체적인 검토가 시행되어야 한다.

모집 방법은 몇 가지 유형으로 구분할 수 있다. 다수모집 혹은 대중모집 방식은 특별한 기술이 필요하지 않거나 습득이 쉬운 기술로 가능한 업무인 경우 자원봉사자를 모집하는 방식이다. 기관의 팸플릿이나 포스터와 같은 홍보지나 대중매체를 통한 홍보, 인터넷을 활용하거나 지역사회의 기관과 접촉하여 홍보하는 방법을 통하여 자원봉사자를 모집하게 된다. 표적모집은 특정 자원봉사업무를 수행할 인구층이 결정되어 조건에 만족되는 대상으로 제한할 때 쓰이는 모집방법이다. 이 방식은 동기욕구를 충족시켜주는 업무이거나 흥미를 유발할 수 있는 업무임을 강조하는 것이 중요하며 특별한 기술을 가진 봉사자 모집에 효과적이다. 동심원모집은 연못에 돌을 던졌을 때 물결이 퍼져나가는 것처럼 기관과 관련맺고 있는 사람들을 통해 인맥을 확산시켜가면서 자원봉사자를 모집해 나가는 방법이다. 연계성 모집이란 연계성이 강한 사람들이나 집단으로 이루어진 폐쇄체계로부터의 모집방법이다. 학교, 회사, 전문직업, 종교단계 등의 집단에서 자원봉사자를 모집하는 것을 예로 들 수 있겠다.

(3) 교육 및 훈련

자원봉사자 모집이 이루어지고 나면 적절한 활동을 잘 수행할 수 있도록 훈련과 교육이 필요하다. 자원봉사자 교육은 자원봉사자 개인에게 있어 개인성장의 기회이며 기관의 입장에서는 유능한 인재를 얻는 방법이다. 또한 자원봉사활동에 동기를 강화하고 자원봉사활동의 사회적 의미를 이해하며, 업무에 준비된 사람으로 준비시킨다는 점에서 중요성이 강조된다. 자원봉사자에 대한 교육과 훈련은 '업무 전 교육'과 '업무 중 교육'으로 구분되며 업무 전 교육은 오리엔테이션과 사전훈련, 업무

중 교육은 초기훈련과 인서비스훈련으로 구분된다.

우선 업무 전 교육에서 오리엔테이션은 앞으로 활동하게 될 봉사처와 봉사활동에 대한 이해를 돕는 기본교육이며, 사전훈련은 활동을 시작하기에 앞서 활동에 대한 지식과 기술을 습득하도록 고안된 훈련이다. 업무 중 교육에서 초기훈련이란 직접 활동에 참여하면서도 미숙한 점에 대한 지원과 교육을 실시하는 것이다. 초기훈련은 활동을 마치고 난 시간에 자원봉사관리자와 직접 만나거나 전화를 통해 이루어지기도 하며 활동봉사자가 집단별로 모여 토의를 하거나 단기모임을 하는 방식으로도 이루어진다. 인서비스훈련은 자원봉사자의 활동 진행 중에 지식, 기술, 태도를 소개하여 기술을 향상시키고 매너리즘에 빠지지 않도록 하는 것이다. 이를 통해 활동의 계속성과 서비스 질 향상을 돕고 자원봉사자에게 자기성장의 기회를 제공하는 한편 집단연대감과 팀워크를 증가시킨다.

교육 및 훈련 방법으로는 정기적인 자원봉사자 모임을 통해 활동을 소개하고 기술을 적용하면서 느끼는 점에 대해 토론하기, 직원회의에 참여하기, 유사기관에 파견되어 일정기간 훈련받기, 타기관이나 조직방문을 통해 새로운 아이디어 얻기, 비디오나 녹음을 통한 자기활동 분석, 훈련세미나 및 워크샵 참석 등이 있다.

⑷ 배치

자원봉사자를 모집하고 교육훈련과정을 거치고 난 후에 자원봉사자들의 기대, 능력, 기관의 욕구를 고려하여 적절한 업무에 배치해야 한다. 적재적소에서 적재란 그 직무를 가장 능률적으로 수행해 낼 수 있는 자원봉사자를 의미하며, 적소란 자원봉사자에게 가장 적합한 직무 혹은 직위를 뜻한다. 일반적으로 아무리 가치있는 직무라도 부적합한 사람을 배치했을 때 부정적인 결과를 가지고 오게 되며 능력이 뛰어난 자원봉사자라도 능력을 활용할 수 없는 업무라면 지속적인 활동이 불가능하다.

⑸ 지도감독 및 평가

실제 봉사활동의 진행 과정에서 자원봉사자를 방치하거나 획일적으로 관리하는 경우가 발생할 수 있다. 관리자는 구체적인 자원봉사자의 활동을 감독하고 자원봉사자 유지를 담당해야 하며, 이를 간과하는 경우에 자원봉사자는 클라이언트나 기관의 직원과 갈등을 일으키기도 하며 중도탈락을 하는 경우가 발생한다. 지도감독(supervision)이란 상급자 혹은 더 많은 경험과 지식을 가지고 있는 사람이 업무향상을 위해서 실행하는 다양한 관리활동이다. 자원봉사자들도 활동하는 동안 책임과 정보를 함께 나눌 수 있는 사람과 논의하기를 희망하며 필요한 활동 등에 대해 명확히 지도받기를 원한다. 지도감독은 봉사자에게 지시를 내리거나 감시하는 일이 아니며 자원봉사자가 담당하고 있는 업무를 잘 수행할 수 있도록 정보를 제공하고 피드백 및 필요한 도움을 제공해 주는 것을 의미한다.

평가는 자원봉사자가 업무에 있어서 얼마나 효과적으로 서비스를 제공하였는지, 그리고 문제점은 없었는지에 대해, 서비스대상자는 얼마나 만족하였는지에 대하여 묻는 것이다. 이를 통하여 자원봉사활동을 개선할 수 있고 문제를 예방할 수 있다. 평가는 자원봉사활동의 효과성과 적합성을 인식할 수 있는 방법으로 자원봉사자, 직원, 관리자의 사기진작을 위해서도 중요하다. 평가는 자원봉사 프로그램 자체에 대한 평가와 자원봉사자의 개별적인 업무수행에 대한 평가로 구분할 수 있다. 또한 평가의 내용에 따라서 활동 과정에서 설정한 목표가 얼마나 잘 달성되고 있는지에 대한 과정평가, 문제 또는 대상의 변화정도나 성과를 측정하는 결과평가, 환경에 대한 프로그램의 효과를 평가하는 영향평가 등으로 구분할 수 있다.

〈자원봉사자 지도감독의 역할〉

- 과업과 역할이 무엇을 수반하는지 그리고 왜 그것이 중요한지에 관해 자원봉사자가 확실히 이해하도록 하라
- 긍정적이고 정확한 피드백을 제공하라
- 과업과 관련된 계획과 의사결정에 자원봉사자를 직접 참여시켜라
- 직원, 자원봉사자 그리고 클라이언트의 파트너십적인 환경을 만들어라
- 자원봉사자가 권위를 가지도록 하고 궁극적으로 책임을 지는 것은 아니다
- 자원봉사자의 투입에 가치를 주고 들어봐라

- 주저하거나 이중적이지 않게 접근하라. 만약 필요하다면 지도감독자와 연락할 수 있는 정보를 가진 자원봉사자를 제공하라
- 해결을 위한 문제와 계획에 기대하라
- 성취한 것을 인정하고 감사하라
- 자원봉사자의 시간을 결코 낭비하지 마라

〈코너스(Connors, 1995). 홍현미라 외 (2015) 재인용〉

⑹ 인정과 보상

자원봉사자에게는 인정과 보상이 필요하다. 자원봉사자들의 서비스 활동에 대한 감사를 표시하는 방식으로서 프로그램의 성공에 매우 중요한 역할을 한다. 인정과 감사는 자원봉사활동의 초기에서부터 지속적으로 이루어져야 하며 자원봉사자에 대한 관심과 배려는 봉사자 개개인에 있어서 큰 의미를 가진다. 인정과 보상은 다음과 같은 다양한 방법으로 행해질 수 있다.

첫째, 공식적인 인정과 보상이다. 이는 기관에서 공식적으로 자원봉사자의 노력을 인정하거나 보상하는 것이다. 활동증거의 대표적인 형태로 활동기록의 공식적 보관과 마일리지, 시상, 공식적 행사개최, 만찬이나 모임, 배지나 상징물의 제공 등이 그 예이다.

둘째, 비공식적인 인정과 보상이다. 이것은 자원봉사자에 대한 존중감과 인정을 의미하는데, 기관과 자원봉사자의 교류에서 자원봉사자들이 수행한 일에 대해 직원들이 진실한 감사인사를 표현하는 것으로 이루어진다.

셋째, 전문직업적 인정이다. 이것은 자원봉사관리자가 활동에 대한 서류철과 파일카드를 유지하는 것으로 시작하여 기본적이며 필수적인 자료들을 정리하여 최신자료로 갱신하는 과정을 통해 이루어진다.

넷째, 인간적 인정과 보상이다. 자원봉사자의 심리와 정서를 배려한 것으로 자원봉사자 개개인의 선호하는 것들을 제공해주거나 선물을 해주는 것으로 인정과 보상을 주는 것이다.

2) 펀드레이징 기법

(1) 지역사회복지에서의 펀드레이징

최근 지역사회 내에서의 서비스 수요의 증가, 정부재정지원의 변화, 필요자원에 대한 경쟁의 심화 등의 환경변화로 사회복지사에게도 자원동원을 위한 전략, 특히 재정적인 자원 동원과 관리 노력에 대한 요구가 증가하고 있다. 사회복지사의 펀드레이징 참여 영역으로 펀드레이징 캠페인 계획에 참여하기, 펀드레이징 캠페인에 영향미치기, 재원의 원천들에게 접근하고 펀드레이징 기술을 적용하기, 자원동원에 클라이언트 참여시키기 등을 들 수 있다. 그와 관련된 구체적인 내용은 다음과 같다.

- 펀드레이징 캠페인 계획에 참여하기 : 조직, 클라이언트, 기부자들과 같은 이해당사자들의 욕구 규명하기, 자원동원원천들을 정의하고 규명하기, 자원동원의 목적과 목표를 분명히 하기, 주요 자원동원 전략들 선택하기, 자원동원 캠페인의 구체적인 계획 세우기
- 펀드레이징 캠페인에 영향미치기 : 캠페인 주제에 대한 안내와 자문, 의사결정과정에의 참여, 슈퍼비전과 조정의 과정에 이해관계 참여시키기
- 재원의 원천들에게 접근하고 펀드레이징 기술 적용하기 : 정부, 재단, 민간기관, 개인과 기업의 기부자들이 지원하는 비영리조직들과 협상, 개별적 만남, 방문, 전화와 이메일을 통한 캠페인

(2) 펀드레이징 전략

첫째, 기부자의 변화와 성장을 이해해야 한다. 지역사회복지에서 펀드레이징 전략을 세울 때 고려해야 하는 것은 기부자의 시각과 인식이다. 최근에 기부자들의 시각과 인식이 적극적으로 변화하고 있어 기부자 접근에 있어 변화과정을 이해하는 것이 필요하다. 동정에 기반하여 임시방편적으로 주변 이웃을 살피는 것에서 시작하였으나 점차적으로 체계적이고 조직적으로 변화하고 있다. 1990년대부터는 사회적 영향력 즉 실질적이면서 장기적인 사회변화를 목표로 기부자들이 전략적인 투자와 참여를 하는 전략적인 접근으로 변화하였다.

둘째, 기부자의 충성도를 높이고 유지해야 한다. 기부자 충성도는 기간, 빈도, 규모, 권유 등에 영향을 받고 있으며 일반적으로 기관과의 관계가 오래된 충성된 기부자일수록 기부 규모를 증가하거나 더 자주 기부를 하게 되어 기부자 유지가 자원모금의 필수적인 부분이 되고 있다. 기관 활동에 긍정적인 평가를 하고 제공서비스에 대한 만족도가 높거나 기관을 신뢰하고 다양한 방법을 통해서 소통하는 경우, 기관으로부터 개별적인 관심을 받는 경우와 피드백에 만족하는 경우에 기부 만족도가 높아지고, 이에 따라 기부자의 충성도가 높아진다.

셋째, 관계모금을 강화해야 한다. 기부자 유지 및 개발에 초점을 두는 것으로, 조직과 기부자 간의 상호신뢰관계 형성을 통해 기부자 발굴 및 관리를 하는 모금 접근 방식이다.

5. 임파워먼트

1) 임파워먼트의 개념과 특성

최근 들어 지역사회복지 실천의 현장에서는 임파워먼트 접근에 주목하고 있다(강대선, 2015; Toomey, 2009). 임파워먼트란 능력고취, 역량강화, 권한부여라는 용어로 함께 사용되고 있으며 클라이언트의 잠재 역량 및 자원을 인정하고 클라이언트가 삶을 결정할 수 있도록 권한이나 힘을 부여하는 것을 의미한다. 지역사회복지 실천에 있어서는 지역사회 구성원들이 의사결정 권한을 가지고 전반적인 지역사회복지 실천과정에서 소외계층의 참여를 증가시키는 것을 강조하는 실천 기법이라 할 수 있다.

강대선(2015)은 임파워먼트와 관련된 사회복지사의 역할에 대하여 다음과 같이 설명하고 있다. 모든 지역사회복지 실천은 기본적으로 임파워먼트와 연결되고 있으나, 사회복지사가 의사결정과정에서 주민들에게 어느 정도의 권한을 제공하는가에 따라 수준이 달라진다. 그리고 임파워먼트의 효과는 주민들의 사회인구학적인 특성과 거주 특성 등에 따라 달라질 수 있으며, 실천가들이 자신의 역할에 대하여 명확히 인식하고 있지 않거나 모호한 경우에 가지고 있는 지식과 기술에 상관없이 디스임파워먼트(disempowerment)로 이어질 수 있다. 특히 임파워먼트는 제삼자가 제공해 주는 것이 아니라 지역주민 스스로 완성해 나가는 것이며, 실천가는 스스로 완성할 수 있도록 촉진시키고 지지해 준다는 것이다(고미영, 2007).

2) 임파워먼트 기술과 방법

지역사회 임파워먼트를 위하여 실천가가 해야 할 역할은 다음과 같다. 두보이스와 마일리(Dubois & Miley, 2005)는 지역사회실천의 기능을 컨설팅, 자원관리, 교육으로 구분하고 이와 관련된 역할을 제시하였다(강대선, 2015). 이러한 구분에 따라 지역사회의 임파워먼트를 위한 실천가의 역할을 설명하면 다음과 같다.

첫째, 문제해결을 위한 컨설팅 기능과 관련된 역할과 활동이다. 컨설팅이란 사회복지사가 미리 계획한 정보를 클라이언트에게 제공하여 결정 이전에 서로의 의견을 공유하는 의사소통과정이다. 이 과정에서 실천가와 클라이언트 간의 진정한 협력의 가치, 클라이언트에 대한 존중의 태도와 언어사용, 신뢰에 기반한 수평적 관계를 강조한다. 지역주민들에게 자신과 지역사회에 대한 새로운 정보와 지식을 접할 기회를 제공하는 과정에서 임파워먼트 효과를 발생시키는 것이다. 실천가의 의사소통 능력과 뒷받침하는 기술을 통한 컨설팅 과정이 임파워먼트와 연결된다.

둘째, 자원관리와 관련된 역할과 활동이다. 사회복지사는 연대의 가치를 높이고 주민들의 지도력을 개발하는 활동에 초점을 두면서 활동에서 변화를 관리하는 능력, 팀 접근의 효과성을 높이는 능력, 지역사회 주민지도자를 멘토링하는 능력, 도전적인 상황에서 현실적인 전략과 대안들을 개발할 수 있는 능력, 목표한 자원의 획득을 위한 최선의 성과 달성을 위해 복잡한 이슈들을 일관성 있게 협상하는 능력을 성취할 수 있도록 돕는다(신명호, 2012).

셋째, 교육기능과 관련한 역할과 활동이다. 이는 사회복지사가 임파워먼트와 관련하여 지역주민이 자신과 지역사회의 환경에 영향을 미치는 힘을 정확하게 인지하게 하고 결과적으로 문제해결을 위한 지식과 기술, 습관을 형성하도록 지원하는 활동을 의미한다. 이러한 활동을 통해 사회복지사는 취약계층에게 교육 및 훈련을 제공하는 역할, 사회적 이슈나 사회서비스에 관한 정보를 전달하는 역할, 지식개발을 위한 발견에 참여하는 연구자의 역할을 함으로써 지역사회 임파워먼트에 기여할 수 있다.

한편, 김종일(2008)은 지역사회의 임파워먼트 향상을 위한 구체적인 실천기술로 다음의 여섯 가지를 제시하였다.

첫째, 의식제고이다. 의식제고는 지역주민이 자신들을 억압하는 사회구조에 대해 비판적인 의식을 갖도록 하고, 무력감을 느끼는 개인들에게 문제의 원인이 자신들에게 있는 것이 아니라는 점을 깨닫게 하는 것이다.

둘째, 자기목소리내기이다. 이는 문제의 원인과 소재를 파악하여 공개적으로 자신의 목소리를 내어 자기주장을 전개해 나가는 것을 의미한다. 사회복지사는 클라이언트가 자신의 의견을 공식적으로 표현하는 것에 두려워하거나 위축되지 않도록 돕는다.

셋째, 공공의제로 만들기이다. 사회복지사는 문제의 원인을 대중이 제대로 인식할 수 있도록 쟁점을 효과적으로 정리하여 소개하고 그러한 쟁점이 공공의제가 될 수 있도록 한다. 이 과정에서 시위나 대중매체 캠페인은 대중들의 관심을 유도하는 데 좋은 수단이 될 수 있다.

넷째, 권력키우기이다. 이것은 자원동원과 조직화를 통하여 주민들의 역량을 강화시키는 것이다. 조직 내 구성원의 수, 열정, 법적인 행동, 전문성, 힘의 위협성 등은 중요한 힘의 원천이다.

다섯째, 역량구축하기이다. 클라이언트의 역량을 강화하기 위한 조직체를 만들고 자기주장을 효과적으로 표현하는 캠페인을 전개하는 과정을 포함한다. 목표를 세우고 목표달성이라는 성공을 경험하게 하며 무력감을 극복하도록 돕는다.

여섯째, 사회적 자본 창출하기이다. 지역사회 구성원의 사회적 관계에 기반한 사회자본의 창출을 돕는 것을 의미한다. 구성원 간의 협력과 연대감을 높이는 데 기여하며, 이를 바탕으로 한 사회적 자본은 지역주민의 역량을 강화시키기 위한 자원이 된다.

연습문제

1. 지역사회개발모델에서 전문가의 역할에 대한 설명으로 옳은 것은 무엇인가?

가. 지역사회전체에 동일시가 필요함
나. 지역사회에 대한 분석 및 진단
다. 좋은 인간관계를 조성한다
라. 문제해결을 위한 방법에 관한 조언

① 가, 나, 다　② 가, 다
③ 나, 라　④ 라　⑤ 가, 나, 다, 라

2. 다음에 해당하는 사회복지사의 역할은 무엇인가?

A사회복지사는 치매노인을 부양하고 있는 여성노동자의 돌봄 부담을 줄여주기 위해서 치매지원센터에 대한 정보를 제공하였다. 여성노동자는 이러한 정보를 활용하여 치매지원센터를 이용하게 되었다.

① 계획가
② 조력가
③ 중개자
④ 안내자
⑤ 행동가

3. 지역사회실천기술 중 연계(네트워킹) 기술에 대한 설명으로 옳지 않은 것은? (13회 기출)
① 다양한 지역사회 주체들의 자발성을 촉진한다
② 상호호혜적 의사소통을 한다
③ 상호 신뢰형성을 위해 수평적 관계를 유지한다
④ 지역사회보장협의체는 네트워킹 기술을 활용한 사례로 보기 어렵다
⑤ 서비스 중복과 누락문제를 해결하기 위해 사용할 수 있다

4. 사회복지사가 클라이언트를 위한 옹호를 할 때 옹호와 관련된 전술과 거리가 먼 것은?

① 설득
② 증언청취
③ 표적 난처하게 하기
④ 정치적 압력
⑤ 의뢰

문제 해설

1번 문제 해설
정답 : ③
해설 : 가 - 안내자의 역할임
다 - 조력가의 역할임

2번 문제 해설
정답 : ③
해설 : 치매지원센터의 돌봄지원 서비스를 중개해주었으므로 중개자의 역할임. 사회복지사는 중개자로서 지역사회의 자원을 클라이언트에게 연결해주며, 지역주민이 필요로 하는 자원의 소재를 알리고 연결시켜 접근성을 높임.

3번 문제 해설
정답 : ④
해설 : 지역사회보장협의체는 네트워킹과 관련된 가장 대표적인 사례임. 지역사회보장협의체는 민/관의 연계 협력을 위한 네트워크 조직을 의미한다.

4번 문제 해설
정답 : ⑤
해설 : 의뢰는 자원동원 기술에 해당한다.

생각해 봅시다

〈해결문제〉

로스만의 지역사회복지실천모델에 따른 사회복지사의 역할을 구분하여 설명하였다. 지역사회개발모델, 사회계획모델, 사회행동모델에서 사회복지사의 역할이 일부 동일하게 제시되고 있는데, 이를 서로 비교하면서 설명해 보자. 예를 들어 지역사회개발 모델에서의 조력가의 역할과 사회행동모델에서의 조력가의 역할은 어떻게 실천되어야 하는가? 지역사회개발모델에서 전문가의 역할과 사회계획에서의 전문가 역할은 어떻게 다른가?

〈찬반토론문제〉

사회복지사의 역할 중 행동가의 역할은 사회정의와 평등을 실현하고 인간다운 삶, 구성원에 대한 존중이 보장되는 사회를 만들기 위한 목적으로 적극적으로 사회활동에 관여하는 것을 의미한다. 행동가로서 사회복지사는 클라이언트에 대한 사회적 불평등, 차별, 인권보호를 위하여 불합리한 사회의 환경과 제도를 변화시키려는 노력을 한다. 그렇다면 정책 형성과 사회변화를 위한 사회복지사의 정치적인 역할에 대하여 어떻게 생각하는가? 치료자나 상담가로서의 역할과 비교하여 논의해 보자.

제6장 사회행동의 전략과 전술[1]

1. 사회행동의 개념

사회행동(social action)은 로스만이 제시하였던 지역사회복지 실천모델의 하나로 국내에 소개되었다. 지역사회에서 억압받거나 소외된 지역 구성원들이 사회정의와 정치적인 공평성의 입장에서 현재보다 나은 삶을 살 수 있도록 하는 활동을 의미한다(김수정, 2007). 사회행동은 지역사회의 권력과 자원의 재분배, 사회적 약자에 대한 의사결정의 접근성을 강화하여 지역사회를 변화시키는 것에 목적을 둔다. 이처럼 지역사회의 기존 제도나 상황에 대한 근본적인 변화를 추구하기 때문에 항의나 시위, 협상 등이 문제를 해결하는 수단으로 이용되기도 한다(김수정, 2007).

지역사회복지 실천에 있어 사회행동이란 지역사회 주민들의 삶과 환경에 영향을 미치는 주요한 결정에 대하여 지역주민들의 통제력을 향상시키기 위한 집단적인 노력으로 정의된다(남일재, 문영주, 2019; 김광희, 2015). 즉, 정부, 기업 등 막강한 힘을 가진 집단에 대하여 지역주민들이 힘을 모아 주민들의 요구가 받아들여지도록

1) 이 장은 남일재, 문영주(2019)의 지역사회복지론을 참고하여 작성되었음.

혹은 유리한 결정이 내려지도록 영향력을 행사하는 파당적인(partisan) 행동이다 (Rubin & Rubin, 2008).

1970년대와 80년대 중반에 걸친 이데올로기 중심적인 사회 행동에서 변화가 일어난 것은 1980년대 후반이다. 이때부터 사회행동의 활동영역과 성격, 전략 면에서 많은 변화가 일어났다. 빈곤층, 노동계층, 학생 등의 계층과 계급 중심의 사회행동에서 지역사회나 국가적인 차원, 환경적인 차원으로 활동영역이 확대되었다. 여성단체나 시민단체가 중심이 되어 활동을 전개하고 주민의 건강과 자녀교육, 쾌적한 환경을 위하여 다양한 사회운동들이 지역사회를 중심으로 전개되기 시작하였다.

2. 사회행동의 전략

1) 대상 집단을 이기기 위한 힘의 전략

사회행동은 사회행동조직과 상대방 집단 간의 힘겨루기라고 표현된다. 사회행동을 주도하는 집단은 시위나 집회 등을 통해서 대중에게 문제의 중요성과 심각성을 알리고 정부당국이나 지방의회에서 문제에 대한 적절한 결정을 내릴 수 있도록 힘을 발휘해야 한다. 성공적인 사회행동을 위하여 상대방의 힘을 약화시키거나 자신에게 유리한 방향으로 활용하는 힘의 전략이 필요하다. 물론 사회행동에서 힘과 권력을 과시하는 것이 효과를 가져다 준다 할지라도 결코 폭력을 행사해서는 안 되며 합법적인 수단을 통한 민주적인 활동이어야 한다.

한편, 사회행동의 토대가 되는 힘의 원천은 다음과 같다. 첫째, 정보력이다. 현재의 사태에 대한 정보와 지식을 정부기관이나 정치인들에게 제공할 수 있는 힘이다. 예를 들어 노인이나 장애인의 불합리한 현실을 공개하여 일반인과 정치인을 자극함으로써 사회행동의 목적을 관철시키는 것이다. 둘째, 대상 집단에 대한 직접적인 힘의 행사이다. 사회행동조직이 그들의 활동과 결정에 반대하는 집단에 대해 불편과 손해를 증가시킴으로써 힘을 과시한다. 예를 들면 사회행동집단이 원하지 않는 건물이나 시설의 건축현장에서 시위를 전개하거나 법원에 건축 중지를 요청하는 행동이다. 사회행동에서 가장 자주 사용되고 있는 방법이다. 셋째, 피해를 입힐 수 있는 잠재력이다. 실제로 피해를 입히는 것보다 그럴 수 있는 잠재력이 있음을 상대에게 주지시키는 방법이다. 넷째, 약점을 이용한 수치심 자극이다. 상대방의 약점을 들춰 수치감을 들게 하거나 괴롭히는 방법이다. 상대방에 대한 약점을 언론에 노출시키거나 공개하는 행위를 통하여 매우 곤혹스럽게 만들 수 있다. 다섯째, 대중 동원 능력이다. 사회행동조직이 많은 사람들을 동원할 수 있는 능력은 사회행동이 정당성을 획득하고 있다는 잠재력의 표출과 연결되므로 사회행동에서 가장 중요한 힘의 원천이 된다.

2) 사회행동 캠페인의 합법성을 확보하기 위한 노력

사회행동은 조직의 내부와 조직의 외부 양쪽에서 합법성과 정당성을 확보하는 전략을 선택해야 한다는 것이다. 즉, 조직원과 일반대중은 물론 상대방에게도 일반적으로 수용될 수 있는 전술을 선택해야 한다. 사회행동의 목적 달성과 장기적인 승리는 조직 내외의 사람들이 그 조직의 행동에 대해 합법성을 인정할 때 가능하다. 조직 내부의 사회행동의 합법성과 정당성은 그 조직의 목적에 맞는 전술을 선택할 때 확보될 수 있다. 조직에 적합한 전술을 선택하며 법질서에 위배되는 과격한 폭력행위로 변질되지 않도록 유의해야 한다. 또한 합법성과 정당성 확보를 위하여 조직구성원의 가치를 적절하게 반영해야 하며 조직구성원들에게 일방적으로 조직의 가치를 강요해서는 안 된다.

3) 타 조직과의 협력 전략

사회행동조직이 타조직과의 협력 관계를 맺기 위한 방법으로 협조(cooperation), 연합(coalition), 동맹(alliance)의 세 가지 유형이 있다.

첫째, 협조는 다른 조직과 최소한의 협력관계를 유지하는 유형이다. 이 관계는 각 조직이 자체적으로 사회행동을 전개하면서 필요에 따라 일시적으로 협력하는 관계를 의미한다. 협조 관계에 있는 조직들은 사회행동의 효과를 증대시키면서 자체적으로 가지고 있는 기본적인 목표와 계획을 수정하지는 않는다. 예를 들면, 영세 상인들이 시당국의 영세민지역서비스에 불만을 갖고 시위를 할 때 각 조직들이 동시에 동일한 장소에서 유사한 슬로건을 내세운 플래카드를 들고 시위를 하게 되면, 단독적인 행동에 비하여 더 많은 군중을 동원하면서 시당국으로부터 반응을 얻어낼 수 있을 것이다.

둘째, 연합은 참여하는 조직들 간에 이슈와 전략을 합동으로 선택하는 전략으로 협조와 비교하여 더 조직적인 협력관계이다. 이 관계에서는 조직들마다 각각 대표자를 선정하여 운영위원회를 구성하고 회의를 소집하여 공동의 관심사에 합의한다. 개별적인 조직의 노력으로 쉽게 해결되지 않으며 장기적인 문제인 경우에 함께 연합관계를 맺어 하나의 조직처럼 행동하기도 한다. 공동의 노력이 필요한 문제에 대해 논의하고 전략을 추진하며 결정은 각각의 개별 조직에 회부되고 비준받는 과정을 거친다.

셋째, 동맹은 가장 고도의 조직적인 협력관계이다. 유사한 목적을 지닌 사회행동조직들이 영구적이고 전문적인 대규모의 조직관계망을 갖는다. 이 관계는 회원조직의 회원들을 훈련시키고 캠페인을 준비하는 등 전문적인 활동을 필요로 하는 경우에 매우 바람직한 협력관계라고 할 수 있다.

〈표 6-1〉 협력관계 유형

기준	협조관계	연합관계	동맹관계
목적	특정 이슈에 관해 유사한 목표를 가진 조직들의 일시적인 연결	계속적이나 느슨하게 구조화된 협력 조직의 자율성을 최대화하면서 힘을 증대시킴	기술적인 정보를 제공하고 로비활동에 역점을 두는 전문가를 둔 영속적인 구조
의사결정	임시적 계획이 시안에 따라 만들어짐	선출된 대표들이 정책을 결정하지만 각 개별조직들의 비준이 있어야 함 각 조직은 모든 행동에 참여할 필요가 없음	회원 조직으로부터 승인이 필요하지만 결정할 수 있는 힘은 중앙위원회나 전문직원이 갖게 됨
지속성	협력관계는 언제든지 한 쪽에 의해 중단될 수 있음 협력관계를 위해 최소한의 노력이 필요함	참여조직들은 특정 캠페인에 참여여부를 선택할 수 있으나 협력구조는 지속됨	중앙위원회나 직원에 의해 장기적인 활동이 수행되나 활동 중에는 동맹자체의 업무를 지속시키기 위한 것이 있을 수 있음

4) 캠페인에서 전술을 연결시키는 전략

사회행동캠페인에서 조직이 활용할 수 있는 전술로는 압력(pressure) 전술, 법적(legal) 전술, 항의(protest) 전술이 있으며, 성공을 위해 두 가지 이상의 전술을 사용하는 것이 일반적이다. 중요한 것은 특정 성과를 거두기 위해서 어떻게 다양한 전술들을 연결시킬 것인가에 대한 부분이다. 항의 전술은 상대방이 문제에 관심을 갖게 하는 데 효과가 있고 압력 전술과 법적 전술은 법과 규정을 바꾸고 시행될 수 있도록 하는 데 효과가 있다. 예를 들어 우선 언론의 관심을 끌기 위하여 항의 전술을 사용하다가 장기적인 변화를 꾀하기 위하여 압력 전술을 사용할 수도 있다. 따라서 사회행동조직은 여러 가지 다양한 전술들을 적절히 혼합하여 활용하는 지혜와 기술이 필요하다.

5) 협상을 전개하는 전략

사회행동캠페인에서 조직은 이슈를 선정하여 이슈에 대한 요구를 하게 된다. 성공을 위해서는 이러한 요구에 대하여 상대방과 협상을 해야 하는데, 가장 우선적으로 해야 하는 것은 협상의 토대가 되는 갈등의 범위를 정하는 일이다. 갈등의 범위가 좁다면 해결은 용이하나 문제 발생 시마다 협상을 해야 하는 번거로움이 있다. 만약 갈등의 범위가 확대된다면 많은 문제를 동시에 해결할 수 있다는 장점이 있지만, 해결하기에는 어려움이 따른다. 전술적인 측면에서 접근할 때 갈등의 범위는 해결이 가능한 정도로 잡는 기술이 필요할 것이다.

3. 정치적 압력 전술

1) 정치적 압력과 정책형성 과정

사회행동의 목적에 따라 다양한 전술을 사용하게 되는데 정치적 압력도 사회행동 전술 중에서 대표적인 전술이다. 정치적 압력이란 정부를 대상으로 하며 항의 전술과는 다르다. 만약에 정부로 하여금 어떤 행정조치를 시행하게 하거나 또는 포기하게 하는 것, 혹은 새로운 프로그램이나 정책을 강구하게 하려는 것이라면 사회행동의 핵심적인 전술은 정치적인 압력이 될 수 있을 것이다.

정치적 압력은 정부의 정책형성과정의 모든 단계에서 적용될 수 있으며, 정책형성과정에서 각 단계별 사회행동조직의 정치적 압력의 내용은 다음과 같다. 정책형성과정의 제1단계인 이슈를 논의대상으로 삼는 단계에서 사회행동조직은 어떤 이슈가 정치적으로 부각될 수 있도록 하거나 공청회에서 의견을 개진할 기회를 갖는 등의 활동을 한다. 제2단계인 해결대안을 설계하는 단계에서 사회행동조직은 어떤 문제가 법안으로 제출되기 전에 사회행동조직의 의견을 정치인이나 정부 관료들에게 알린다. 제3단계인 법안의 통과를 추진하는 단계에서 사회행동조직은 전통적인 로비활동으로서 의원들을 접촉하거나 편지와 전화를 통해 새로운 법이나 규정이 통과되도록 압력을 넣는다. 제4단계인 실천을 하도록 영향력을 행사하는 단계에서 사회행동조직은 지역주민들을 위해 어떠한 법이 더욱 강력하게 혹은 평등하게 집행되도록 압력을 행사한다.

2) 효과적인 압력을 위한 기술

(1) 적재적소에 압력을 가하는 기술

정책결정 과정에서 정확한 책임소재에 압력을 가하는 것이다. 사회행동캠페인에서 가장 먼저 갖추어야 하는 것은 정책결정과정에서 문제해결에 대한 재량권이 어디에 있는지 파악하여 적재적소에 압력을 가하는 기술이다. 재량권이란 정책을 결정하는 법적인 권리를 의미한다. 이를 위해서 해당 문제의 해결의 책임을 가지고 있는 조직, 부서나 관료 등을 정확히 파악해야 한다.

(2) 정부 관료와 정치인을 상대로 한 논쟁의 기술

정치적 압력의 대상인 정부 관료와 정치인들은 정책결정과정에서 서로 다른 역할을 하게 되므로 해당 정치인과 정부 관료에 맞는 정치적 압력 전술이 필요하다. 또한 정부 관료와 정치인은 상이한 압력에 반응을 보이는 경향이 있으므로 양쪽의 특성을 이해할 필요가 있다.

직업공무원인 정부 관료들의 경우에는 프로그램과 정책을 실천하는 역할을 수행하게 된다. 그들은 학위나 시험 등 자격을 토대로 하여 임명되며 정치적인 이유로 해임되지 않도록 법의 보호를 받는다. 따라서 보다 장기적이고 행정적인 문제에 관심을 갖는다. 평등한 집행과 선례를 만드는 것에 관심을 두고 있기 때문에 지역사회의 차별적이고 부당한 대우를 처리해 달라는 요구를 할 수 있으며 업무를 충실히 수행하고 있다는 것을 인정받고자 한다.

일반적으로 정치인의 경우는 제안된 프로그램이나 정책을 승인하고 변경하는 역할을 주로 수행한다. 정치인은 직접적인 선거를 통해 혹은 정치인의 임명에 의하여 정치인이 되므로 다음의 선거를 의식하여 단기적인 사안이나 최근 이슈에 관심을 갖는다. 또한 해당 이슈에 대한 대중적인 지지도에 관심을 두며 가시적인 성과를 중요시하게 된다.

(3) 압력전술을 선택하는 기술

사회행동조직이 상대에게 압력을 가하는 구체적인 행동은 다음과 같이 다양하게 나타나며 각각 장단점을 가지고 있다. 사회행동조직의 이슈가 단순히 기술적인 이슈인지 논란의 여지가 있는 이슈인지 판단하여 적합한 전술을 선택할 필요가 있다.

첫째, 공청회에 군중을 동원하는 행동은 힘의 잠재력을 확인하고 주민들이 이슈에 관심을 가지고 있음을 보여준다. 반면 군중동원이 위협으로 간주되거나 폭력으로 연결될 수 있다는 단점이 있다.

둘째, 공청회에 의견서를 제시하는 행동은 이슈에 대한 기록을 공식화하고 합리적인 근거를 제시할 수 있다는 장점이 있는 반면, 사실에 대한 정확성 확보에 어려움이 있으며 반대 의견에 대처하는 데 상당한 기술이 필요하다.

셋째, 연판장을 제출하는 행동은 이슈에 대한 주민들의 지지를 관리들에게 보여준다는 장점이 있으나, 쉽게 무시되어 버릴 수 있는 단점이 있다.

넷째, 선출된 관리들과 일대일로 로비를 하는 행동은 관리들과 솔직한 의견교류의 기회를 제공한다는 장점이 있는 반면, 많은 지역주민의 관여가 불가능하며 밀실거래의 인상을 준다는 단점이 있다.

다섯째, 편지 또는 이메일 보내기는 적극적인 관심을 갖는 지역주민이 있음을 보여주는 장점이 있는 반면, 중복되는 경우 편지의 가치가 줄어들 염려가 있다.

여섯째, 전화나 전보의 이용은 급히 동원할 수 있는 지지 세력이 있음을 보여주는 장점이 있는 반면, 기록이 남지 않거나 관리들을 귀찮게 한다는 단점이 있다.

일곱째, 법안의 내용을 제안하는 행동은 지역사회주민조직이 원하는 바를 정확하게 제공할 수 있는 장점이 있는 반면, 제출된 법안이 협상에 있어서의 융통성을 저해할 가능성이 있다.

여덟째, 법안을 심의하는 회의에 참여하는 행동은 법 내용이 관리들에 의해 적절하게 해석되고 있는지 확인할 수 있는 장점이 있는 반면, 시간소모가 크고 관료적인 행정에 대한 이해가 필요하다는 어려움이 있다.

(4) 정치인들에게 압력을 가하는 전술

정치인들에게 압력을 가하면서 호의적인 반응을 이끌어내기 위한 구체적인 전술은 다음과 같다.

첫째, 선출된 관료들의 입지/이미지에 관심을 보인다. 선거에 의하여 선출된 정치인은 실제와 함께 이미지에 상당한 관심을 가지고 있다. 주민조직의 압력에 굴복하는 것과 별개로 강직한 인물이라는 이미지를 손상시키지 않는 구실이 필요하다.

둘째, 요구가 실천이 되는 것을 확인한다. 주민조직이 원하는 바를 해결해 주겠다는 약속만으로 만족해서는 안 되며 성실히 이행되고 있는지를 확인할 수 있는 보장방안을 갖는 것이 중요하기 때문이다.

셋째, 정치적 구조와 과정을 이해한다. 정치인들에게 압력을 가하여 성과를 내기 위해서는 정치적인 구조와 과정에 대한 지식을 얻는 것이 중요하다. 입법의 추진과 개정에 있어 그 일을 어떤 부서와 위원회에서 담당하는지 알아야 하며, 법적 절차와 과정을 파악해야 한다.

넷째, 선출된 관리들이 당면한 제약을 인식한다. 이슈와 관련하여 정치인들이 직면한 행정적이고 재정적인 현실에 근거한 제약이 무엇인지 파악할 필요가 있다.

다섯째, 적과 싸우기보다 친구와 함께한다. 사회행동조직과 뜻을 같이하는 국회의원이나 지방의회의원들로부터 지원을 얻어내는 것이 바람직하다. 때로는 정치인에게 영향력을 행사할 수 있는 사람들을 활용하는 것도 효과적인 압력 전술이 될 수 있다.

여섯째, 전문 직원과 사무실을 활용한다. 이슈에 대하여 기초적인 작업을 하는 전문 직원에게 조직의 의도를 설명하고 정보를 제공함으로써 국회의원에게 영향을 미칠 수 있다.

일곱째, 자료와 함께 정보를 제공한다. 감정적인 만남이 아니라 조직의 주장을 뒷받침할 수 있는 자료를 제시하여 경쟁력을 확보해야 한다.

여덟째, 편지 또는 이메일 보내기 캠페인을 전개한다. 조직의 회원들이 정치인에게 이슈와 관련된 정치인의 기록와 입장에 대하여 건설적인 비판과 권고를 담아 보내는 것도 효과적인 전술이다.

아홉째, 공청회 참석에 따르는 예의를 배운다. 국회, 정부, 지방의회가 준비한 공청회는 사실에 대한 정확한 전달과 함께 상대방에 대한 예의와 질서를 지키는 것이 매우 중요하다. 따라서 이슈에 대한 입장을 내세울 때에는 신뢰성과 성실성을 토대로 발표해야 하며 공청회의 발언 순서, 시간, 일정 등에 대해 숙지해야 한다.

4. 법적 행동과 사회적 대결

법적 행동과 사회적 대결은 사회적 행동에 있어 모두 공정하지 못한 법과 사회의 규칙 등에 대하여 주의를 환기시키고 개선을 요구하는 목표를 추구한다. 두 가지 전술 모두 기업이나 정부를 포함하여 다양한 표적을 대상으로 전개될 수 있다. 그러나 그 방식과 내용에는 차이가 있다. 특히 법적 행동은 법과 규칙을 존중하므로 상대방이 우리의 규칙을 지키지 않음을 주장하며, 사회적 대결은 기존 체제에 대한 도전을 의미한다.

차이점을 구체적으로 살펴보면, 법적 행동은 극적이지 않으며 제한된 수의 사람들이 참여하고 냉정한 방식으로 전개된다. 위협만으로 이슈에 대한 논의를 끌어낼 수 있는 장점이 있는 반면, 시간과 돈이 많이 든다는 제한점이 있다. 사회적 대결의 경우에는 극적이며 많은 수의 사람들이 참여하는 방식으로 전개된다. 다른 전술에 비하여 쉽게 시도할 수 있는 반면, 세력을 유지하는 것에 대한 어려움과 자칫 폭력적이거나 불법적, 비윤리적인 행동으로 번질 수 있다는 한계점을 가지고 있다. 이번 장에서는 사회행동의 전략으로서 법적 행동과 사회적 대결을 구분하여 살펴보고자 한다.

1) 법적 행동

지역의 사회행동조직이 활용할 수 있는 법적인 행동은 '금지명령 요구'와 '고소'이다(남일재, 문영주, 2019). 금지명령이란 사실이 확인될 때까지 법정 피고인이 특정한 행동을 취하는 것을 금지하거나 특정한 행동을 삼가도록 만드는 법적 과정과 명령을 의미한다. 고소란 손해를 보상받기 위해서, 혹은 당국이 법적인 조치를 취하도록 하기 위해서 하는 행동을 의미한다. 이에 대한 예를 들자면, 환경보호단체들이 생태계를 파괴하는 대규모의 토목공사를 중지시키기 위해 금지명령을 사용하기도 하며, 환경오염에 피해를 입은 주민들이 집단으로 고소하는 방식을 사용하기도 한다.

법적인 행동을 활용하는 것의 장점은 다음과 같다.

① 조직의 활동을 공식적으로 합법화시킬 수 있다. 변호사를 채용하고 법원을 통함으로써 상대방에게 사회행동조직의 활동이 합법적임을 인식시킬 수 있다.

② 상대방의 급작스런 조치에 대해 공격을 위한 시간을 얻어낼 수 있다. 영세민 지역의 재개발사업 승인으로 이주명령이 내려졌을 때 법적인 행동을 취하게 되면 철거계획이 보류되면서 거주를 보장받을 수 있다.

③ 법적 전술을 통해 상대방이 주민조직을 향해 활용하려는 정보를 얻어낼 수 있다. 변호사의 사건 조사 활동을 통해 상대방의 정보를 알아낼 수 있다

④ 법적 행동은 많은 비용이 들기 때문에 위협만으로도 해당 이슈에 대한 논의를 이끌어낼 수 있다. 법정 판결에 많은 비용이 들거나 결과가 불확실할수록 상대방도 타협의 입장을 취할 가능성이 높아진다.

⑤ 이슈와 관련된 주요 법령과 규칙을 명확히 할 수 있는 기회를 준다. 이슈와 관련된 주요 법령과 규칙, 그리고 이에 대한 해석이 애매하고 확실하지 않을 때 판

사를 참여시켜 명확히 할 수 있다.

한편, 법적 행동의 활용은 몇 가지 문제점을 보이기도 한다.

① 시간과 돈이 많이 든다. 법적인 절차를 위한 변호사비용이 막대하며 주로 기업이나 정부라는 상대조직은 주민조직에 비하여 법적 비용 부담 능력이 많으므로 어려움이 발생할 수 있다

② 법적 행동의 승리가 잠정적일 수 있다. 만약 주민조직이 승소한다 할지라도 상대방이 법 자체를 개정하려는 시도를 할 수도 있다.

③ 시간이 많이 걸린다. 법적 전술은 시간이 많이 걸리므로 주민조직의 회원들을 지루하게 만들 수 있다.

④ 변호사와 같은 전문가에게 의존해야 하므로 주민조직의 성취감을 떨어뜨릴 수 있다. 지역주민의 자율적인 문제해결능력과 성취감의 획득이라는 사회행동의 목표 달성이 어려우며, 조직의 자율성과 역동성에 제약을 받을 수 있다.

⑤ 법적 투쟁은 지역주민조직에게 질적인 승리를 가져다주지 못할 가능성이 있다. 때로는 권리는 얻어지지만 상황을 개선시키는 개선책이 무시되는 경우가 있다.

2) 사회적 대결

(1) 사회적 대결의 내용과 성격

사회적 대결이란 사회적 대결상황에서 사회행동조직의 회원들이 그들의 주장에 대한 관심을 환기시키기 위해 문제가 있는 합의나 계약 등의 잘못된 조치를 무시하고 정부나 기업이 그들의 문제제기를 듣고 문제해결을 위해 노력할 것을 요구하는 것을 의미한다. 사회행동전술 가운데 힘(power)을 사용하는 전술로 볼 수 있으며 이 힘은 참여하는 사람들의 수와 결의에서 나온다. 즉, 참여하는 사람들의 숫자가 크면 클수록 그들의 결의 정도가 강하면 강할수록 사회적 대결에서 큰 힘으로 작용할 수 있다. 사전에 이루어졌던 로비활동과 같은 간접적이고 온건한 방법이 효과가

없는 경우 다음으로 활용할 수 있는 전술로서, 표적 집단에 대하여 직접적인 타격을 주면서 동시에 사회행동조직의 내부적인 결속력을 높일 수 있다는 특성을 보인다.

사회적 대결은 성공적인 자원동원을 전제로 하고 있으며 때로는 상당한 위험부담이 있는 전략이므로 고려해야 할 점들이 있다. 첫째, 사용하려는 직접적인 사회행동을 통하여 예상되는 효과에 비하여 비용이나 노력이 지나치게 드는 것은 아닌지에 대한 효과/비용 분석이 필요하다. 둘째, 직접적인 사회행동이 조직의 명분에 도움이 되는 방향으로 쟁점들을 정리해줄 수 있는가에 대해 고민해야 한다. 셋째, 자신들이 사용하려는 직접적인 사회행동이 주민조직의 가치와 대중의 윤리적인 정서에 부합하는지 살펴야 한다.

(2) 사회적 대결의 유형

사회적 대결 전술의 행동 유형은 다음과 같다(김광희, 2015).

첫째, 시위 전술이다. 대중을 동원하여 세력을 과시하고 기득권층의 일상을 교란하는 것이 주요 목적이다. 시위전술의 경우에는 폭력과 파괴의 위험을 내포하고 있으며, 행진, 집회, 피켓팅, 농성 등을 진행한다. 가장 흔히 볼 수 있는 대결 전술의 형태로 그 목적은 상대방에게 다수의 군중을 동원할 수 있음을 과시하며, 지지자들과 잠재적 지지자들에게 주장에 대한 필요한 정보를 제공하고 소수의 사람들에 국한된 것이 아니며 매우 중요한 사안임을 알리기 위한 것이다.

둘째, 교육홍보 전술이다. 문제를 드러내어 해결책을 제시하기 위하여 표적 집단을 대상으로 하여 대규모의 교육과 선전전을 펼치는 것이다. 상대방과의 면담 또는 공청회, 대중매체의 광고 등을 통해서 사안의 성격, 중요성, 내용을 널리 알리는 방법이다.

셋째, 불평 전술이다. 문제의 존재를 표적 집단에게 알리는 방법으로 청원, 상대방에게 비공개로 불평 전달하기 등이 있다.

넷째, 경제 전술이다. 상대방의 경제적인 여건에 타격을 가하기 위하여 사용되는 전술로서, 불매운동(boycott), 파업 등이 이에 해당된다.

(3) 알린스키의 전술지침

빈곤운동가와 지역사회 조직화로 유명한 알린스키는 '급진주의자를 위한 규칙'이라는 책에서 '권력전술'과 관련된 13개의 규칙을 다음과 같이 제시하였다.

① 권력(힘)은 당신이 가진 것뿐만 아니라 당신이 가지고 있다고 상대방이 생각하는 것이다.

② 당신 편인 사람들의 경험을 결코 벗어나지 마라. 어떤 행동 또는 전술이 사람들의 경험 밖에 있으면, 결과는 혼란, 공포, 후퇴뿐이다.

③ 가능하다면 적이 경험하지 않은 바를 시도하라.

④ 상대방이 그들 자신의 교본에 따라 행동하도록 만들어라.

⑤ 비웃음은 인간의 가장 효과적인 무기다. 비웃음에 반격하기란 거의 불가능하다. 또한 비웃음은 상대를 격노하게 만들어서, 그는 오히려 당신에게 유리한 방향으로 대응하게 된다.

⑥ 좋은 전술은 당신 편의 사람들이 좋아하고 즐기는 전술이다. 당신 편의 사람들이 행동을 하면서 즐겁지 않다면, 그 전술은 무언가 아주 잘못된 것이다.

⑦ 너무 오래 끄는 전술은 장애물이 되고 만다.

⑧ 여러 상이한 전술과 행동으로 압력을 계속 가하라. 그리고 당신의 목적을 위해 당신의 모든 사건들을 활용하라.

⑨ 협박은 전술 행동 자체보다 더 위협적이다.

⑩ 전술을 위한 대전제는 상대에 대해 끊임없이 일정한 압력을 계속 가할 수 있는 활동의 전개다.

⑪ 만일 당신이 어떤 하나의 부정을 필요한 만큼 강하게 그리고 끝까지 밀고 나가면, 그 부정은 반대편으로까지 뚫고 들어갈 것이다.

⑫ 성공적 공격의 대가는 건설적인 대안이다.

⑬ 표적을 선별하고, 고정시키고, 개인화하고, 극단적인 것으로 만들어라.

알린스키의 모든 운동론을 하나의 단어로 요약하자면 '조직화'라고 할 수 있다(강준만, 2012). 알린스키의 전술 규칙들은 사회적 대결이 줄 수 있는 직접적인 성과와 주민조직인 경험하게 될 장기적인 결과를 조화시키고 있다. 상대방의 약점을 이용하되 조직스스로의 활동 잠재력에 대한 이해를 강조한다. 사회적 대결은 사회적 혼란을 야기할 수 있는 위협이며, 상대방과의 협상을 끌어낼 수 있는 가능성을 의미하고 있다(남일재, 문영주, 2019). 위에서 제시한 규칙들을 바탕으로 하여 알린스키의 전술을 정리하면 다음과 같다.

첫째, 전술은 사회행동조직 내부로부터 지지를 받아야 한다. 특히 구성원의 지속적인 참여를 위해 전술들이 참가자들에게 동기를 부여할 수 있어야 한다.

둘째, 대결전술은 사회행동조직이 갖고 있는 힘을 과시할 수 있도록 사용해야 한다. 위협을 실천에 옮기는 것은 적에게 약점을 노출시킬 수 있음을 알아야 한다.

셋째, 효과적인 전술은 현재의 제도에 대한 대안을 제기하는 것보다 게임에 대한 그들의 규칙과 규칙을 시행하는 책임을 맡은 사람들을 조롱함으로써 이미 그것에 대해 알고 있음을 보여주는 것이다. 항의 활동을 지속적으로 전개하여 상대방이 지치고 잘못을 저지르고 사회행동조직과 협상을 원할 정도까지 지속되어야 한다.

넷째, 제도와 싸우는 것보다 제도 속에서 일하는 특정 개인들을 공격 대상으로 삼아야 한다. 이것이 상대방을 분열시키도록 동조자를 얻어내는 데 용이하다. 다섯째, 상대방이 요구를 인정하지 않을 수 없는 실수를 범할 때까지 인내해야 한다. 여섯째, 상대방의 대응을 예상해야 한다. 사회행동조직에 대한 법적인 제재, 사회적 비난, 해고 위협, 손해배상 청구 등 다양한 형태의 대응을 예상하고 적절하게 준비하는 것이 필요하다.

(4) 사회적 대결 전술의 문제점

사회적 대결 전술이 갖는 문제점은 다음과 같다.

첫째, 폭력적으로 변질될 위험성이 있다. 항의하는 주민조직은 상대방이 요구에 응하도록 위협하는 것과 상대방의 물리적 보복을 자극하는 것 사이에 있어 폭력에 노출된다.

둘째, 조직의 세력을 유지시키지 못할 위험이 있다. 시위, 집회, 농성 같은 행동들이 참가자들에게 일시적인 만족을 줄 수 있고 단기적인 승리를 경험할 수 있으나 이것이 조직의 세력을 강화시키고 지속적인 지지와 참여를 보장하는 것이라고 볼 수는 없다.

셋째, 실천을 보장하지 못한다. 사회적 대결은 이슈를 제도적으로 해결하거나 실천에 옮기는 것을 보장하지 못한다. 시위 중에 기업의 간부나 정부의 관리들이 굴복하여 요구를 받아들일 수 있으나 시위가 끝난 뒤에 이에 따른 실천을 옮기지 않을 수 있다.

넷째, 불법적이거나 비윤리적일 수 있다. 사회적 대결을 위한 전술이 가져오는 효과성과 윤리적인 면이 대치될 수 있다. 조직의 지도자들은 대결행동의 결과가 수단을 정당화할 수 있는지 자문해 볼 필요성이 있다.

5. 언론의 활용과 협상 전술

지역사회주민조직은 사회복지와 지역사회개발에 관한 일을 수행하게 되므로 효과적인 홍보활동은 대중의 지지와 이해를 증가시킬 수 있으며 협상기술은 필요한 자원을 획득하고 유관 기관의 협력을 얻어내는 데 중요한 역할을 한다. '언론의 활용'과 '협상전술'은 사회행동 캠페인을 전개하는 것 이상으로 중요한 역할을 한다.

1) 홍보

사회복지실천에 있어서 실무자는 지역사회를 위한 홍보에 적극적인 관심으로 임해야 한다(Skidmore, 1990). 조직 내 인력의 홍보 역량을 키우는 것과 함께 필요할 때에는 외부의 전문가를 동원하는 홍보활동의 필요성도 제기된다(김찬석, 2016). 지역사회복지 실천을 위한 사회행동조직에 있어서 홍보는 조직의 생존과 유지, 발전을 결정하는 중요한 관리영역으로 여겨진다.

홍보의 중요성은 다음과 같이 논의될 수 있다(김광희, 2015). 첫째, 홍보활동을 통해 조직의 영향력을 증대시킬 수 있으며 둘째, 홍보는 주민조직의 실천의지를 나타낸다. 셋째, 홍보활동을 통해 주민조직에 대한 참여를 늘릴 수 있으며 넷째, 상대방에 대한 간접적인 압력을 가할 수 있다.

홍보활동에는 간단한 홍보활동, 여론과 언론, 언론캠페인, 기자회견과 보도자료 등의 유형이 있다. 첫째, 간단한 홍보활동을 통해서 조직의 회원들이 개인적으로 방문하고 접촉하여 참여를 권유할 수도 있으며, 전화 홍보, 공공장소 벽보부착, 전시홍보, 차량의 스티커부착, 홍보물 발송, 시청각 자료 상영 등의 방법을 사용할 수도 있다. 둘째, 여론과 언론활동은 언론매체를 활용한 홍보를 의미한다. 좋은 언론매체를 통한 홍보는 사회행동조직에게 매우 유용한 도구이며 성공했을 때의 파급효과는 크지만 성공적으로 활용하는 것이 쉽지 않다는 단점이 있다. 셋째, 캠페인이 언론에 잘 보도되려면 지역사회주민조직가는 언론매체관계자들과 일하는 방법을 알아야 한다. 언론 기사의 내용을 통제하는 방법 중 하나는 주민조직이 홍보위원회 등을 통하여 직접 기사를 작성한 보도자료를 언론에 보내는 것이다(남일재, 문영주, 2019). 언론 캠페인이 성공하려면 기자들과 좋은 관계를 맺고 뉴스 가치가 있다고 생각하는 것이 무엇인지 알아야 하며, 언론에 정보 제공 시 채택될 수 있는 타이밍을 포착하는 것도 중요하다(이원주, 2016). 넷째, 기자회견과 보도자료의 작성은 언론캠페인에서 고도의 기술이 필요한 활동이다. 기사의 내용이 실속있고 뉴스로서의 매력이 있어야 하므로 유명인사로 하여금 발표하게 하는 기자회견의 형식을 띄는 것이 효과적이다. 보도자료는 일반적으로 누가 무엇을 언제 어디서 왜 어떻게의 정보를 담고 있으면 충분하며 필요한 경우 참고할 수 있도록 관련 자료를 함께 송부하는 것도 좋다. 또한 쉽게 편집할 수 있도록 작성되어야 하며 문장이나 문단을 간결하게 작성하는 것이 좋다.

2) 협상 전술

홍보활동의 역할은 캠페인의 목적에 대하여 주의를 환기시키고 정보를 제공하며 사회행동조직의 요구에 대하여 상대방이 간접적으로나마 압력을 받게 하는 것이다. 그러나 홍보활동 만으로는 상대방을 완전히 승복하게 할 수 없으므로 협상 전술이 필요하다. 협상 전술로는 협상과 타협을 들 수 있다. 협상에서는 주민조직의 대표들과 상대방의 대표들 사이에 토의가 있을 것이고 토의 중에 서로 요구사항을 제시하며 이에 대응하는 과정을 거치게 되면서 합의에 가까워진다. 협상의 상황에서 쌍방은 상대방이 취하는 선택권에 영향을 미치려고 하며 이러한 상황에서 상대방의 결정에 어떠한 영향을 주는지 분석하는 것이 중요하다. 실제적인 협상에 임하기 전에 협상의 구조를 이해하는 과정이 필요하다. 협상의 목적은 주민조직의 요구를 받아들이게 하는 것으로, 상대방은 흔히 이러한 요구를 거부하고 현상을 유지하고자 하는 협상의 구조를 보이게 된다. 또한 양측은 서로가 양보할 수 있는 범위가 있을 수 있는데 이것을 수용의 범위라고 볼 수 있다.

협상에 있어 자신의 요구를 관철시키기 위해서는 다양한 전술들이 사용될 수 있다. 프루이트(Pruitt)는 다음과 같은 기술들을 제시하고 있다. 첫째, 협상에 시한을 둔다. 협상에 있어 어느 시점까지 타협이 되지 않으면 양측 모두가 피해를 입을 수 있음을 보여주는 시한(deadline)을 정하는 것이다. 둘째, 요구하는 입장을 확고히 한다. 요구를 관철시키기 위해 상대방에게 철저히 행동에 옮길 것이라는 인상을 확실히 주어야 한다. 셋째, 양보를 언제 어떻게 할 것인지 배워야 한다. 협상에서의 핵심적인 기술로 지나치게 성급하게 타협하거나 지나치게 타협을 미루는 경우를 피해야 한다. 넷째, 상대방의 제안에 대응할 때에는 어느 정도의 시간을 두고 신중하게 대응해야 한다. 다섯째, 주협상 안건에 관한 타협이 이루어지기 전에 때로는 사소한 안건에 대한 간단한 양보를 하여 협상이 계속해서 진행되도록 해야 한다. 여섯째, 중재자를 개입시킬 필요가 있는지 고려해야 한다. 협상에 있어 쌍방이 신뢰할 수 있고 참여를 원하는 중재자여야 하며, 이러한 중재자는 쌍방이 도저히 타협점을 찾지 못할 때 모든 것을 해결해 주는 역할을 할 수는 없겠지만 협상 결렬 가능성을 감소시킬 수 있다.

연습문제

1. 사회행동조직에서 타 조직과 협력하는 전략에 대한 설명으로 바르지 않은 것은?

① 협조 관계는 일시적인 협력관계를 의미한다.
② 동맹 관계는 타 조직과 최소한의 협력을 유지하는 관계유형이다.
③ 동맹 관계는 회원조직들의 회원을 훈련시키고 함께 캠페인을 준비하는 등 전문적인 활동을 한다.
④ 협조 관계에서 조직은 사회운동 효과의 확대를 꾀하지만 조직 자체의 기본적 목표나 계획을 바꾸지 않는다.
⑤ 연합 관계는 참여조직들 간에 이슈와 전략을 합동으로 선택하는 조직적인 협력관계를 말한다.

2. (9회 기출) A 마을 앞에 도로를 확장하기 위해서 오래된 나무를 베어내려고 하자 마을사람들은 이를 반대하는 운동을 전개하였다. 이러한 운동의 목적을 달성하기 위한 적절한 전술을 모두 고른 것은?

가. 시의원들에게 도로공사를 반대하는 편지를 보낸다
나. 공청회에 집단으로 참석하여 반대발언을 한다
다. 신문사에 도로확장을 반대하는 홍보자료를 배포한다
라. 도로공사를 반대하는 성토대회를 개최한다

① 가, 나, 다 ② 가, 다 ③ 나, 라
④ 라 ⑤ 가, 나, 다, 라

3. 다음은 대상 집단을 이기기 위한 힘의 전략 중 어떠한 전략에 해당하는가?

사회행동 집단이 원하지 않는 건물이나 시설의 건축현장에서 시위를 전개하거나 법원에 건축 중지를 요청하는 행동

① 정보력
② 대상 집단에 대한 힘의 행사
③ 피해를 입힐 수 있는 잠재력
④ 약점을 이용한 수치심 자극
⑤ 동원 능력

4. 법적 전술에 대한 설명으로 옳지 않은 것은?
① 정치적 압력보다 강한 전술이다
② 짧은 시간 안에 문제 해결이 가능하다
③ 고소를 하겠다는 위협만으로도 논의를 끌어낼 수 있다.
④ 활동을 공적으로 합법화시킬 수 있다
⑤ 기업 정부 등 다양한 상대에게 적용 가능하다

문제 해설

1번 해설

정답 : ②

해설 : 동맹 관계는 가장 고도의 조직적이고 영속적인 협력관계이다. 대규모 전문적인 조직망을 갖추고 의사결정은 중앙위원회에서 이루어지기도 하며, 장기적인 활동을 펼친다.

2번 해설

정답 : ⑤

해설 : 공청회 참가, 정치인에게 편지쓰기, 언론 이용하기, 시위 전술 등 사회적 대결의 다양한 전술을 사용할 수 있다.

3번 해설

정답 : ②

해설 : 대상 집단에 대한 힘의 행사에 해당한다. 사회행동 집단이 그들의 활동과 결정에 반대하는 적대 집단에 불편이나 손해를 증가시킴으로서 과시하는 힘을 의미한다.

4번 해설

정답 : ②

해설 : 법적 전술의 경우에는 시간이 많이 걸린다는 단점이 있다.

생각해 봅시다

〈해결문제 〉

2000년 한국전력공사는 밀양 지역에 송전 선로 건설사업을 추진하였다. 그러나 지역주민들이 주민설명회 및 환경영향평가 부실 등 절차상의 문제를 포함하여 재산권, 환경권 침해를 이유로 적극적으로 반대하고 나섰으며, 정치인들 및 시민단체의 반대로 지역주민과 한전 사이의 갈등이 증폭되었다. 이와 같은 밀양 송전탑 건설을 둘러싼 갈등 사례를 중심으로 지역주민의 입장에서 실천할 수 있는 효과적인 사회행동 전술과 전략은 무엇인지 생각해보자.

〈찬반토론문제〉

사회적 대결의 유형 중 시위전술은 대중을 동원하여 세력을 과시하고 기득권층의 일상을 교란하는 것을 주요 목적으로 하며, 행진, 집회, 피켓팅, 농성 등의 형태를 보인다. 시위 전술의 경우 직접적인 행동 전술로 상당한 위험부담을 감수해야 하는 경우가 있다. 만약 자신이 사회행동조직의 구성원이라면 문제해결을 위해 시위 전술을 사용하는 것에 대하여 어떻게 생각하는가?

제7장 지역사회복지 실천과정

§1. 지역사회복지의 실천과정에 대한 견해

지역사회복지 실천은 지역사회에서 발생하는 당면문제나 충족되지 않은 복지욕구의 해결을 통하여 지역사회를 변화시켜가는 일련의 과정을 말한다. 이러한 지역사회의 일반적인 문제해결과정은 어떠한 특정한 이론에 의해 진행되는 것이 아니며, 그 지역사회의 특성이나 상황에 따라 다를 수 있다. 이 장에서는 지역사회복지 실천과정을 문제분석 및 확인, 지역사회에 대한 욕구사정, 목표의 설정, 계획수립 및 실행단계, 평가단계로 구분하여 살펴보고자 한다.

§2. 지역사회복지의 실천과정

1. 문제분석 및 확인

지역사회문제해결의 과정에서 첫 단계는 지역사회에 내재되어 있는 문제나 표출되었다 하더라도 해결되지 못한 욕구에 대해 파악하고 분석하는 것이다. 즉, 지역사회에서 어떠한 문제가 있는지를 확인해야 하는 것이다.

지역사회문제가 가지는 특성을 정확히 인지하는 것은 문제를 분석하고 해결하는데 있어서 방안과 전략을 수립하는 중요한 측면이 될 수 있다.

지역사회문제 해결의 구체적인 방안을 찾고 조치를 취하기 위해서는 이와 같은 문제들이 보다 구체적으로 조직화되어야 한다. 지역사회의 문제를 조직화한다는 것은 그 개념을 측정할 수 있고 실천할 수 있으며 평가할 수 있도록 구체화하는 것을 의미한다. 이를 파악하기 위한 일련의 과정으로서, 문제에 누가 관련되어 있는지, 문제 범위는 어디까지인지, 그리고 문제 특성은 무엇인지 등을 살펴볼 필요성이 있다(김준환 외, 2016).

첫 번째 필요한 과정은 현안이 되는 지역사회문제와 직·간접적으로 연관된 사람들을 파악하는 것이다. 그 문제로 인하여 영향을 받는 사람들, 또는 문제를 변화시킴으로써 혜택을 받게 될 클라이언트들, 변화노력 수행에서의 표적체계, 그리고 변화과정에 참여할 수 있는 사람들이 누구인가를 파악한다. 이처럼 문제와 관련된 사람들을 파악하는 과업의 수행은 문제가 되는 현안의 다양한 측면을 이해하는 과정인 동시에 지역사회 내에 존재하는 서로 다른 가치체계를 파악하는 과정이기도 하다. 또한 개입을 위한 지역사회의 재가를 획득하기 위한 토대가 되는 과정이다.

두 번째는 현안이 되는 문제를 어느 정도의 경계에서 파악할 것인가 하는 문제범위 설정의 과정이다. 이러한 문제범위 설정의 과정에서는 다음과 같은 질문들이 매우 유용하다(강철희 외, 2006).

- 문제에 대해서 조직 또는 기초단위범위 지역사회, 광역범위 지역사회, 또는 전국적 단위 중 어느 범위로 접근할 것인가?
- 그 문제는 본질적으로 심리적 문제인가, 아니면 개인적 문제인가, 집단 간 문제인가, 아니면 사회제도적 문제인가?
- 문제와 관련된 상황에서 무엇이 결정적 변수들인가?
- 어떤 조직들, 지역사회체계, 또는 하부체계들이 변화를 위한 구체적 표적이 될 것인가?

지역사회문제가 어떤 특성을 갖고 있는가를 인지하는 것은 문제파악의 주요한 측면이 될 수 있다. 일반적으로 문제특성을 파악하는 데 다음과 같은 사항들이 고려된다면 유익하다(최일섭 외, 2006 재인용).

첫째, 문제의 복잡성 정도 : 문제 및 문제의 상황과 관련해서 얼마나 다양한 개인이나 이해집단들이 존재하는지 등을 파악해야 한다.

둘째, 문제의 강도 정도 : 문제와 관련된 이해관계자들의 감정적 투입이 어느 정도로 강하게 또는 약하게 개입되어 있는가를 파악해야 한다.

셋째, 문제의 확산 정도 : 문제가 어느 정도까지 확산되어 있는지를 파악해야 한다.

넷째, 문제의 긴급성 : 문제가 얼마나 시급히 해결되어야 하는지를 파악해야 한다.

다섯째, 문제의 지속성 : 문제가 얼마나 오랫동안 지속되었는지를 파악해야 한다.

세 번째로 문제의 정확한 특성을 파악하기 위해서는 객관적인 자료와 정보의 수집이 중요한데, 이를 위해서는 다양한 지역사회 욕구사정 방법들을 이용할 수 있다. 보다 유용한 자료수집 방법들로는, 지역사회 오피니언 리더의 인터뷰, 지역사회공청회, 공공기관 통계지표 등의 사회지표 활용, 복지기관의 지역사회 욕구조사, 지역사회주민들로부터 직접 정보를 수집하는 설문조사 등이 있다.

2. 지역사회에 대한 욕구사정

일반적으로 욕구사정은 지역사회구성원들이 어떤 서비스를 필요로 하는지 결정하고 수행하기 위해 자료를 수집하고 분석하는 과정을 말한다. 지역사회복지 실천과정에서도 욕구사정은 중요한 의미를 갖는데, 이는 사업수행을 하기 전에 대상집단 또는 지역사회구성원들이 어떤 서비스를 필요로 하는가를 파악해야 할 필요가 있으며, 그 해결을 위한 사업내용을 결정하거나 프로그램을 개발하는 경우가 많기 때문이다.

욕구사정 시 지역사회의 상황을 있는 그대로 파악하는 일, 즉 지역사회가 어떠한 문제와 욕구를 지니고 있는지, 또한 그것을 해결할 역량은 얼마나 되는지를 파악하는 것이 중요하다고 할 수 있다.

과거의 지역사회사정은 욕구사정이 주된 이슈였으나, 최근에는 지역사회의 자산과 자원을 강조하는 역량강화 모델 또는 강점관점이 강조되고 있다. 이는 지역사회를 변화시키려는 활동이 지역사회에 대한 종합적이고 정확한 정보를 요구하기 때문이다.

1) 지역사회욕구사정의 개념

진단, 평가, 판단, 이해, 사실 자료 수집 등의 내용을 포괄하고 있으며, 사회복지사가 지역사회에 대한 전문적 개입을 하기 위해 지역사회의 욕구와 자원을 파악하는 과정이라고 할 수 있다.

지역사회욕구사정은 지역거주자, 서비스 전문가, 지역의 유지, 지도자 또는 주요 정보제공자들의 지역사회 현황과 관련된 인식에 기초를 두게 된다.

2) 지역사회사정의 유형

지역사회사정의 유형은 목적, 영역, 초점 등에 따라 다양하게 구분할 수 있다. 사정의 유형은 종합적 사정, 탐색적 사정, 문제지향적 사정, 하위체계 사정으로 구분할 수 있다.

(1) 종합적 사정 : 전체 지역사회를 포괄하여 사정한다. 조사대상 규모가 크기 때문에 비용의 문제 등 제한점이 있어 대략적인 욕구만을 파악할 가능성이 있다.
(2) 탐색적 사정 : 기존 자료를 바탕으로 지역사회의 개괄을 이해하기 위한 초보적 수준의 사정을 말한다. 사정의 대상이 적고, 참여자의 폭이 좁으므로 비용이 적게 소요된다.
(3) 문제지향적 사정 : 우선적으로 해결되어야 할 문제영역에 초점을 두며, 종합적 사정보다는 조금 더 전문적으로 이루어질 가능성이 높다. 사정의 범위는 지역사회 전체로 하지만, 사정의 초점은 단일문제에 둔다.
(4) 하위체계 사정 : 특정 하위체계 중심으로 이루어지며, 구성요소나 측면을 사정의 대상을 삼는다.

3) 지역사회욕구사정의 고려사항

지역사회욕구사정에서 고려해야 할 사항은 다음과 같다.
(1) 정보와 이용 가능한 자원에 대한 파악이다.
(2) 현재 이용 가능한 서비스가 지역사회문제나 욕구에 대해 포괄하고 있는가를 판단해야 하며, 자료수집방법 및 욕구사정에 대한 내용과 관련하여 지역사회의 허용수준을 고려해야 한다.
(3) 욕구사정은 자료수집과 분석을 통해 공식적이고 체계적인 접근을 해야 한다. 공식적인 욕구사정은 인터뷰, 설문조사, 통계자료를 통한 자료분석을 사용하며,

다양하게 수집된 자료는 욕구사정의 신뢰도를 높일 수 있고 지역사회문제를 더욱 정확하게 확인할 수 있다.

(4) 욕구사정방법의 선택에 있어서 조사방법, 조사 수행시간, 수행에 필요한 자원, 지역사회 구성원 포함여부에 대한 실천가의 정향(orientation) 등을 고려해야 한다(오정수 외, 2016).

4) 지역사회사정의 절차

(1) 욕구파악 : 지역사회의 문제 상황을 점검하는 과정으로 표적집단을 파악하고, 자료수집(기존자료, 초점집단, 공청회, 사회조사, 면접, 참여 관찰)을 하는 단계이다.

(2) 자원파악 : 문제 상황에 대처할 역량의 유무 여부를 조사하는 것으로 핵심정보제공자의 활동이 중요하며, 지역사회의 긍정적인 측면을 부각시키는 과정이다. 자원지도를 작성하는 것이 좋다.

5) 지역사회 욕구사정을 위한 자료수집방법

지역사회 욕구사정을 위해서는 양적 자료수집 방법과 질적 자료수집 방법이 있다.

(1) 양적 자료수집 방법

① 지표분석방법 : 정부기관 및 사회복지관련 조직이 수집한 기존자료를 이용하여 조직사회 주민들의 욕구나 문제를 분석하는 방법으로, 통계청의 각종 통계자료, 인구센서스 자료, 한국의 사회지표, 사회통계조사 보고서, 노동통계, 보건복지통계 등을 활용할 수 있다.

② 사회조사방법 : 설문지를 이용한 우편조사나 집합조사, 면접조사, 전화조사 등을 포함한 다양한 방법으로 지역사회 내에서 충족되지 않은 욕구에 대한 정보

를 수집하는 방법이다.

③ 지역사회집단 접근 : 가장 널리 사용되는 욕구조사 방법으로 사회조사, 시민조사 등이 있다. 개인인터뷰, 전화 인터뷰 등을 활용한다.

(2) 질적인 자료 수집방법

① 델파이기법 : 전문적인 지식을 지닌 주요 정보제공자들을 활용하는 방법으로 관련 전문가들을 선정, 주요 관심사에 대한 설문지를 우편이나 e-mail 발송 후, 회수된 응답내용을 합의되지 않은 부분과 합의된 부분으로 종합하여 정리한다. 분석결과 합의되지 않은 내용에 대해서 그 이유와 함께 2차 설문지를 발송하여 의견을 묻는다. 이런 방식으로 일정 정도의 합의점에 도달할 때까지 분석한 결과를 참고하여 다시 응답하게 하는 절차를 반복한다. 이 방법은 시간이 많이 소모된다.

② 명목집단기법 : 각 참여자들은 짧은 시간 동안 리스트에 게재된 현안에 대해 찬반을 논의하고, 집단은 최종적으로 논의된 현안 가운데 우선순위를 정하기 위해 투표한다. 이 방법은 목표를 확인하고 행동계획을 개발하기 위하여 활용한다.

③ 주요 정보제공자 기법 : 주요 정보 제공자로부터 대상 집단의 욕구 및 서비스 이용 상태를 파악하는 방법으로 주요 정보제공자는 기관의 서비스제공자, 전문직 종사자, 지역 내 사회복지단체의 대표자, 공직자 등을 포함하는 지역사회 전반의 문제에 대하여 잘 알고 있는 것으로 인정되는 사람들이다.

④ 참여관찰 : 관찰자가 조사대상의 행동이나 사회현상을 현장에서 직접 관찰하거나 방문하여 필요한 정보나 상황을 정확하게 알아내는 방법이다.

⑤ 포커스집단기법 : 소집단으로 구성되며, 여러 명이 동시에 질의응답에 참여할 수 있다. 집중적인 토론에 유용한 지역사회사정방법이다. 어떤 문제에 관련된 소수의 사람들을 한 곳에 모아 어떤 문제에 대한 의견을 개진하도록 하고 참여자들끼리 토론도 가능하게 하여 보다 깊이있게 의견을 듣는 방법이다. 대상자들은 주요 정보제공자, 관련 서비스제공단체 대표, 수혜자, 지역사회 주민 등이 될 수 있다.

⑥ 공청회 : 정부의 프로그램이나 중요한 계획 등에 대해 의견을 개진할 수 있는 기회를 제공한다. 이 방법은 공청회에 참석한 사람들의 견해가 지역의 전체 주민들의 의견을 대변하고 있는지 판단하기 어려운 한계를 가진다.

⑦ 지역사회포럼 : 주민의 욕구나 문제에 대한 지역주민의 인식을 알아보는 방법으로 누구에게나 공개되어 있다. 참석자들은 지역사회 문제를 확인하고 그 문제의 해결에 관해서 대안들을 제시할 수 있다. 다양한 사람들에 의해서 다양한 의견이 제시되지만, 그 때문에 문제의 본질이나 구체적인 욕구파악이 어려울 수도 있다. 한계점은 통제가 어려우며, 특정 인물이나 집단이 포럼을 주도적으로 진행하는 경우, 참여한 다른 사람들의 의견이 무시되거나 제한받을 수 있다(김용환 외, 2014)는 점이다.

3. 목표의 설정

개입해야 할 욕구와 문제를 결정하고 나면 실천할 목표를 설정하여야 한다. 이때 최종목표를 단계적으로 달성하기 위해 단계별로 중간목표 내지는 단기목표를 구체적으로 설정해 둘 필요가 있다(박태영 외, 2015).

목표설정은 사회복지사와 지역의 주민들이 협의하여 설정하도록 하고, 최종적으로는 주민 스스로가 선택한 목표에 최선을 다할 수 있도록 우선순위를 정하여야 한다. 명료한 목표의 설정은 명확한 방향을 제시하고 계획대로 진행이 가능하게 해주며, 결과에 대한 효율적인 평가가 가능하게 해준다.

1) 목표의 설정

목표의 설정은 표적문제와 밀접한 관계가 있으므로 신중하게 설정하여야 한다.

(1) 구체적이고 측정 가능한 것이어야 한다. 이는 지역사회복지 실천활동에 대한 성

과를 평가할 수 있는 기초를 제공하기 때문이다.

(2) 일차적으로 전체목표와 하위목표를 설정한다. 전체목표는 다소 포괄적일 수 있지만 구체적으로 설정해야 평가가 가능하고 문제의 해결목표를 긍정적으로 설정해야 한다. 이러한 전체목표를 달성하기 위한 구체적인 방법은 하위목표를 통해 시간, 난이도에 따라 정한다.

(3) 목표에 대한 구체적인 내용이 포함되어야 한다.

(4) 설정한 목표의 실현 가능성을 고려한다.

(5) 설정한 목표는 우선순위를 결정한다.

(6) 6하 원칙을 적용하여 구체적이고 긍정적으로 목표를 진술하여야 한다.

4. 계획수립 및 실행단계

1) 계획수립의 필요성

지역주민의 복지욕구를 파악하고 그 욕구를 효과적으로 해결하기 위하여 계획을 수립하고 시행 및 평가하는 종합적인 계획을 말한다. 계획수립을 통하여 미래에 대한 불확실성을 감소시켜 주고, 문제해결과 정책결정을 위한 제반활동에 합리적인 기술을 제공해 주며, 정책결정 과정에 지역주민의 참여를 증진시키는 역할을 한다.

현재 보유한 자원을 최대한 효율적으로 활용하여 지역주민에게 미래지향적인 비전을 제시할 수 있으며, 계획의 수립을 통하여 지역 내의 다양한 사회복지 주체들 간의 파트너십을 형성할 수 있게 하여 각 기관 및 주체들이 적극적으로 참여할 수 있게 한다.

2) 계획수립의 방법

(1) 지역사회복지 계획의 내용

지역사회복지 계획은 문제의 범위, 서비스 영역, 복지의 영역과 대상을 포함하는 내용을 중심으로 구성하게 된다. 그리고 복지의 대상을 클라이언트 중심이 아닌 지역 주민 전체로 보고, 제공하는 서비스 또한 복지영역을 포함한 생활 전반의 영역을 포함하여야 한다. 지역사회복지의 계획은 구상, 과제(기본 계획), 실시, 평가로 구분된다.

① 구상(기본구상) : 기본이념, 현황, 복지문제 및 과제, 목표의 설정이 포함된다.

② 과제(기본계획) : 정책의 개발, 달성목표의 제시, 계획내용의 결정, 계획기간의 설정

③ 실시 : 계획 내용, 사업년도 결정, 사업주체 분담, 사업비 배분(부족 시 보완계획 포함)

④ 평가 : 목표달성 정도, 욕구충족 정도, 지역의 조직정도(네트워크, 인프라 구축상태), 책임의 소재 유무를 포함한다.

(2) 지역사회복지 계획의 과정

① 계획책정 제기 : 필요성, 목적, 시기, 비용 등을 명확하게 하고 지방자치단체의 계획책정에 관한 승인을 받아두어야 한다.

② 계획책정 착수 : 행정담당자, 민간기관의 직원 등 실무자 수준의 사무국 팀을 만들어 계획책정에 관한 기본계획 수립 및 책정에 착수한다.

③ 계획 작성 : 사무국 팀에서 책정착수에서 종료, 계획 실행까지의 계획을 작성한다.

④ 책정위원회 : 행정, 의회, 사회복지협의회, 각 복지시설단체, 의료 · 보건, 지역의 주민대표, 공모한 주민, 매스컴, 학식경험자 등으로 편성된 책정위원회는 계

획책정의 중요한 핵심이다.

⑤ 각종 조사 : 의식 조사, 욕구 조사, 장래 동향에 대한 예측 조사 등을 정확하게 파악하기 위해 설문조사, 인터뷰, 간담회, 토론회, 공청회 등을 이용하여 정확한 실태 조사를 해야 한다.

⑥ 조사결과 집계, 분류, 분석 : 책정위원회의 각종 조사결과를 집계하고 분류하며 분석하여 그것을 바탕으로 계획안을 마련한다.

⑦ 계획 승인 : 계획안을 책정위원회 및 지방자치단체의 승인을 받으며, 승인된 계획은 실행가능한 계획이 된다.

⑧ 계획 실행 : 계획의 목적을 명확하게 이해하고 실행하는 것이 중요하다. 계획 실행은 관리하는 기관의 설치 운영과 사후 상황변화에 따른 책정위원회에 의한 계획 재검토와 일부 수정이 반드시 필요하다.

3) 실행단계

정책 및 프로그램이 실천되는 과정에서 새로운 문제가 발생될 수 있으며, 이 경우 원래의 계획에 수정을 가해야 할 필요가 생긴다. 이러한 문제는 사업 외부적 요인(홍수 · 가뭄 등 천재의 발생, 시당국에 의한 사업지역에 재개발사업의 실시 등)에서 발생될 수도 있고, 사업의 행동체계 내 변화(교육대상자의 불참, 관계기관의 비협조) 등에서 비롯될 수도 있다. 극단적인 상황에서는 사업계획 자체가 백지화될 경우도 있고, 계획에 대폭적인 수정을 가해야 할 경우도 발생할 수 있다. 사업 추진기간이 길면 길수록 변화가 발생할 가능성은 그만큼 증대되어, 원래의 계획에 수정을 가해야 할 필요성도 커진다(김준환 외, 2016).

지역사회복지의 실행단계에서는 당초 의도한 대로 진행될 수도 있으나, 미처 예상치 못한 여러 변수들이 발생하기도 하는데 이때 변화를 예측할 수 있는 통찰력과 변화가 발생했을 때 즉각적으로 대처할 수 있는 능력과 기술이 있어야 한다(엄태영, 2016).

지역사회복지의 실행단계에서 고려해야 할 원칙은 다음과 같다.

(1) 지역사회의 갈등은 공유되어야 한다.

(2) 공통의 목표를 수립하고 운영방안에 대해서 설정해야 한다.

(3) 지역사회 갈등해결을 위해 위원회를 구성해야 한다.

(4) 지역사회 내 풀뿌리 지도자를 발굴하고 참여시킨다.

(5) 효과적인 의사소통 방안을 개발하며 유지한다.

(6) 모임의 참여자들은 상호 지지하고 역량을 강화해야 한다.

(7) 지역주민을 결속시킬 수 있는 방안을 개발해야 한다.

(8) 지역사회에서 인정과 신용을 얻어야 한다.

(9) 합리적인 절차를 준수하고 리더십을 개발해야 한다.

(10) 유능한 지도자를 발굴하고 육성하여야 한다.

5. 평가단계

지역사회복지 실천의 전략이 수립되고 추진된 이후에는 지금까지의 목표달성과 추진과정에 대한 평가가 필요하다. 이러한 평가과정을 통해 다시 재사정(re-assessment) 단계를 거쳐 처음부터 순환하는 과정을 밟게 된다(양성관 외, 2015).

평가단계에서는 지역사회의 조직이나 집단이 참여하고 있는 특정한 프로젝트와 활동을 평가하게 되는 것이다.

평가는 지역사회복지 실천가뿐만 아니라 활동을 준비하고 참여한 주민 지도자, 주민들과 함께 평가의 기회를 가져야 한다. 이러한 평가를 통해서 주민들의 의식이 성장할 수 있는 것이다(유동철 외, 2016).

1) 평가의 목적

일반적으로 평가의 목적은 첫째, 프로그램의 실천 과정에서 수집된 정보를 입수하고, 실천에 반영하며, 실천의 방향을 수정하는 역할을 한다. 이러한 의미에서는 평가가 문제해결 과정의 마지막 단계라고 볼 수는 없고 문제설정, 목표수립, 프로그램의 개발, 프로그램 실천이라는 전 과정에 영향을 주는 계속적인 활동이라고 보는 것이 타당하다.

문제해결의 전 과정에서 필요한 정보를 청취하여 적절한 수정과 보완을 하는 것은 매우 중요한 일이다. 이를 위해서 평가회의를 개최하고 프로그램의 추진상황을 면밀히 검토하고 모니터링을 통해 클라이언트들의 반응을 수집하는 것도 중요한 일이다. 또한 중간평가조사를 통해 사업의 추진효과를 좀 더 객관적으로 평가할 수도 있다.

둘째, 문제해결의 전 과정이 이룩한 결과와 최종 산물을 평가하는 것이다. 이러한 평가는 일반적으로 프로그램을 통해서 성취하고자 하는 목표가 어느 정도 달성되었는지, 즉 프로그램의 효과성(effectiveness)과 영향(impact)을 측정하는 것이다(김준환 외, 2016).

2) 평가의 단계

평가의 영역은 크게 활동 평가, 성과 평가, 적절성 평가, 효율성 평가, 실천과정 평가로 나누어 볼 수 있다.

⑴ 활동 평가 : 결과보다는 활동과 진행상황을 측정하며, 평가의 기본적인 형태이다.
⑵ 성과 평가 : 실천의 결과로 주민들의 삶의 질 개선에 집중한다. 평가는 실천을 위한 자원 활용의 합리적인 근거를 제시한다는 점에서 유용하다.
⑶ 적절성 평가 : 실천활동에 의해 충족된 욕구가 실천과정 초기의 지역사회 사정

에서 확인된 기존 욕구와의 동일 여부를 파악하여 성과의 적절성을 판단한다.

(4) 효율성 평가 : 실천활동의 투입(자원) 대 산출과 결과(성과)의 비율을 파악하는 것이다.

(5) 실천과정 평가 : 주민 관찰을 비롯한 다양한 양적 · 질적 조사방법을 사용하는 실천의 수행방식에 비중을 둔다. 실천과정 평가는 형성적 과정평가와 총괄적 과정평가로 구분할 수 있다(이경은 외, 2016).

형성적 평가(formative evaluation)는 정책집행 과정에서 나타나는 여러 가지 문제점을 해결하여 보다 나은 집행 전략과 방법을 모색하기 위하여 실시되는 정책평가를 말한다. 형성적 평가는 과정평가 · 도중평가 · 진행평가 등으로도 불린다. 이와 대비되는 총괄적 평가는 정책집행 후 당초 의도했던 효과를 성취했는지 여부를 판단하는 정책평가를 말한다. 형성적 평가의 기법으로는 평가성 평가, 모니터링, 정확성 평가, 그리고 정책구성요소의 상대적 평가 등을 들 수 있다(이철수, 2013).

3) 좋은 평가의 기준

(1) 효용성 : 평가가 얼마나 유용한 것인가를 판단하는 기준이 된다. 즉, 사용자가 알고 싶어하는 모든 의문에 제대로 답을 하고 있다면, 좋은 평가라 할 수 있다.

(2) 타당성 : 평가절차나 내용이 정치적으로나 비용의 측면에서 충분히 실용적인 것인가에 관한 기준을 제공하는 것이다.

(3) 윤리적 정당성 : 평가 절차나 내용이 윤리적으로 문제가 없는가를 판별하는 기준이다.

(4) 정확성 : 평가결과가 정확한 것인가를 따지는 기준이 된다.

4) 프로그램 평가의 기준과 평가요소

평가의 기준이란 평가를 위한 척도로서, 평가기준은 프로그램의 어느 측면을 평가의 대상이나 기준으로 설정할 것인가에 대한 기준을 말한다. 프로그램의 평가 기준은 노력성, 효율성, 효과성, 영향, 품질, 과정 형평성 등이 있다.

노력성이란 기관이 제공한 서비스와 수행한 활동량에 대해 평가하는 것이다.

효율성은 최소의 자원 투입으로 최대의 산출을 하였는가가 중요하며, 자원의 효율적인 사용에 대한 정보를 제공해 준다.

효과성은 목표 달성의 정도와 프로그램의 성과에 관한 평가이다. 효과성은 이용자 개개인에 대한 변화의 결과를 중요시한다. 프로그램의 효과성 평가는 동일한 시기에 동일한 사업을 수행한 다른 기관의 목표성취 정도, 전문기관이 제시한 성취기준을 비교기준으로 삼을 수 있다.

품질은 투입과 관련하여 질적인 산출물을 최대화하는 것을 말한다. 서비스 품질을 평가하는 방법에는 이용자의 서비스 만족도 조사, 단일사례분석 등이 있다.

프로그램 평가의 기준과 평가요소에 대한 구체적 내용은 〈표 7-1〉과 같다.

〈표 7-1〉 프로그램 평가의 기준과 평가요소

기준	정의	평가요소
노력성 (effort)	프로그램 활동의 양	프로그램의 투입요소와 이의 전환과정 – 단위활동의 수 – 이용자의 수 – 전문지식과 기술의 소유와 활용정도(전문인력의 수) – 프로그램 예산 및 자원 – 프로그램 기간 및 하위 활동들의 단위기간 등. – 프로그램 활동에 대한 전문인력의 투입시간
효율성 (efficiency)	산출대비 비용 정도	서비스 단위 산출당 소요 비용 – 프로그램 노력(위의 요소들)에 대한 비용 – 프로그램 결과에 대한 비용 등
효과성 (effective –ness)	프로그램 목표의 달성 정도	목표달성과 프로그램 노력과의 인과관계 – 이용자의 인지적/감정적 변화 – 이용자의 행동상의 변화 – 이용자집단의 사회적 변화 등
영향 (impact)	사회문제나 이용자 욕구 변화에 미친 영향	프로그램 노력과 사회적 지표변화 간의 관계 – 위기집단과 표적집단 내에서의 변화 정도 – 사회지표상의 변화에 대한 실증적 기대 정도 등
품질 (quality)	프로그램의 전문성	프로그램 제공자의 전문성 – 서비스 인력의 전문자격 소유 여부와 정도 – 프로그램에서 활용하고 있는 전문지식과 기술의 발전 상태 등
과정 (process)	프로그램 결과의 경로	프로그램 운영상의 매개체 – 세부목표(수단적 목표)들의 달성 정도와 연계성 – 세부목표와 프로그램 결과 사이의 영향 정도의 차이 등
형평성 (equlity)	프로그램 배분의 공평성	프로그램의 접근성 – 대상집단에게 동일한 접근기회가 주어지는지의 여부와 정도 – 프로그램 활동이 지역 내에 균등하게 배분되는 정도 등

출처: 한동우(2001)

연습문제

1. 다음 중 지역사회복지 실천과정에 대한 설명과 거리가 먼 것은?

① 문제 및 확인 단계에서는 계획을 행동으로 변환시키는 실행단계 이후에 진행한다.
② 사정단계에서는 지역주민의 참여를 중시한다.
③ 계획수립단계에서는 지역 내의 다양한 기관들이 적극적으로 참여할 수 있게 하여야 한다.
④ 실행단계에서는 유능한 지도자를 발굴하고 육성하여야 한다.
⑤ 평가과정에서는 재사정 단계를 거쳐 처음부터 순환하는 과정을 밟게 된다.

2. 지역사회 사정방법 중 양적 접근방법에 해당하는 것은?

① 델파이 기법
② 명목집단기법
③ 공청회
④ 포커스집단기법
⑤ 사회조사방법

문제 해설

1번 해설
정답 : ①
해설 : 문제 및 확인단계에서는 현안이 되는 지역사회문제와 직·간접적으로 연관된 사람들을 파악하고, 문제의 정확한 특성을 파악하기 위해서는 객관적인 자료와 정보를 수집하며, 현안이 되는 지역사회문제와 직·간접적으로 연관된 사람들을 파악하는 것이 중요하다.
실행단계 이후에 진행하는 것은 평가단계이다.

2번 해설
정답 : ⑤
해설 : 델파이 기법, 명목집단기법, 공청회, 포커스집단기법은 질적 접근방법이며, 양적 접근방법에는 지표분석방법, 사회조사방법, 지역사회집단 접근의 방법이 있다.

생각해 봅시다

〈해결문제〉

강원도 ○○군청에서 지역사회복지계획 공청회가 2주일 후에 개최 예정이다. 그동안 적어도 분기에 한 번씩 주민공청회를 개최하여 주민의견을 수렴하였으나, 지역 주민들의 참여와 관심이 저조하였고, 해당 군청도 형식적인 공청회를 주관하고 그 결과를 홈페이지에 게시하는 정도였다. 그러다보니 실제로 지역주민의 욕구나 문제해결은 제대로 이루어질 수 없었던 것이다. 여러분이 사회복지공무원이라면 이 문제를 어떻게 해결해야 할지 해결방안을 제시해 보자.

〈찬반토론문제〉

대전광역시의 모 지역에 2025년까지 교도소를 이전하겠다고 발표한 시점부터 반대하는 시위가 계속되고 있다. 교도소 이전은 지역 주민의 의견수렴이나 협의없이 결정되었고, 이전 예정지에 거주하고 있는 주민의 이주대책도 마련되지 않았다. 또 하나의 심각한 문제는 이전 예정지가 아닌 인접지역의 주민은 삶의 터전을 잃고 갇혀버리게 되는 현상이 발생할 수 있어 막대한 피해가 예상되고 있다. 만약 이 동네에 여러분이 살고 있다면 찬성할 것인가? 반대할 것인가?

제8장 지역사회보장계획

§1. 지역사회보장계획의 이해

1. 지역사회보장계획의 개념

지역사회보장계획은 지역주민의 복지욕구 충족을 위하여 지역사회가 갖고 있는 사회복지 환경과 자원을 고려하여 지역스스로가 실시해야 할 사회복지사업의 우선 순위와 달성목표를 지역사회의 다양한 주체들이 참여을 통해 종합적이고 계획적으로 추진하기 위한 중 · 장기적 계획이다. 다시말해서 지역사회보장계획은 기초자치단체 및 광역자치단체 수준에서 지역의 특성이나 주민의 복지욕구, 제도의 현황과 문제를 파악하여 이를 해결하기 위해 계획적인 사회복지 정책수립과 사회개발을 추진하는 과정이다.

이러한 지역사회보장계획의 작성과 시행은 지역 간의 정보교류를 촉진하고 지역 간 사회복지서비스의 격차를 축소하는데 도움을 준다. 또한 지역사회 내의 사회복지관련 조직과 인력들이 상호조정과 연계를 통하여 문제를 해결 하는데 있다. 즉 지역사회보장계획은 주민 복지 욕구를 파악하고 그 욕구를 충족시키기 위한 서비스 공급체계를 확보하는 것을 의미한다.

2. 지역사회보장계획 수립 배경

참여정부의 지방분권 정책에 따라 중앙정부의 권한이 지방으로 이양되고 지방자치가 활성화되면서 지방의 자율성과 책임성이 강화되었고, 민간 복지부문도 활성화되는 사회적 변화에 맞춰 중앙정부의 기획에 따라 지방정부가 정책을 집행하는 기존의 형태에서 벗어나 지방정부가 직접 지역의 특성에 민감한 서비스를 개발해야 할 필요성이 제기되었다.

이러한 흐름에서 2003년 7월 '사회복지사업법' 개정 시 지역사회복지협의체 설치 및 운영과 함께 지역사회복지계획수립도 동시에 마련되었다. 그 후 2005년 7월31일부터 시 · 도지사 또는 시 · 군 · 구청장은 4년마다 지역사회복지계획과 연차별 시행계획을 수립하도록 의무화하였다. 또한, 사회보장제도의 중요성이 점차 커지면서 2012년 1월 개정된 「사회보장기본법」은 기존사회복지서비스에 보건, 의료, 교육, 고용, 주거 등 다양한 복지서비스를 추가하여 폭넓은 사회서비스를 포괄하는 개념으로 변화시켰다.

2015년 7월부터 시행된 「사회보장급여 이용 · 제공 및 수급권자 발굴에 관한 법률」에 따라 기존 '지역사회복지계획'이 '지역사회보장계획'으로 변화되었다. 또한 '지역사회복지협의체'가 '지역사회보장협의체'로 명칭이 변경되었다. 이러한 시대적 변화의 흐름에 발맞추어 지자체별 읍면동에서는 기존에 복지위원으로 운영하던 것을 읍면동 단위의 지역사회보장협의체로 신설하고, 읍면동 단위의 지역사회복지의 중요성이 더욱 커지게 되었다(장창호외, 2006). 지역사회복지계획은 2007~2010 제1기 계획이 진행되었고 2011~2014 제2기가 2015~2018년 제3기 계획이 진행되었다. 2015년 새로운 법률인 '사회보장급여 이용 · 제공 수급권자 발굴에 관한 법률' 제35조에서 '지역사회보장계획'으로 변경되어 2019~2022년 제4기 지역사회보장계획이 진행되었다. 현재는 2023~2026 제5기 지역사회보장계획이 진행되고 있다.

3. 지역사회보장계획 수립의 필요성

1) 지역사회중심의 사회복지제도화

지역사회보장계획은 지역사회 중심의 사회복지제도화를 위해 필요하다.

주민의 복지욕구, 정책조사 등의 지역사회보장계획 과정을 통하여 지역에 필수적인 사회복지가 제도적으로 정착될 수 있다. 사회복지서비스는 개인별 특수성에 따른 개인별 처우에 맞게 제공해야 하는 특성이 있기 때문에 중앙정부에서의 표준화된 기준은 한계를 갖는다. 때문에 사회복지서비스 영역은 중앙정부보다는 주민들과 좀 더 밀접한 관계를 맺으며 지역복지사업에 주체적인 역할을 담당하는 지방정부 중심의 사회복지서비스제도가 효과적이다.

2) 지역사회복지서비스의 안정적 공급

지역사회복지서비스의 수급을 조정하고 안정적으로 공급하기 위해 지역사회보장계획이 필요하다. 지역의 복지문제에 필수적인 인적 · 물적 자원의 적절한 조달과 분배를 위한 지역사회보장계획으로서 사회복지 대상자에게 서비스를 안정적 · 지속적으로 공급할 수 있다.

3) 지역사회복지서비스 공급주체의 다원화

지역사회보장계획은 양적 또는 질적인 확대가 요구되는 사회복지서비스에 있어서 국가 및 지방자치단체의 종합적인 계획으로서의 성격을 갖는다. 기초자치단체와 민간사회복지기관들은 구체적인 사업의 실시주체로서, 광역자치단체는 해당 권역 내의 지역복지를 추진하기 위한 종합적인 연락 · 조정의 담당자로서 그리고 중앙정부는 법과제도상의 종합화나 체계화, 재정지원을 담당하는 자로서 각각의 역할을 분담하는 것이 필요하다. 또한 지역사회의 다양한 복지욕구의 해결을 담당할 공공 및 민간의 참여를 촉구하기 위해 지역사회보장계획에서는 기존의 사회복지기관이나 복지단체뿐 아니라 자원봉사, 시민단체, 전문가단체 등도 서비스의 공급주체로 설정된다.

4) 사회자원의 조달과 적정배분

지역사회의 자원을 조달하고 적정하게 배분하는 데 있어서 지역사회보장계획이 필요하다. 다양한 물적자원과 인적자원을 개발하고 조달하는 방안과 적절한 배분 방안이 지역사회보장계획을 통하여 제시된다.

§2. 지역사회보장계획 수립

시 · 도지사 및 시장 · 군수 · 구청장은 지역사회보장계획을 4년마다 수립하고 매년 지역사회보장계획에 따라 연차별 시행계획을 수립하여야 한다. 수립 시 사회보장기본법에 따른 사회보장에 관한 기본계획과 연계되도록 하여야 한다. 또한 지역보건법에서는 지역보건의료계획이 사회보장기본계획 및 지역보장계획과 연계되도록 규정하고 있다. 시 · 도지사 또는 시장 · 군수 · 구청장은 지역사회보장계획을 수립할 때 필요하다고 인정하는 경우에는 사회보장 관련기관 · 법인 · 단체 · 시설에 자료 또는 정보의 제공과 협력을 요청할 수 있다.

보장기관(관계법령 등에 따라 사회보장급여를 제공하는 국가기관과 지방자치단체)의 지역사회보장계획의 수립 및 지원 등을 위하여 지역 내 사회보장 관련 실태와 지역주민의 사회보장에 관한 인식 등에 관하여 필요한 조사(지역사회보장조사)를 실시할 수 있으며 시 · 도지사 및 시장 · 군수 · 구청장은 지역사회보장계획 수립 시 지역사회보장조사 결과를 반영할 수 있다.

1. 지역사회보장계획의 수립절차

지역사회보장계획은 시 · 군 · 구 단위의 종합계획으로 시 · 군 · 구 지역 내 복지 요구조사 및 자원조사를 근거로 한다. 그러므로 지역사회보장계획안의 마련, 계획안에 대한 의견 개진, 욕구 및 자원조사 등과 같은 계획수립과정에는 시 · 군 · 구청장, 관련 공무원, 지역주민, 사회복지 활동가, 지역사회보장협의체, 구성원과 기타 관계자의 폭넓은 참여가 있어야 한다(최항순 외, 2013).

1) 지역주민 등 이해관계자 의견수렴

지역사회보장계획을 수립하기 전에 지역주민의 복지욕구 및 지역 내 복지자원 등에 대한 자료를 수집하고 이에 필요한 조사를 해야 한다. 이러한 복지욕구 및 복지자원의 실태조사 결과에 따라 시장 · 군수 · 구청장은 국가 또는 시 · 도의 사회복지 시책에 부합되게 지역사회보장계획을 수립한다.

2) 시 · 군 · 구 지역사회보장계획

지역주민 등 이해관계자의 의견을 수렴하여 수립된 지역사회보장계획은 지역사회보장협의체의 심의와 해당 시 · 군 · 구의회의 보고를 거친다. 지역사회보장계획은 시 · 도지사에게 제출해야 한다.

3) 시 · 도의 지역사회보장계획

시 · 도지사는 각 시 · 군 · 구가 제출한 지역사회보장계획을 종합 · 조정하여 시 · 도의 지역사회보장계획을 수립한다. 수립 시 시 · 도 사회보장위원회의 심의와 해당 시 · 도의회의 보고를 거친다.

4) 보건복지부 장관에게 계획서 제출

보건복지부장관은 시 · 도 지역사회보장계획을 내용의 충실성, 시행과정의 적정성, 시행결과의 목표달성도, 지역주민의 참여동기와 만족도 등을 고려하여 시행결과를 평가할 수 있다.

시 · 도지사는 시 · 군 · 구 지역사회보장계획의 시행결과를 평가할 수 있는데, 시 · 도지사는 평가를 시행한 경우 그 결과를 보건복지부장관에게 제출하여야 하며, 보건복지부 장관은 이를 종합하고 검토하여 사회보장위원회에 보고하여야 한다. 중앙행정기관의 장은 시 · 도지사 및 시장 · 군수 · 구청장에게 사회보장사업의 수행에 필요한 비용을 지원할 수 있으며 이때 평가결과를 반영할 수 있다.

시 · 군 · 구 지역사회보장계획과 시 · 도 지역사회보장계획의 수립절차는 다음과 같다.

절차	내용
지역사회보장 조사실시	• 지역사회보장욕구조사(수요조사) – 지역 내 사회보장 관련 실태, 지역주민의 사회보장에 관한 인식 등에 관하여 필요한 조사를 실시하여 당면 사회보장문제, 삶의 질 등을 살펴 사회보장사업에 대한 필요(욕구)를 수렴 • 사회보장자원조사(공급조사) – 지역내 인력, 조직, 재정 등 사회보장자원 조사 – 복지관 등 공공복지자원, 자원봉사 등 민간복지자원을 망라
⇩	
지역사회보장 계획(안)마련	• 주요 내용 – 지역사회보장 수요의 측정, 목표 및 추진전략 – 지역사회보장의 목표를 점검할 수 있는 지표(이하 "지역사회보장지표"라 한다)의 설정 및 목표 – 지역사회보장의 분야별 추진전략, 중점 추진사업 및 연계협력 • 방안 – 지역사회보장 전달체계의 조직과 운영 – 사회보장급여의 사각지대 발굴 및 지원 방안 – 지역사회보장에 필요한 재원의 규모와 조달 방안 – 지역사회보장에 관련한 통계 수집 및 관리 방안 등
⇩	
지역주민 의견 수렴	• 주요내용을 20일 이상 공고하여 지역주민의 의견을 수렴하여야 함 • 지역사회보장계획 수립 단계에서의 협의체 심의를 통한 주민참여 강화, 공청회 개최 등을 통한 의견수렴도 병행할 수 있음
⇩	
협의체 심의	• 지역사회보장협의체 심의
⇩	
시 · 도에 계획서 제출	• (시 · 군 · 구 복지계획) 시행년도의 전년도 9월 30일까지 시 · 도지사에게 제출 • (연차별시행계획) 시행연도의 전년도 11월 30일까지 시 · 도지사에게 제출
⇩	
시행 및 평가	• 시장 · 군수 · 구청장은 지역사회보장계획을 시행하고, 시행 결과를 시행년도 다음해 2월말까지 시 · 도지사에게 제출 • 보건복지부장관이나 시 · 도지사는 시 · 도 또는 시 · 군 · 구의 지역사회보장계획 시행결과를 평가 – 내용의 충실성, 시행과정의 적정성, 시행결과의 목표 달성도, 지역주민의 참여도와 만족도 등

〔그림 8-1〕 시 · 군 · 구 지역사회보장계획의 수립절차

출처: 보건복지부(2017)

절차	내용	비고
지역사회보장 조사 실시	• 지역사회보장욕구조사(수요조사) – 지역 내 사회보장 관련 실태, 지역주민의 사회보장에 관한 인식 등에 관하여 필요한 조사를 실시하여 당면 사회보장문제, 삶의 질 등을 살펴 사회보장사업에 대한 필요(욕구)를 수렴 • 사회보장자원조사(공급조사) – 지역 내 인력, 조직, 재정 등 사회보장 자원 조사 – 복지관 등 공공복지자원, 자원봉사 등 민간복지자원을 망라	법 제 36조 제5항
⇩		
지역사회보장 계획(안) 마련	– 시 · 군 · 구의 사회보장이 균형적이고 효과적으로 추진될 수 있도록 지원하기 위한 목표 및 전략 – 지역사회보장지표의 설정 및 목표 – 시 · 군 · 구에서 사회보장급여가 효과적으로 이용 및 제공될 수 있는 기반 구축 방안 – 시 · 군 · 구 사회보장급여 담당 인력의 양성 및 전문성 제고 방안 – 지역사회보장에 관한 통계자료의 수집 및 관리 방안 – 그 밖에 지역사회보장 추진에 필요한 사항	법 제36조 제2항
⇩		
위원회 심의	– 시 · 도 사회보장위원회 심의	법 제35조 제3항
⇩		
보건복지부에 계획 제출	• (시 · 도보장계획) 시행연도의 전년도 11월 30일까지 보건복지부 장관에게 제출 • (연차별시행계획) 시행연도 1월31일까지 보건복지부장관에게 제출	시행령 제20조 제3항
⇩		
시행 및 평가	• 시 · 도지사는 지역사회보장계획을 시행하고, 시행결과를 시행연도 다음 해 3월 말까지 보건복지부장관에게 제출 • 보건복지부장관이나 시 · 도지사는 시 · 도 또는 시 · 군 · 구의 지역복지계획 시행결과를 평가할 수 있음	시행규칙 제 3조 제3항

〔그림 8-2〕 시 · 도 지역사회보장계획의 수립절차

출처: 보건복지부(2017)

§3. 지역사회보장협의체

1. 지역사회보장협의체의 의의

2003년 「사회복지사업법」이 개정되면서 민관협력의 자발적인 복지공동체의 기반을 구축하고 지역복지네트워크의 역량을 강화하기 위해 2005년부터 전국의 모든 시군구 단위에 지역사회보장협의체가 설치 · 운영되고 있다. 지역사회보장협의체는 사회보장급여법에 따라 설립된 법정 기구이며, 대표적인 복지분야 협치기구로서, 지역사회단위로 사회복지관련 공공과 민간의 주체, 그리고 학계전문가, 주민대표 등이 참여하여 지역의 복지관련 사안에 대한 논의와 협의, 추진 및 검토를 수행하는 구성체이다.

1) 지역사회보장협의체 목적

(1) 지역사회 내 복지문제를 해결하기 위한 민주적 의사소통 구조를 확립한다.

지역사회보장계획 수립 · 집행 · 평가 등 지역사회보장 증진을 위한 과정에 민간의 참여 · 협력기반을 마련함으로써 국민중심의 맞춤형 복지서비스 제공에 기여한다. 특히 수급권자에게 필요한 급여(서비스)를 제공하는 기관의 대표 또는 실무자들의 복지문제 해결 의지가 지역사회에서 활발하게 논의될 수 있는 상향식 의사소통 구조를 확립한다.

(2) 수요자 중심의 통합적 사회보장급여 제공 기반을 마련한다.

종전의 보건의료와 사회복지 위주의 서비스 제공에서 벗어나 고용 · 주거 · 교육 · 문화 · 환경관련 서비스 제공자 간 연계망(network)을 구성하여 수요자의 다양하고 복합적 욕구에 대응한 서비스를 상시적(Any-stop), 원스톱(One-stop)으로 제공한다.

(3) 지역사회 내 복지자원 발굴 및 서비스 제공기관 간 연계 · 협력으로 지역복지자원의 효율적 활용체계를 조성한다.

지역사회의 다양하고 잠재적인 복지자원을 발굴 · 확충하고, 서비스 제공기관 간 연계 · 협력을 통해 지역사회 복지자원 및 수급권자에 대한 정보 등을 공유함으로써 자원제공의 중복과 누락을 방지한다.

2) 지역사회보장협의체 기능

협치(governance)기능 : 지역사회보장계획의 수립 · 이행 · 평가 등 지역사회보장의 주요 사항에 대하여 민간과 공공이 협의하여 심의 · 자문한다.

연계(network)기능 : 사회보장과 관련된 서비스를 제공하는 기관 · 법인 · 단체 · 시설과 연계 · 협력 강화한다.

통합서비스 기능 : 협의체 내 분과 간 통합 및 조정역할을 수행하고 지역주민의 욕구를 반영한 통합적 서비스 제공체계를 지원한다. 통합서비스 제공을 위해 기존의 보건복지뿐만 아니라 고용 · 주거 · 교육 · 문화 · 환경 등 다양한 영역과 연계한다(보건복지부, 2015).

3) 지역사회보장협의체 구성

지역사회보장협의체는 대표협의체, 실무협의체, 실무분과로 구성하며, 대표협의체에 전문위원회를 구성 · 운영할 수 있다. 협의체 구성과 관련하여 과거 지역복지협의체와 다른 점은 실무분과 및 전문위원회의 구성에 관한 법적 근거를 마련했다는 점이다. 지역사회보장협의체의 구성에 대해 구체적으로 살펴보면 다음과 같다.

(1) 대표협의체

대표협의체의 위원구성은 해당 시 · 군 · 구 지역사회의 사회보장 이해관계자를 대표할 수 있도록 대표성을 지니고 있어야 하며, 해당 시 · 군 · 구 지역사회보장분야 및 관련 분야의 구성 주체를 최대한 포함할 수 있는 포괄성이 있어야 하며, 민주적인 절차와 방법에 따라 임명 또는 위촉되는 민주성이 있어야 한다. 이러한 구성원칙에 따라 해당 지역사회의 사회보장 관련 공공부문대표 · 민간부문대표 · 이용자대표 등 세 영역별 주체들과 실무협의체 위원장등으로 구성한다. 대표협의체 위원의 임기는 2년으로 하되, (위촉직)위원장은 1회에 한하여 연임할 수 있고 공무원 위원은 그 직위의 재직기간으로 한다. 대표협의체 위원장은 지자체의 장(또는 단체장이 지명하는 공무원)이 공동위원장이 될 수 있으며, 민간부문의 공동위원장을 선출하여 공동위원장 체제로 운영한다.

• 공공부문 대표위원

공공부문 대표위원은 해당 자치단체의 장이 사회보장관련분야 공공기관의 대표들(사회복지 담당국장, 보건소장 등)을 임명하되, 대표협의체 위원 전체의 1/3 범위 내에서 구성한다. 대표협의체 위원은 위원장을 포함하여 10인 이상 40인 이내로 위원을 구성한다.

• 민간부문 대표위원

민간부문 대표위원은 사회보장과 관련된 서비스를 제공하는 민간의 법인 · 단체 · 시설의 직능별 대표성을 가진 단체뿐 아니라 실무협의체에서 추천한 자 등을 해당 지자체의 장이 위촉한다. 대표협의체와 실무협의체 간 원할한 의사소통 및 기능 수행을 위해 실무협의체 위원장이 대표협의체에 참여할 수 있도록 한다.

• 이용자 대표위원

이용자를 대표하는 대표협의체 위원은 공모 등을 통해 해당 지자체의 장이 위촉하되, 대표협의체 위원 전체의 1/3 이내로 구성하며, 이용자 대표위원은 사회보장에 관한 학식과 경험이 풍부한 사람, 비영리민간단체에서 추천한 사람 등으로 구성한다. 그러나 위원공모 결과, 이용자 대표위원 응모자가 부족할 경우, 대표협의체 논의를 거쳐 위원장(공공, 민간)의 추천으로 자격을 갖춘 자를 해당 지자체의 장이 위촉한다.

- 기타 연계 영역

공단지역의 고용 · 이주민 관련, 농촌지역의 영농사업 관련, 지역을 기반으로 활동하고 있는 기업대표 등 지역적 특성을 반영하여 위원 위촉자격 요건을 갖춘 자 중 지역사회보장 증진을 위해 필요한 자원 · 서비스를 제공할 수 있는 사람들을 발굴하여 대표협의체 위원으로 위촉이 가능하다.

(2) 실무협의체

실무협의체 구성 목적 : 지역사회보장협의체의 업무를 효율적으로 수행하기 위하여 협의체에 실무협의체를 구성 · 운영한다. 실무협의체 위원 구성은 해당 시 · 군 · 구의 지역사회보장 구성 주체들을 포괄적으로 포함하여 구성하며, 해당 시 · 군 · 구의 지역사회보장과 관련된 분야에 종사하고 있는 전문가들로 구성하여야 한다. 즉 포괄성 · 전문성의 원칙에 근거하여 지역사회기반으로 활동하면서, 지역사회보장 증진에 관심이 많은 각 영역의 종사자 중에서 민주적 절차 · 방법으로 선출하되 위원장 1명을 포함하여 10명 이상 40명 이하로 성별을 고려하여 위원을 임명 또는 위촉한다.

- 공공부문 실무위원

공공부문 실무위원은 사회보장업무를 담당하는 공무원 중 사회복지와 보건의료 등 사회보장분야 담당부서 및 각 분야의 담당 팀장을 협의체 위원장이 임명하며, 전체 위원 수의 1/3 범위 내에서 구성한다.

• 민간부문 위원

민간부문 위원은 지역의 사회보장 활동을 수행하거나 서비스를 제공하는 기관·법인·단체·시설의 실무자 중에서 추천 또는 공모를 통해 전체 위원의 2/3 범위 내에서 대표협의체 위원장이 위촉한다. 민간부문 위원은 실무협의체 위원으로 활동함과 동시에 해당 부문의 실무분과장으로서 분과를 운영할 수 있다.

• 기타 관련분야 영역

기타 지역사회보장 증진에 필요한 자원·서비스 발굴·연계를 위해 필요한 분야의 사람 등을 실무위원으로 위촉할 수 있다. 또한 지역의 사회보장 활동을 수행하는 공익단체의 실무자, 비영리민간단체에서 추천한 자 등을 관련분야의 위원으로 위촉 가능하다. 관련분야 영역인 고용, 주거, 교육, 문화, 생활체육, 경제단체, 지역기반 기업 등 주민생활과 관련된 영역의 다양한 전문가를 위촉하여 운영할 수 있다.

(3) 실무분과

실무분과의 구성은 지역사회보장협의체 활성화의 원동력이 되는 기초를 제공한다. 구성형태는 지역특성 및 여건 등에 따라 대상별, 지역별, 기능별 다양한 형태로 구성 가능하다.

• 공공부문 실무위원

공공부문 실무위원은 사회보장업무를 담당하는 공무원 중 사회복지와 보건의료 등 사회보장분야 담당부서 및 각 분야의 담당 팀장을 협의체 위원장이 임명하며, 전체 위원 수의 1/3 범위 내에서 구성한다.

• 민간부문 실무위원

민간부문 위원은 지역의 사회보장 활동을 수행하거나 서비스를 제공하는 기관·법인·단체·시설의 실무자 중에서 추천 또는 공모를 통해 전체 위원의 2/3 범위 내에서 대표협의체 위원장이 위촉한다. 민간부분 위원은 실무협의체 위원으로 활동함과 동시에 해당 부문의 실무분과장으로서 분과를 운영할 수 있다.

• 기타 관련분야 영역

기타 지역사회보장 증진에 필요한 자원 · 서비스 발굴 · 연계를 위해 필요한 분야의 사람 등을 실무위원으로 위촉할 수 있다. 고용, 주거, 문화관광, 체육, 경제 등 관련기관의 실무자 및 전문가 등으로 실무위원을 구성할 수 있다.

가. 실무분과 구성의 형태

실무분과의 구성은 지역사회보장협의체 활성화의 원동력이 되는 기초를 제공하며 구성형태는 지역특성 및 여건 등에 따라 대상별, 지역별, 기능별 다양한 형태로 구성이 가능하다.

① 대상별 분과

노인, 아동, 장애인, 여성 등 지역의 사회보장대상자 특성별 욕구에 대응한 실무분과를 구성한다. 또한 지역의 특수성을 반영하여 필요한 영역을 고려한 대상별 분과를 설치 운영 가능하다.

② 지역별 분과

농어촌 등 사회보장분야별 자원 부족으로 인하여 대상별 분과 운영이 비효율적일 경우에는 읍 · 면 · 동 또는 소생활권 단위의 분과 구성이 가능하고, 산악권 도시, 도서지역을 포함한 지역 등 대상별, 기능별 분과의 구성이 어려울 경우, 소생활권 형태의 지역단위로 분과를 구성하여 운영하는 것이 가능하며, 읍 · 면 · 동 협의체 위원장 등으로 지역 실무분과를 구성하여 운영하는 것도 가능하다.

③ 기능별 분과

지역에서 필요로 하는 기능적인 분과 구성 형태로 다양한 형태의 분과형성이 가능하며 T/F 형태의 구성도 가능, 통합적 복지서비스 제공을 위한 '통합서비스 분과'를 설치 운영토록 하며, 효율적인 통합서비스분과 운영을 위하여 고용, 주거, 평생교육, 문화, 관광, 생활체육 등의 분과 등을 구성하는 것이 가능하다

(4) 읍 · 면 · 동 단위 지역사회보장협의체

지역사회 복지문제 해결을 위해서 읍 · 면 · 동 단위에서 활성화되는 주민 네트워크 조직으로 복지사각지대 발굴 및 자원연계, 지역사회 복지문제 해결을 위한 논의 및 지역사회 특화사업 등의 추진을 위해 「사회보장급여법」 시행규칙 제7조 제1항에 근거하여 복지사각지대 발굴 및 지원연계, 지역사회 복지문제 해결을 위한 논의 및 지역사회 특화사업 등을 추진한다. 시 · 군 · 구 지역사회보장협의체의 읍 · 면 · 동 단위 조직이지만 시 · 군 · 구 지역사회보장협의체와 상하 관계를 갖는 조직은 아니다.

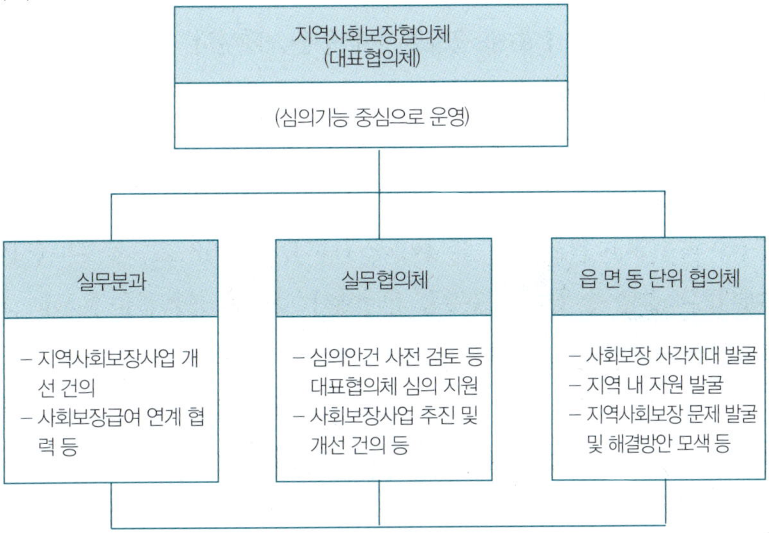

〈수평적 네트워크 관계 형성〉

[그림 8-3] 대표협의체, 실무협의체(분과 포함), 읍 · 면 · 동 협의체 간 관계

§4. 지역사회보장계획의 평가 및 과제

1. 지역사회보장계획의 평가

지역사회보장계획의 시행결과를 첫째, 지역사회보장계획 내용의 충실성을 평가한다. 이는 지자체의 수립 과정에서 사회보장기본계획 등과 같은 상위 및 유관 계획과의 연계성 지역사회보장계획을 갖추고, 합리적인 절차와 근거에 기반하여 작성했는지를 평가하는 영역으로 구성되어 있다. 둘째, 시행과정의 적절성을 평가한다. 이는 지자체의 행·재정 지원 계획을 비롯해 사업추진과정에 대한 모니터링 체계, 시행결과에 대한 자체평가 등 지역사회보장계획 시행과정 전반의 적절성을 확보하기 위한 노력 및 성과로 구성되어 있다.

셋째, 시행결과의 목표달성도를 평가한다. 이는 연차별 시행계획에서 당초 설정한 성과 목표치 설정의 적절성과 목표 수준의 달성도, 지역사업의 우수성 등 실제 계획 대비 사업성과로 구성되어 있다. 마지막으로 지역주민의 참여도와 만족도 등을 평가할 수 있다. 즉 지역사회보장계획의 수립·이행·평가에 이르는 일련의 과정에서 지역주민 참여가 얼마나 이루어졌는지에 대한 만족도, 지역사회보장계획에 대한 만족도로 구성되어 있다.

〈표 8-1〉 지역사회보장계획 평가지표

1. 지역사회보장계획 내용의 충실성	3. 시행과정의 목표달성도
1-1. 사회보장기본계획과의 연계성 1-2. 계획수립의 합리성 1-3. 지역사업 선정의 객관성	3-1. 성과목표치(목표수준) 설정의 적절성 3-2. 성과목표치(목표수준) 달성도 3-3. 지역사업의 우수성
2. 시행과정의 적절성	**4. 지역주민의 참여와 만족도**
2-1. 행·재정 지원내용의 적절성 2-2. 사업 추진과정에 대한 모니터링의 적정성 2-3. 시행결과에 대한 자체 평가의 적정성	4-1. 계획수립 추진체계 구성·운영의 적절성 4-2. 사업 시행과정의 민관협력 정도 4-3. 시행결과 평가체계 구성·운영의 적절성 4-4. 계획 수립·시행·평가과정의 지역주민 참여 결과

2. 지역사회보장계획의 향후과제

첫째, 지역적 · 환경적 특성을 고려한 지역사업 운영 부분이다.

이는 지자체가 단순히 중앙정부의 사업을 전달받아 집행하는 대리인에서 벗어나 주체적 역할을 수행해야 함을 의미한다. 형식적인 요구조사나 자원조사가 아니 지자체 여건에 맞는 지역사회 환경 진단이 필요하다. 특히 지역사회 복지환경 변화가 급격한 현 시점에서 지역사회의 진단과 이를 바탕으로 한 고유의 계획 수립은 지역사회보장계획의 안정적 운영에 중요하다.

둘째, 민관협력 및 주민참여 부분이다. 지역사회보장계획의 추진은 실행력이 담보되어야 한다. 실행력이 담보된다는 것은, 지역 내의 소통과 공유를 통한 현실성 있는 계획이 수립되고 운영되어야 한다는 것이다. 이를 위한 다양한 주체들의 자발적 참여는 필수적이다.

셋째, 지역사회보장계획은 중앙정부와 지방정부의 관련 정책 및 계획과의 조정을 통해 긴밀한 상호협력관계를 유지하면서 추진한다.

즉, 지역사회보장계획 담당공무원을 넘어서 타부서뿐 아니라 관련 기관 및 사회보장협의체와의 연계 역시 중요한 과제이다. 지역사회보장계획으로의 변화에 따라 확장된 사회보장영역에 대한 이해와 협력이 가능해야 한다. 기존의 복지영역에서 벗어난 교육, 고용, 주거, 문화, 환경 등 추가된 영역의 계획 수준 조정 및 내용에 대한 합의, 확장된 영역과의 협력체계 구축 방안 등의 논의가 필요하다.

연습문제

1. 다음중 시 · 군 · 구 지역사회보장계획의 수립절차가 옳은 것은?

가. 지역사회보장계획의 시행
나. 지역사회보장협의체의 심의
다. 지역주민 등 이해관계자 의견 수렴
라. 지역사회복장계획의 시행결과 평가

① 가→나→다→라
② 나→다→라→가
③ 나→가→다→라
④ 다→ 나→가→라
⑤ 다→가→나→라

2. 지역사회보장계획의 수립 · 시행단계는 시장 · 군수 · 구청장 - ( ) - 특별시 · 광역시 · 도지사 - 사회보장위원회 - 보건복지부 장관의 과정을 거쳐 이루어진다.

3. 지역사회보장계획에 대한 설명으로 틀린 것은? (2008년 제6회)

① 사회복지사업법에 의한 의무 사항이다
② 지역보건법에 의한 지역보건의료계획과 연계해야 한다.
③ 4년 단위 중기계획이다.
④ 종합적 · 체계적 사회복지서비스 제공 계획이다.
⑤ 보건복지부 장관은 시 · 군 · 구 지역사회복지계획의 시행 결과를 평가해야 한다.

4. 지역사회보장협의체에 대한 설명으로 맞는 것은? (2008, 2009년, 제6, 7회 유사문제)

① 지역사회복지기관의 실무자의 참여는 배제한다
② 시 · 군 · 구의회의 의원은 협의체 위원의 자격이 없다.
③ 실무협의체의 최고 의장은 협의체 의장이다.
④ 지역사회보장협의체 구성은 사회보장위원회에서 한다.
⑤ 실무협의체뿐만 아니라 사업에 맞게 실무분과를 만들 수 있다.

5. 〈보기〉의 목적을 위해 운영되는 곳은?

〈보기〉
- 지역사회 내 복지문제를 해결하기 위한 민주적 의사소통 구조확립.
- 수요자 중심의 통합적 복지서비스 제공을 위한 기반 마련
- 지역사회 내 잠재적 복지자원 발굴 및 자원 간 연계협력

① 사회복지협의회
② 지역사회복지협의회
③ 지역사회보장협의체
④ 사회복지사무소
⑤ 지역사회복지관

문제 해설

1번 해설
정답 : ④
해설 : ④ 지역주민 등 이해관계인의 의견을 들은 후 수립하고 지역사회보장협의체의 심의와 해당 시·군·구의회의 보고를 거쳐 시·도지사에게 제출한다.

2번 해설
정답 : 지역사회보장협의체

3번 해설
정답 : ⑤
해설 : ⑤ 보건복지부장관은 시·도 지역사회보장계획의 시행결과를, 시·도지사는 시·군·구 지역사회보장계획의 시행결과를 각각 보건복지부령으로 정하는 바에 따라 평가할 수 있다.

4번 해설
정답 : ⑤
해설 : ⑤ 실무협의체 내의 사업의 필요에 따라 실무분과를 구성할 수 있다.

5번 해설
정답 : ③
해설 : ③ 지역사회보장협의체의 설치목적에 대한 설명이다.

생각해 봅시다

〈토론문제〉

1. 지역사회보장계획은 지역주민의 복지욕구와 지역사회의 복지환경에 맞추어 지역사회 복지서비스의 청사진을 구현하기 위한 목적으로 기획되었다. 지방자치단체가 자체적으로 지역사회를 진단하고 이에 근거한 복지계획을 수립함으로써 지역사회복지에 대한 자율성과 책임성을 강화하고자 한 것이다. 제1기부터 제4기까지 방향성 또는 변화의 내용을 살펴보자.

2. 제5기 지역사회보장계획수립이 진행 중이다. 제5기 계획 수립 안이 이전의 계획 수립안(1기~4기)과 다른 점이 무엇인지 논의해보자.

제9장 지방분권화와 지역사회복지

§1. 지방자치와 사회복지의 지역화

1. 지방자치의 개념과 의의

1) 지방자치의 개념

지방자치의 사상적 근거는 권력의 수직적 분권으로 권력이 필요 이상 강해지는 것을 방지하는 지방분권사상과 나라의 주인이 국민이며 국가와 권력은 국민으로부터 나온다는 민주주의 사상에 근거를 두고 있다. 이와같이 지방자치는 지방분권사상과 민주주의 사상에 근거를 두고 있다.

지방자치란 중앙집권의 상대적 개념으로, 일반적으로 국가 영역을 여러 지방단체로 구분해서 각 지방단체가 일정 범위 안에서 각자의 지역을 통치하는 권한이 부여되는 정치 형태를 말한다(최항순외, 2013). 따라서 지방자치란 일정한 지역공동체에 거주하는 주민들이 국가로부터 자치권을 부여받아 자치단체를 구성하고 직접적인 참여를 통해 다양한 지역문제를 해결하는 활동을 말한다. 즉, 지방자치는 지방사람들의 생각과 노력으로 그 지방이 개성있고 독창성 있는 얼굴을 만들어가는 활동이라고 할 수 있다(정하용, 2006).

지방자치의 핵심은 지역주민의 복지증진에 있다. 우리나라 헌법 제 117조에서 "지방자치단체는 주민의 복리에 관한 사무를 처리하고, 법령의 범위 안에서 자치에 관한 규정을 둘 수 있다"고 정하고 있어 지방자치단체의 존립 목적이 주민복리에 관한 사무의 처리에 있음을 명백히 하고 있다.

2) 지방자치의 의의

지방자치의 의의는 첫째, 지방정부의 자율강화에 있다.

둘째, 지역의 특성에 맞는 정책수립을 할 수 있다.

셋째, 사회복지서비스 공급측면에서 지방자치단체의 역할과 책임이 강화된다.

넷째, 지역 간 균형있는 발전을 도모할 수 있다.

다섯째, 지역주민의 참여기회확대 등이다.

2. 지방자치가 지역사회복지에 미치는 영향

지방자치의 실시는 지역사회복지의 환경변화로 인지되며, 그로 인한 지역사회복지에 대한 영향력은 긍정적인 측면과 부정적 측면으로 나누어 볼 수 있다.

1) 지역사회복지에 긍정적 영향

첫째, 지방정부와 지역주민들이 자기가 거주하는 지방의 복지에 대한 책임의식을 갖게 하고 주체적으로 참여할 수 있는 기회를 갖게 되기 때문에 지역사회복지를 활성화시키는 계기가 된다.

둘째, 주민밀착형 복지서비스 제공으로 주민들의 욕구를 충분히 반영한 서비스제공이다. 지역사회 주민들에게 밀착된 서비스, 즉 주민들의 욕구에 적합한 서비스를 제공하기에는 지방정부 중심의 서비스 전달이 더 효율적이다.

셋째, 복지행정의 방향이 정부 중심의 복지행정으로부터 지방정부 중심의 복지행정으로 전환이 이루어진다. 중앙정부 중심의 복지행정은 제도와 정책을 통해 전체 국민의 안녕과 복지증진을 기하는 것을 중심으로 보편적이고 일반적인 서비스를 제공하게 되어 지역주민들의 욕구를 충분히 행정에 수용하지 못한다. 반면에 지방정부 중심의 복지행정은 생활문제 발생의 근원인 지역사회에 기반함으로써 지역사회 및 지역주민의 생활상의 욕구에 대하여 즉각적이고 포괄적으로 대응할 수 있다(이태희 외, 2014).

넷째, 지방의회와 자치단체장 후보들이 당선을 위해 지역주민의 실제적 욕구에 기반을 둔 복지정책을 펼 가능성이 과거보다 훨씬 높다.

2) 지역사회복지에 부정적 영향

지방자치가 지역사회복지에 미치는 부정적 측면을 살펴보면 다음과 같다.

첫째, 지역 간 복지수준의 격차 및 자원배분을 둘러싼 갈등을 야기한다. 재정능력이 취약한 지방자치단체는 주민의 욕구를 충분히 충족시키지 못하게 되며, 이로 인해 지역 간 복지수준의 격차가 더 벌어지게 되는 상황을 배제할 수 없다. 뿐만 아니라 각 지방자치단체의 재정자립도의 격차는 지방자치제와 지역사회복지사업에 문제를 야기하여 지역 간 복지 불평등을 초래할 수 있다.

둘째, 지역 이기주의 팽배이다. 지방자치단체 간의 경쟁심화로 지역적 이기주의가 증대될 수도 있다. 해당 지역의 주민이 아닌 경우 서비스 이용을 제한하는 경우가 이에 해당된다.

셋째, 중앙정부의 사회적 책임성 약화이다. 사회복지 행정업무와 재정을 지방에 이양함으로써 중앙정부의 사회적 책임성을 약화시킬 수 있다. 이러한 부정적 측면을 감소시키기 위해서는 중앙과 지방정부 간의 유기적 관계를 유지하고 역할을 효율적으로 분담하며 주민의 복지욕구를 적절히 반영하는 것이 필요하다.

3. 지방자치제 실시에 따른 지역복지의 개선방향

첫째, 복지재정의 불평등과 복지수준의 격차를 줄일 수 있는 정책이 필요하다.

사회복지부문에 대한 중앙정부의 보조재원 지원이 부족하여 지역 간 재정불균형의 해소를 위해 지방정부의 자주적 재정의 강화가 필요하다. 이는 지방교부세로는 늘어나는 사회복지부문을 충당할 수 없으므로 중앙정부가 사회복지제도에 대한 재원을 보장하는 제도가 확립되어야 한다.

둘째, 중앙정부와 지방정부 간의 유기적 관계를 유지하고 역할 분담이 명확하게 이루어져야 한다. 중앙정부와 지방정부의 역할과 책임에 대한 합의를 도출하는 것이 바람직하다. 복지서비스 제공과 관련하여 지방자치단체의 역할과 책임을 고려하여 지방정부에게 사회복지정책 수행 및 사회서비스 전달 기능의 권한이 부여되어야 한다.

셋째, 지역주민의 삶의 질 향상을 위해서 지방정부뿐만 아니라 적극적인 주민참여와 민간부문의 역량강화가 필요하다

§2. 지방자치와 사회복지전달체계

1. 사회복지전달체계의 개념

사회복지전달체계란 길버트와 테렐(Gilbert & Terrell, 2005)에 의해 정의되듯이 "지역사회의 서비스 공급자 간에 존재하고, 서비스 공급자와 수혜자 간의 조직적 연결망"이라고 말할 수 있다. 지방자치시대의 도래와 함께 앞으로 상당부분이 지방자치단체로 위임되고 그 집행도 전적으로 자치단체를 통해 복지서비스가 전달될 것이다. 최근 지역사회복지 전달체계 환경의 중요한 변화 중 대표적인 변화는 사회복지사업법의 개정과 지방분권의 본격화이다. 주민의 복지수요를 수용하기 위해서는 합리적 사회복지정책의 수립도 중요하지만 사회복지대상자, 즉 복지수혜자에게 어떠한 내용의 서비스를 어떤 경로를 통해 전달하는 것이 더 효과적인가 하는 복지서비스 전달체계의 확립도 중요하다고 할 수 있다. 왜냐하면 대상자의 선정이나 수혜자격요건의 설정, 수혜내용의 성격에 관한 정책의 실질적 집행은 바로 복지서비스 전달체계를 통해서 이루어지고 있기 때문이다(Friedlander & Apte, 1980. 전해황 외, 2016 재인용)

2. 사회복지전달체계의 종류

1) 공공전달체계

① 중앙정부

중앙정부의 역할은 크게 두 가지로 나누어 볼 수 있다. 즉, 지역복지체계의 정립 및 지역복지체계를 위한 각 주체들의 역할 정립 및 실천 방안 마련이다(이태수, 2010).

첫째, 중앙정부는 지역사회복지체계의 전반적인 정책방향 및 기준을 설정 · 제시하고, 민간참여 확대를 포함한 지역복지체계 구축에 필요한 법이나 제도의 마련, 각종 사업의 시범 실시 및 확대, 그리고 다양한 지역복지모형에 대한 평가와 확산 등의 역할이 있다.

둘째, 중앙정부는 지역복지 활성화 방안을 고려하여 전체적인 보건복지정책의 방향 제시, 기준 및 표준 제정, 재정의 확보와 운용, 지방자치단체와 산하단체 및 민간기관에 대한 심사, 조정 및 평가업무를 담당해야 한다.

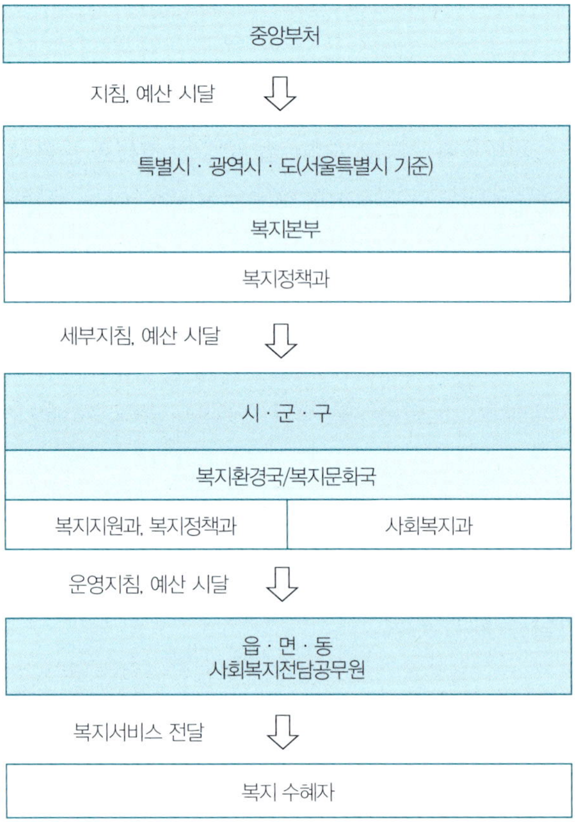

[그림 9-1] 사회복지 공공전달체계

② 지방정부

지역복지체계 구성과 관련된 지방자치단체의 역할은 다음과 같다.

광역자치단체는 지역복지와 관련한 광역 수준의 정책 개발, 기획, 연구 및 정보 관리를 담당한다. 그리고 광역자치단체의 산하단체 및 민간기관, 기초자치단체에 대한 심사, 조정 및 평가를 담당한다. 기초자치단체는 지역복지와 관련한 기초 수준의 정책개발, 기획, 연구 및 정보관리와 정책 집행을 담당하며, 기초자치단체 산하의 민간기관에 대한 심사, 조정 및 평가를 담당한다.

2) 민간 전달체계

민간 전달체계는 공공 전달체계와 상호보완적인 역할을 수행하기 위해 설립된 영리를 목적으로 하지 않는 사회복지법인, 재단법인, 사단법인, 종교단체 등 서비스를 제공하는 시설과 기관을 말하며, 정부의 지원이나 기부, 위탁, 후원, 자원봉사 등과 같은 자원들에 의해 유지되는데, 우리나라는 비영리 단체의 정부보조금 의존률이 높아 반관반민의 특성을 나타낸다. 민간 전달체계는 사회 환경의 변화와 욕구에 대해 탄력적으로 대응하기 좋다는 장점이 있지만, 안정적이고 일관적인 서비스 공급면에서는 취약하다는 단점이 있다.

3. 전달체계 추진경과 및 주요내용

1) 추진경과

보건과 복지 서비스의 통합적 서비스를 목표로 한 보건복지사무소 시범사업(1995. 7. ~ 1999. 12.), 사회복지사무소 시범사업(2004. 7. ~ 2006. 6.)을 거쳐 2006년도 이후에는 지역주민에게 포괄적 서비스제공을 목적으로 분산되어 있던 8대 서비스 추진 부서를 통합 · 전담부서를 설치하여 서비스 제공 능력을 강화하고자 행정안전부가 주도적으로 주민생활지원서비스 전달체계를 확립하였다.

이명박 정부는 공공과 민간의 연계를 강화하고 다양한 서비스를 통합적으로 제공할 수 있도록 2010년 사회복지통합관리망(행복e음)구축, 시 · 군 · 구 위기가구 사례관리 사업을 실시하였다. 2012년 시 · 군 · 구 '희망복지지원단'운영으로 통합사례관리를 시행하였으며 2013년 사회보장정보시스템이 완전개통되었다. 현재는 읍 · 면 · 동 복지허브화 추진(2016~2018)을 토대로 모든 읍 · 면 · 동을 복지허브화로 추진하고 있다. 이는 읍 · 면 · 동으로 찾아오는 복지행정만이 아니라 적극적인 현장방문을 통하여 복지 욕구를 발굴 · 해결하는 찾아가는 복지시스템을 구축하여 전달체계 개편이 이어지고 있다고 볼 수 있다.

2) 주요내용

(1) 희망복지지원단

주민생활지원서비스 전달체계로 개편되었음에도 기대한 효과에 비해 실효성이 떨어져 여전히 복지체감도가 낮고, 인력 재배치의 결과 읍 · 면 · 동의 인력부족, 업무부담의 증대로 사례관리 등 전문 현장지원서비스의 부재 및 신속성이 저하되는 문제가 있었다. 이러한 상황과 관련하여 보건복지부는 복지를 중심으로 주민밀착형 서비스가 가능하도록 공공기관과 민간복지기관의 협업구조를 마련하여 복지체감도를 높이려는 전달체계 개선노력을 한 결과 2012년 상반기에 전국 시 · 군 · 구에 희망복지지원단을 설치하여 현재 운영하고 있다.

이렇듯 복지체감도 증대를 위한 전달체계 개편의 일환으로 2012년부터 구성, 운영된 희망복지지원단은 복합적 욕구를 가진 대상자에게 통합사례관리를 통해 공공 · 민간의 급여 · 서비스 · 자원 등을 맞춤형으로 연계 · 제공하는 통합서비스 제공체계를 의미한다. 통합사례관리 활성화를 통해 차상위계층이 빈곤층이 되는 것을 예방하고 자활대상자 등의 탈빈곤 지원에 초점에 맞추며 전체 지역주민의 다양한 복지수요에 능동적으로 대응하는 것을 목표로 한다.

(2) 사회보장정보시스템

사회보장정보시스템은 사회보험, 공공부조, 사회복지서비스 및 관련복지제도 급여의 신청, 조사, 자격판정 등 모든 정부 부처의 복지사업을 개인별 · 가구별 복지서비스 이력관리, 중복 · 부적정 수급 방지, 중앙부처 복지사업 정보제공 등의 활동으로 복지사업의 업무수행을 지원하는 정보시스템이다. 2012년 8월 11개 부처 198개 사업을 대상으로 1단계 시스템을 개통하였으며 2013년 2월 18일 전 부처 복지사업을 대상으로 완전개통 하였다. 사회보장정보시스템은 복지사각지대의 해소 및 복지재정의 효율적 배분을 통한 실질적이고 효율적인 복지전달체계를 구축하는 제도로서의 기능을 가지고 있다.

(3) 읍 · 면 · 동 주민센터 복지전담팀 신설

원스톱 서비스가 용이하지 않고, 사회보장급여 제공기관별 협업체계의 미흡으로 서비스 연계가 부족하고, 일선 복지전담공무원의 업무과부하 등의 문제가 해결되지 않고 있다. 이러한 전달체계상의 문제를 개선하기 위해 2013년 '국민중심의 맞춤형 복지 전달체계 개편방안'을 제시하였다. 맞춤형 복지 전달체계개편은 읍 · 면 · 동의 복지병목 현상을 해소하고, 원스톱 통합서비스 제공, 찾아가는 서비스의 활성화, 공공과 민간의 연계협력 활성화 등을 목적으로 하고 있다. 2016년 주민센터 중 700여 곳을 주민복지센터로 바꾸고 복지전담팀을 구성하며, 2018년까지 전국 주민센터로 확대 · 개편할 계획이다. 또한 복지전담팀을 구성하여 복지행정뿐만 아니라 방문상담을 통한 사각지대 발굴 및 사례관리 기능이 강화되었다.

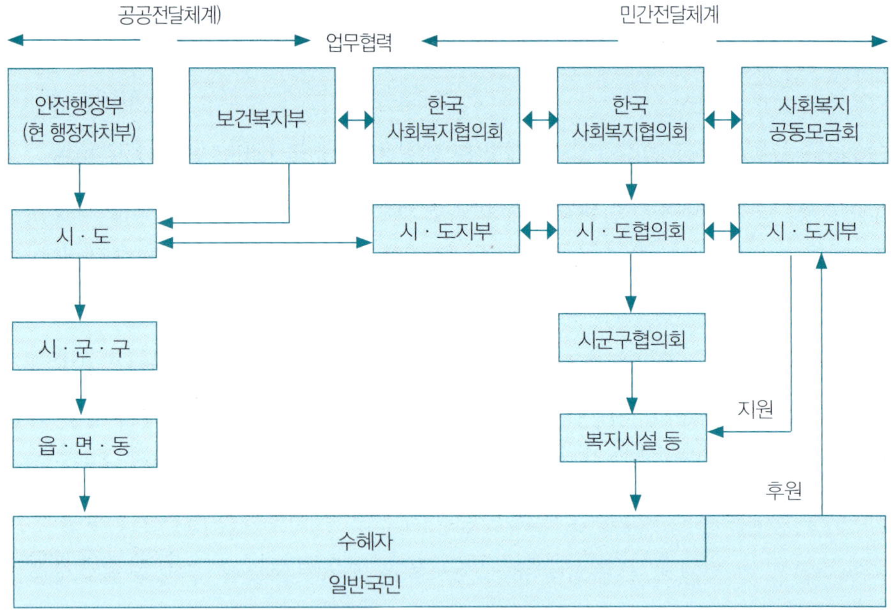

[그림 9-2] 사회복지 전달체계

자료 : 양승일(2013), 사회복지행정의 전달체계

4. 사회복지전담공무원

사회복지를 실천하는 데 필요한 필수 구성요소로는 사회복지정책, 사회복지전달체계, 재정을 들 수 있다. 대표적인 대면서비스인 사회복지는 사회복지전달체계를 이루는 사회복지전문가가 중요한 자원이다.

사회복지전담공무원은 일반행정직과 사회복지직으로 구분할 수 있는데, 그중 사회복지전담공무원은 사회복지직으로 채용되어 업무를 수행하는 공무원을 말한다. 사회복지직렬은 2급 이상의 사회복지사 자격증을 가진 사람만 응시할 수 있다. 시 · 군 · 구, 읍 · 면 · 동주민센터, 자치단체 소속의 사회복지시설 등에서 근무한다.

1) 사회복지전담공무원의 연혁

사회복지전담공무원의 연혁을 살펴보면 1987년 국민기초생활보장수급자, 노인, 장애인 등 저소득 취약계층에게 전문적인 복지서비스를 제공하기 위하여 저소득 밀집지역 읍 · 면 · 동사무소에 별정직 사회복지전문요원 49명이 최초로 배치되었다. 그 후 1992년 「사회복지사업법」의 개정을 통해 사회복지전문요원의 법적 근거가 마련되었다. 또한 2000년 1월부터 사회복지전담공무원의 직렬은 별정직에서 일반직 사회복지직으로 전환되었고 이에 따라 과거 사회복지전문요원이라는 명칭은 사회복지전담공무원으로 변경되었다. 2002년부터 시 · 도 및 시 · 군 · 구 사회복지 관련부서로 확대하여 배치하고 있다. 그 이후 복지수요의 급증과 국민기초생활보장제도의 시행으로 채용인원이 급속히 증가하여 2014년 6월 현재 약 15,316명이 지방행정의 최일선 시 · 군 · 구 및 읍 · 면 · 동에서 근무하고 있다. 앞으로 증가하는 복지업무에 대처하고자 2014년 사회보장위원회 의결을 통해 2015~2017년까지 4,537명을 증원하여 복지사각지대 발굴 및 해소, 찾아가는 맞춤형 복지서비스를 제공하기로 했다(사회보장위원회, 관계부처합동, 2014. 10).

2) 업무

사회복지사업법 제14조 규정에 따라 사회복지업무를 담당하는 지방자치단체의 사회복지직 공무원으로 주로 읍 · 면 · 동에 배치되어 근무하고 있으며 2002년부터 시 · 도 및 시 · 군 · 구 사회복지관련 부서에서도 근무하고 있다.

사회복지전담공무원이 맡고 있는 업무는 기초생활보장 수급관리 및 자활사업, 의료급여 관리, 복지사각계층 지원, 희망복지지원단 운영, 노인복지, 아동복지, 장애인복지, 긴급복지지원 등 공공부조 및 사회서비스와 관련된 업무를 수행한다고 볼 수 있다. 사회복지전담공무원의 주요 업무내용은 〈표 9-1〉과 같다.

〈표 9-1〉 사회복지전담공원의 주요 업무내용

업무분야	업무내용
서비스대상자 조사 및 선정	– 기초생활보장 대상 및 부양자에 대한 재산 · 소득조사 – 노인, 장애인, 소년 · 소녀가장, 한부모가족 등 서비스 대상자 조사 및 선정 – 사회서비스바우처사업 및 지역사회서비스투자사업 대상자 선정
급여 지급	– 생계 · 교육 · 의료 등 국민기초생활보장 급여지급 업무 – 장애인연금, 기초연금 등 각종 급여지급 업무
서비스 및 행정	– 취약계층의 가정문제 등 고충상담 후 해당기관 연계 – 자활, 생업자금융자, 취업훈련 등 자립지원 – 장애인, 노인, 보육아동, 여성 등에 대한 각종 지원시책 안내 및 제공 – 자원봉사, 결연사업 등 민간복지자원발굴 · 연계 – 복지 · 고용 · 교육 · 문화 등 주민생활지원서비스 제공

출처 : 오정수 · 류진석(2016) 지역사회복지론

5. 복지전달체계의 과제

첫째, 복지전달체계 정책의 지속성을 담보할 핵심 주체들의 의지와 조치가 필요하다(강혜규 외, 2017). 복지전달체계 개편의 주부부처인 보건복지부뿐 아니라 지자체 조직 개편과 인력 증원을 위해서는 행정안전부 등 범정부적 협력이 필수적이다. 아울러 사회 복지전달체계 개편의 성공을 위해서는 중앙부처, 지자체, 읍 · 면 · 동, 유관 기관, 민간 기관 등 다양한 이해관계자 간 이해와 협조가 필수적이기 때문에 충분한 소통에 기반한 정책 추진이 중요하다.

둘째, 사례관리와 민관 협력을 위한 내실화 전략 마련이 필요하다. 공공영역에서 추진 중인 사례관리의 정착과 효과적인 운영을 위해서는 보건소, 정신보건센터, 민간복지관 등 지역기관과의 유기적인 네트워크가 필요하다.

셋째, 복지전달체계 개편으로 단시간 내의 성과 도출보다 정책 숙성 기간을 갖고 지속적으로 정책 지원을 할 필요가 있다. 특히 계량화된 정책 실적(output)에 집중하기보다는 정책성과(outcome)에 대한 관리가 필요하다.

연습문제

1. 지방자치의 실시로 인한 사회복지의 효과가 아닌 것은?

① 사회복지서비스의 내용충실과 복지행정의 효율화
② 주민복지의식을 고취하여 주민복지의 발전
③ 지역사회 복지자원의 개발과 지역개발
④ 지역 간 사회복지 격차 증가
⑤ 복지행정의 책임뿐만 아니라 민간 및 지역주민의 협력과 참여에 기여

2. 지방자치, 지방분권이 지역사회복지에 미치는 영향이 아닌 것은? (2010년 제8회)

① 지역주민이 주체적인 참여를 할 수 있는 기회 제공
② 요구에 부응하여 정책대안 제시
③ 지방정부의 사회복지서비스 기획 능력 강화
④ 민간부문의 실질적 참여
⑤ 일률적이고 획일적인 서비스 제공

3. 사회복지전담공무원에 관한 설명으로 옳지 않은 것은? (2011년 제9회)

① 1987년에 저소득 취약계층에게 전문적인 복지서비스를 제공하기 위하여 사회복지전문요원으로 최초 배치되었다.
② 1992년에 사회복지사업법의 개정을 통해 법적 근거를 마련하였다.
③ 2000년부터 모든 사회복지전문요원이 별정직 공무원으로 전환되었다.
④ 사회복지사자격을 가진 사람으로 하며 그 임용 등에필요한 사항은 대통령령으로 정한다.
⑤ 사회복지를 필요로 하는 사람 등에 대하여 그 생활실태와 가정환경 등을 파악하고 사회복지에 관하여 필요한 상담과 지도를 행한다.

4. 지역사회복지 환경의 변화에 대한 설명으로 옳지 않은 것은? (2009년 제7회)

① 보건과 복지서비스를 연계하여 통합적 서비스를 제공하도록 하고 있다.
② 4년 단위로 지역사회보장계획을 수립하여 시 · 군 · 구별로 시행하도록 하고 있다.
③ 공무원과 민간실무자들과의 민관네트워크를 구성하여 운영하도록 하고 있다.
④ 지방분권화로 복지서비스에 대한 지역의 편차가 줄어들고 있다.
⑤ 지역주민들의 자발적인 참여를 강조하고 있다.

5. 다음 중 지방분권화와 재정분권에 따라 나타날 수 있는 문제점으로서 옳은 것은?

① 지방재정의 부실화와 지역 간 불평등이 나타날 수 있다.
② 지역사회욕구에 대한 민감성이 떨어진다.
③ 지역 간 경쟁에 의한 프로그램 개선이 어려워진다.
④ 관료제에 의한 경직성이 발생한다.
⑤ 지역주민의 참여가 떨어진다.

문제 해설

1번 해설
정답 : ④
해설 : ④ 지방자치제는 주민들의 실제적 욕구에 기반한 복지정책을 펼 가능성이 과거보다 높다. 지방자치 하에서는 지방정부의 재량권이 넓어지기 때문에 지역의 사회적 · 인구학적 특성을 반영할 수 없었던 복지제도가 변화하여 지역주민의 욕구에 맞게 적용될 가능성이 높다. 그러므로 지역 간 사회복지의 격차가 해소된다.

2번 해설
정답 : ⑤
해설 ⑤ 지방자치, 지방분권화로 인해 주민의 욕구에 반응하는 맞춤서비스를 제공할 수 있다.

3번 해설
정답 : ③
해설 : ③ 1999년 사회복지 전문요원의 일반직 전환 지침을 마련하여 2000년부터 실제 사회복지 전문요원의 직렬이 별정직에서 일반직으로 전환되었다.

4번 해설
정답 : ④
해설 : ④ 지방의 재정 자립도가 낮을 경우 그 실효성이 떨어질 수 있다. 이로 인해 지역 간 격차가 발생할 수 있다는 한계점이 있다.

5번 해설
정답 : ①
해설 : ① 지방분권화의 부정적인 영향에는 지방재정의 격차로 인한 지역 간 불평등의 증가가 대표적인 경우에 해당한다.

생각해 봅시다

〈토론문제〉

1. 공공전달체계 인력인 사회복지 공무원이 하는 역할과 사회복지공무원의 향후 증가 계획이 어떠한지 알아보고 사회복지공무원은 민원에 대하여 어떻게 해야 할지 토론해 봅시다.

2. 지방자치제로 사회복지의 책임과 권한이 중앙정부에서 지방정부로 이관되면서 나타나는 장단점에 대해 토론해 봅시다.

제10장 지역사회복지 전달체계

§1. 지역사회복지 직접적 전달체계

1. 지역사회복지관

지역사회를 기반으로 일정한 시설과 전문 인력을 갖추고 지역주민의 참여와 협력을 통하여 지역사회복지문제를 예방하고 해결하기 위하여 종합적인 복지서비스를 제공하는 시설을 말한다. 여기서 지역사회복지란 주민의 복지증진과 삶의 질 향상을 위하여 지역사회차원에서 전개하는 사회복지를 말한다.

1) 사회복지관의 목표

사회복지관은 사회복지서비스 욕구를 가지고 있는 모든 지역사회 주민을 대상으로 보호서비스, 재가복지서비스, 자립능력 배양을 위한 교육훈련 등 그들이 필요로 하는 복지서비스를 제공하고, 가족기능 강화 및 주민상호간 연대감 조성을 통한 각종 지역사회문제를 예방, 치료하는 종합적인 복지서비스 전달기구로서 지역사회 주민의 복지증진을 위한 중심적 역할을 수행하여야 한다(보건복지부, 2021).

2) 사회복지관의 발전과정

(1) 태동기(1906년~1944년)

1906년 미국의 감리교 여선교사인 메리 놀즈(Mary Knowles)가 원산에 설립한 반열방은 우리나라 최초의 인보관운동으로 볼 수 있다. 1921년 미국의 감리교선교부는 서울에 최초로 태화여자관을 설립하여 지역주민들에게 복지서비스를 제공하고 및 학생들의 실습장소로 활용하였다. 1922년에는 개성에 고려여자관, 1926년에 원산에 보혜여자관을 설립하여 여성계몽 및 여성교육을 실시하였다. 1930년대 조선총독부는 서울의 종로, 왕십리, 마포, 영등포 등에 인보관을 설치하여 생활지도, 구호사업 및 직업훈련을 실시하였다.

태동기에는 외국의 선교단체에 의해 주도되었으며, 여성의 지위향상, 사회계몽 및 사회교육기관으로서의 성격이 강하였다(김용환 외, 2014).

(2) 형성기(1945년~1979년)

한국전쟁으로 인해 전쟁고아, 피난민 등으로 인한 문제가 심각하였다. 외국원조기관에 의해 1956년에 이화여대에 사회관이 설치되었고, 1975년 국제사회복지관연합회 회원국으로 가입하였으며, 1976년에 22개 사회복지관이 참여하여 한국사회복지관연합회가 설립되었다.

형성기에는 대학이 사회복지관의 운영 주체가 되기도 하였으나, 이후 사회복지관의 설립 주체가 다양화되었다. 1970년대 외국원조기관이 한국에서 철수함에 따라 복지관 운영의 어려움을 겪게 되었다(김용환 외, 2014).

(3) 발전기(1983년~현재)

1983년 「사회복지사업법」 개정으로 사회복지관 운영에 있어서 국고보조금 지원이 이루어졌다. 1986년에는 사회복지관 운영 · 국고보조사업지침이 수립되었으며, 1989년에는 「주택건설촉진법」 등에 의해 저소득층 영구임대아파트 건립 시 일정 규모의 사회복지관 건립을 의무화하였다. 또한 그해에는 사회복지관 설치 · 운영 규정이 제정되었으며, 사회복지법인 한국사회복지관협회가 설립되었다.

2004년에는 사회복지관 설치운영규정이 폐지되면서, 사회복지관의 설치기준을 「사회복지사업법」 시행규칙에 명시하였다.

2005년부터 사회복지관 사업은 지방자치단체로 이양되어 국고보조에서 분권교부세로 사업비를 지원하게 되었다.

2012년에 「사회복지사업법」 개정으로 법 제34조의 5항(사회복지관의 설치 등)의 규정을 신설하였다.

2021년에 「사회복지사업법」 개정으로 사회복지관 사업 및 인적기준 마련의 근거를 규정하였다.

3) 연도별 사회복지관 현황

연도별 사회복지관 현황은 〈표 10-1〉에서 보는 바와 같이 해마다 증가하고 있다.

〈표 10-1〉 연도별 사회복지관 현황

구분	'09	'10	'11	'12	'13	'14	'15	'16	'17	'18	'19	'20	'21
개소 수	419	425	433	427	439	442	452	459	464	463	468	475	476

출처 : 보건복지부(2022) 사회복지관 운영관련 업무처리 안내

4) 규모별 사회복지관 현황

우리나라 사회복지관 현황은 〈표 10-2〉와 같다. 사회복지관은 건물의 규모에 따라 '가형(건평 2,000㎡ 이상)', '나형(건평 1,000㎡~2,000㎡ 미만)', '다형(건평 1,000㎡ 미만)'으로 구분되어 있으며, 2021년 말 전국의 사회복지관은 476개소가 설치 · 운영되고 있다(한국사회복지관협회, 2021).

〈표 10-2〉 규모별 사회복지관 현황(2021. 12. 기준)

구 분	개소수	서비스이용 대상의 수
가형(건평 2,000㎡ 이상)	222	인구 10만 명 단위에 1개소
나형(건평 1,000㎡~2,000㎡ 미만)	205	인구 10만 명 단위에 1개소
다형(건평 1,000㎡ 미만)	49	인구 10만 명 단위에 2개소
총 계	476	

출처: 한국사회복지관협회(2022) 사회복지관 현황

5) 지역별 사회복지관 현황

사회복지관의 지역별 현황은 〈표 10-3〉과 같이 서울이 99개소로 가장 많으며, 경기 87개소, 부산 53개소, 경남 30개소 순으로 사회복지관이 설치 · 운영되고 있다.

〈표 10-3〉 지역별 사회복지관 현황(2021. 12. 기준)

시 · 도	계	임대지역	일반지역	시 · 도	계	임대지역	일반지역
서울	99	31	68	강원	18	6	12
부산	53	18	35	충북	13	5	8
대구	27	14	13	충남 · 세종	24	9	15
인천	20	6	14	전북	17	9	8
광주	20	12	8	전남	14	8	6
대전	21	8	13	경북	15	11	4
울산	8	2	6	경남	30	7	23
경기	87	29	58	제주	10	2	8
				총계	476	177	299

자료: 한국사회복지관협회(2022) 사회복지관 현황

6) 사회복지관의 법적 근거

-「사회복지사업법」 제34조의 5 (사회복지관의 설치 등)

(1) 제34조 제1항과 제2항에 따른 시설 중 사회복지관은 지역사회의 특성과 지역주민의 복지욕구를 고려하여 사회복지서비스 제공 등 지역복지증진을 위한 사업을 실시할 수 있다.

(2) 사회복지관은 모든 지역주민을 대상으로 사회복지서비스를 실시하되, 다음 각 호의 지역 주민에게 우선 제공하여야 한다.

1.「국민기초생활 보장법」에 따른 수급자 및 차상위계층
2. 장애인, 노인, 한부모가정 및 다문화 가정
3. 직업 및 취업알선이 필요한 자
4. 보호와 교육이 필요한 유아 · 아동 및 청소년
5. 그 밖에 사회복지관의 사회복지서비스를 우선 제공할 필요가 있다고 인

정되는 자

⑶ 그 밖에 사회복지관의 설치 · 운영 · 사업 등에 필요한 사항은 보건복지부령으로 정한다.

- 「사회복지사업법 시행규칙」(보건복지부령) 제23조(사회복지관의 설치기준) 및 제23조의 2 (사회복지관의 운영기준)
- 임대단지 사회복지관의 법적 근거
  - 주택법 제2조 제9호 나
  - 주택건설기준 등에 관한 규정 제5조 제6호

7) 사회복지관의 운영원칙

사회복지관이 행하는 사회복지사업은 인도주의와 서비스를 필요로 하는 자의 존엄유지를 전제로 다음 각 호의 기본원칙에 따라 수행되어야 한다.

⑴ 지역성의 원칙

사회복지관은 지역사회의 특성과 지역주민의 문제나 욕구를 신속하게 파악하여 사업계획 수립 시 반영하여 지역사회의 문제를 해결하고, 이에 따른 서비스를 제공하여야 하며, 지역주민의 적극적 참여를 유도하여 주민의 능동적 역할과 책임의식을 조성하여야 한다.

⑵ 전문성의 원칙

사회복지관은 다양한 지역사회문제에 대처하기 위해 일반적 프로그램과 특정한 문제를 해결할 수 있는 전문적 프로그램이 병행될 수 있도록 지식과 기술을 보유한 전문인력이 사업을 수행하도록 하고, 이들 인력에 대한 지속적인 재교육 등을 통해 전문성을 증진토록 하여야 한다.

(3) 책임성의 원칙

사회복지관은 서비스 이용자의 욕구를 충족하고 지역사회문제를 해결함에 있어서 효과성을 극대화하기 위하여 최선의 노력을 기울여야 한다.

(4) 자율성의 원칙

사회복지관은 다양한 복지서비스를 효율적으로 제공하기 위하여 사회복지관의 능력과 전문성이 최대한 발휘될 수 있도록 자율적으로 운영하여야 한다.

(5) 통합성의 원칙

사회복지관은 사업을 수행함에 있어 지역 내 공공 및 민간복지기관 간에 연계성과 통합성을 강화시켜 지역사회복지 체계를 효율적이고 효과적으로 운영되도록 하여야 한다.

(6) 자원활용의 원칙

사회복지관은 주민욕구의 다양성에 따라 다양한 기능인력과 재원을 필요로 하므로 지역사회 내의 복지자원을 최대한 동원・활용하여야 한다.

(7) 중립성의 원칙

사회복지관은 정치활동, 영리활동, 특정 종교활동 등으로 이용되지 않게 중립성이 유지되어야 한다.

(8) 투명성의 원칙

사회복지관은 자원을 효율적으로 이용하고 운영과정의 투명성을 유지하여야 한다.

8) 사회복지관 사업

사회복지관에서는 저소득 취약계층과 지역주민에 대한 실질적인 사회복지서비스가 이루어질 수 있도록 각 사업을 유기적으로 연계하여 실시하여야 한다.

(1) 사회복지관 사업의 대상

- 사회복지관 사업의 대상은 사회복지서비스 욕구를 가지고 있는 모든 지역주민으로 한다.
- 다만, 다음 각 호의 주민을 우선적인 사업대상으로 하여야 한다.
  ① 「국민기초생활보장법」에 따른 수급자 및 차상위계층
  ② 장애인, 노인, 한부모가족 및 다문화가족
  ③ 직업 및 취업알선이 필요한 사람
  ④ 보호와 교육이 필요한 유아 · 아동 및 청소년
  ⑤ 그 밖에 사회복지관의 사회복지 서비스를 우선 제공할 필요가 있다고 인정되는 사람

(2) 사회복지관의 사업은 〈표 10-4〉와 같다.

〈표 10-4〉 사회복지관의 사업(사회복지사업법 시행규칙 별표 3)

기능	사업분야	사업 및 내용
사례관리기능	사례발굴	지역 내 보호가 필요한 대상자 및 위기개입 대상자를 발굴하여 개입 계획 수립
	사례개입	지역내 보호가 필요한 대상자 및 위기개입 대상자의 문제와 욕구에 대한 맞춤형 서비스가 제공될 수 있도록 사례개입
	서비스연계	사례개입에 필요한 지역 내 민간 및 공공의 가용자원과 서비스에 대한 정보 제공 및 연계, 의뢰

서비스제공 기능	가족기능 강화	1. 가족관계증진사업 : 가족원 간의 의사소통을 원활히 하고 각자의 역할을 수행함으로써 이상적인 가족관계를 유지함과 동시에 가족의 능력을 개발·강화하는 사업 2. 가족기능보완사업 : 사회구조 변화로 부족한 가족기능, 특히 부모의 역할을 보완하기 위하여 주로 아동·청소년을 대상으로 실시되는 사업 3. 가정문제해결·치료사업 : 문제가 발생한 가족에 대한 진단·치료·사회복귀 지원사업 4. 부양가족지원사업 : 보호대상 가족을 돌보는 가족원의 부양부담을 줄여주고 관련 정보를 공유하는 등 부양가족 대상 지원사업 5. 다문화가정, 북한이탈주민 등 지역 내 이용자 특성을 반영한 사업
	지역사회 보호	1. 급식서비스 : 지역사회에 거주하는 요보호 노인이나 결식아동 등을 위한 식사제공 서비스 2. 보건의료서비스 : 노인, 장애인, 저소득층 등 재가복지사업대상자들을 위한 보건·의료관련 서비스 3. 경제적지원 : 경제적으로 어려운 지역사회 주민들을 대상으로 생활에 필요한 현금 및 물품 등을 지원하는 사업 4. 일상생활 지원 : 독립적인 생활능력이 떨어지는 요보호 대상자들이 시설이 아닌 지역사회에 거주하기 위해서 필요한 기초적인 일상생활 지원서비스 5. 정서서비스 : 지역사회에 거주하는 독거노인이나 소년소녀가장 등 부양가족이 없는 요보호 대상자들을 위한 비물질적인 지원 서비스 6. 일시보호서비스 : 독립적인 생활이 불가능한 노인이나 장애인 또는 일시적인 보호가 필요한 실직자·노숙자 등을 위한 보호서비스 7. 재가복지봉사서비스 : 가정에서 보호를 요하는 장애인, 노인, 소년·소녀가정, 한부모가족 등 가족기능이 취약한 저소득 소외계층과 국가유공자, 지역사회 내에서 재가복지봉사서비스를 원하는 사람에게 다양한 서비스 제공
	교육문화	1. 아동·청소년 사회교육 : 주거환경이 열악하여 가정에서 학습하기 곤란하거나 경제적 이유 등으로 학원 등 다른 기관의 활용이 어려운 아동·청소년에게 필요한 경우 학습 내용 등에 대하여 지도하거나 각종 기능 교육 2. 성인기능교실 : 기능습득을 목적으로 하는 성인사회교육사업 3. 노인 여가·문화 : 노인을 대상으로 제공되는 각종 사회교육 및 취미교실운영사업 4. 문화복지사업 : 일반주민을 위한 여가·오락프로그램, 문화 소외집단을 위한 문화프로그램, 그 밖에 각종 지역문화행사사업

	자활지원 등 기타	1. 직업기능훈련 : 저소득층의 자립능력배양과 가계소득에 기여할 수 있는 기능훈련을 실시하여 창업 또는 취업을 지원하는 사업 2. 취업알선 : 직업훈련 이수자 기타 취업희망자들을 대상으로 취업에 관한 정보제공 및 알선사업 3. 직업능력개발 : 근로의욕 및 동기가 낮은 주민의 취업욕구 증대와 재취업을 위한 심리 · 사회적인 지원프로그램 실시사업 4. 그 밖의 특화사업
지역 조직화 기능	복지 네트워크 구축	지역 내 복지기관 · 시설들과 네트워크를 구축함으로써 복지서비스 공급의 효율성을 제고하고, 사회복지관이 지역복지의 중심으로서의 역할을 강화하는 사업 – 지역사회연계사업, 지역욕구조사, 실습지도
	주민조직화	주민이 지역사회 문제에 스스로 참여하고 공동체 의식을 갖도록 주민 조직의 육성을 지원하고, 이러한 주민협력강화에 필요한 주민의식을 높이기 위한 교육을 실시하는 사업 – 주민복지증진사업, 주민조직화 사업, 주민교육
	자원 개발 및 관리	지역주민의 다양한 욕구 충족 및 문제해결을 위해 필요한 인력, 재원 등을 발굴하여 연계 및 지원하는 사업 – 자원봉사자 개발 · 관리, 후원자 개발 · 관리

자료 : 보건복지부(2022) 사회복지관 운영관련 업무처리 안내

9) 사회복지관 운영

(1) 사업계획의 수립

사회복지관의 사업계획 수립 시에는 지역주민의 복지욕구에 대한 조사, 주민간담회 및 공청회 등을 통하여 지역주민은 물론 시민단체, 관계행정기관 등 지역사회 구성원들의 의견을 충분히 수렴하여 반영하도록 한다.

(2) 행정기관 연계

시 · 도지사 및 시장 · 군수 · 구청장은 사회복지관이 지역사회복지협의체에 참여하여 시 · 군 · 구청, 사회복지사무소 및 읍 · 면 · 동사무소 등 일선 행정기관과 연계

하는 등 업무수행에 있어서 민 · 관의 파트너십 형성을 통한 관리 및 운영의 실효성이 높아질 수 있도록 적극 장려한다.

(3) 자원봉사자의 교육 및 활용

사회복지관장은 주민참여를 통해 사회복지관 사업의 효율을 높이기 위하여 사업의 전문분야별로 전문지식과 기술을 가진 자원봉사자를 발굴하여 교육 후 활용토록 한다. 자원봉사자에 대해서는 사회복지관 사업에 대한 예비지식을 사전에 충분히 숙지토록 하여 책임을 고양토록 하고, 항상 계획적이고 조직적으로 활용할 수 있도록 하여야 한다.

(4) 비용의 수납

사회복지관의 사업수행은 주민의 의타심을 방지하고 사업의 효과를 높이기 위하여 사업에 소요되는 최소한의 실비를 이용자로부터 수납할 수 있다. 다만, 실비이용료 수납 프로그램에 대하여는 국민기초생활보장 수급권자 및 혜택을 못 받는 저소득층 등 무료 이용자를 20% 내외로 한다.

사업에 소요되는 최소한의 실비를 책정하기 어려운 경우, 사회복지관장은 산출기준을 첨부하여 운영위원회에 심의를 요청하여 결정할 수 있다. 수납된 실비이용료는 사회복지관의 세입예산에 편입하여 실비이용료를 받는 사업의 자체비용에 충당하고, 그 외 남은 금액에 대하여는 국민기초생활보장 수급권자 및 혜택을 못 받는 저소득층을 위한 사업에 우선적으로 사용하여야 한다.

(5) 관리운영규정

사회복지관 운영주체는 지방자치단체장의 시설운영 지침을 참고하여 조직 · 인사 · 복무 · 보수 · 회계 · 물품 · 문서 등 사회복지관의 관리 · 운영에 관하여 필요한 규정을 정하여 시행하여야 한다.

(6) 직원의 채용

법인이 운영하는 사회복지관의 직원은 정관이 정하는 바에 따라 법인의 대표이사 또는 관장이 임면한다. 사회복지관의 관장과 각 분야별 책임자는 다음의 자격을 갖춘 자로 한다(사회복지사업법시행규칙 제23조2 제2항).

관장은 2급 이상의 사회복지사자격증 소지자 또는 이와 동등한 자격이 있다고 법 제36조의 규정에 의한 운영위원회에서 인정한 자로 한다.

그 밖의 사업분야의 책임자는 해당분야의 자격증 소지자로 한다.(보건복지부, 2021).

2. 재가복지

1) 재가복지의 목적

정신적, 신체적인 이유로 독립적인 일상생활을 수행하기 곤란한 노인과 노인부양 가정에 필요한 각종 서비스를 제공함으로써, 노인이 가족 및 친지와 더불어 건강하고 안정된 노후 생활을 영위할 수 있도록 함과 동시에 노인부양으로 인한 가족의 부담을 덜어주기 위함이다.

2) 재가복지서비스 발전과정

1980년대 중반부터 노인에 대하여 시설보호중심에서 가정에 있는 노인에 대한 보호와 지원으로 전환할 필요성을 인식하여 1987년 한국노인복지회에서 최초로 가정봉사원파견사업을 시범사업으로 실시하였다. 1989년 제1차 「노인복지법」 개정 시 '가정봉사사업', '재가노인'이란 용어를 사용하였으며, 1991년부터 가정간호사업, 1992년부터 주간보호사업, 단기보호사업 등 여러 가지 형태의 재가노인복지사업이 시작되었다. 1992년에는 정부가 사회복지관 부설 재가복지봉사센터를 설치하는 사업에 예산을 지원하게 되었으며, 1993년 제2차 「노인복지법」 개정 시 '재가노인복지'를 명시하였고, 1997년 재가노인복지시설 규정 및 가정봉사원 교육훈련의무, 교육기관설치를 명시하여 시설평가제를 도입하였다.

2003년 중산 · 서민층 노인보호를 위한 '실비주간보호사업'을 실시하였고, 2005년부터 재가노인복지사업 운영을 '지방이양 사업'으로 추진하였으며, 2008년 4월 4일 이후 재가노인복지시설로 명칭을 통일하고, 서비스 종류를 가정봉사원파견시설, 주간보호시설, 단기보호시설에서 주 · 야간보호서비스, 방문요양서비스, 단기보호서비스, 방문 목욕서비스로 구분하였다.

2010년 재가노인지원서비스를 신설하였고, 2016년 7월 재가노인복지시설이 제공할 수 있는 서비스에 방문간호서비스를 추가하였다.

3) 재가복지서비스의 내용

(1) 주야간보호서비스

① 목적 : 부득이한 사유로 가족의 보호를 받을 수 없는 심신이 허약한 노인과 장애노인을 주간 또는 야간 동안 보호시설에 입소시켜 필요한 각종 편의를 제공하여 이들의 생활안정과 심신기능의 유지 · 향상을 도모하고, 그 가족의 신체적 · 정신적 부담을 경감하기 위함이다.

② 이용대상

가. 장기요양급여 수급자(1~5등급)

나. 심신이 허약하거나 장애가 있는 65세 이상의 자(이용자로부터 이용비용의 전부를 수납받아 운영하는 시설의 경우에는 60세 이상의 자)로서 주간 또는 야간 동안의 보호가 필요한 사람이 대상이 된다.

③ 서비스 내용

가. 생활지도 및 일상동작훈련 등 심신의 기능회복을 위한 서비스

- 일상생활지원 : 취미 · 오락, 운동 등 여가생활 서비스

- 일상동작훈련 : 이동, 체위변경, 기능훈련(물리치료적 훈련, 작업치료적 훈련, 언어치료적 훈련) 등

나. 급식 및 목욕서비스 등 : 몸청결, 머리감기, 얼굴씻기, 손씻기, 구강관리, 몸단장, 배설, 옷갈아 입히기, 식사도움

다. 이동서비스

라. 노인 가족에 대한 교육 및 상담

④ 보호기간 : 1일(08:00~22:0)으로 하되, 시설의 운영여건 및 이용노인과 그 가정의 형편에 따라 2시간 이내에서 신축성 있게 운영한다. (특별한 사유가 없는 한 24시 이후에는 수급자를 보호해서는 안 된다).

⑵ 방문요양서비스

① 목적 : 가정에서 일상생활을 영위하고 있는 노인으로서 신체적 · 정신적 장애로 어려움을 겪고 있는 노인에게 지역사회 안에서 건전하고 안정된 노후를 영위하도록 장기요양요원(요양보호사)이 가정을 방문하여 신체활동 및 가사활동 등 필요한 각종 서비스를 제공하는 것이다.

② 이용대상

가. 장기요양급여 수급자(1~5등급)

나. 심신이 허약하거나 장애가 있는 65세 이상의 자(이용자로부터 이용비용의 전부를 수납받아 운영하는 시설의 경우에는 60세 이상의 자)로서 가정에서의 보호가 필요한 자

※ 단, 노인돌봄서비스, 가사간병도우미, 독거노인생활지도사 등 타 서비스를 제공받고 있는 자는 대상에서 제외한다.

③ 서비스 내용

가. 신체활동지원서비스 : 세면도움, 구강관리, 몸 청결, 머리감기기, 몸단장, 옷 갈아입히기, 목욕도움, 배설도움, 식사도움, 체위변경, 이동도움, 신체기능의 유지 · 증진 등

나. 가사활동지원서비스 : 취사, 생활필수품 구매, 청소 · 세탁 · 주변정돈 등
다. 개인활동지원서비스 : 외출 시 동행 · 부축, 일상업무 대행 등
라. 정서지원서비스 : 말벗, 격려 및 위로, 생활상담, 의사소통 도움 등

(3) 단기보호서비스

① 목적 : 부득이한 사유로 가족의 보호를 받을 수 없어 일시적으로 보호가 필요한 심신이 허약한 노인이나 장애노인을 보호시설에 단기간 입소시켜 보호함으로써 노인 및 노인가정의 복지증진을 도모하기 위한 서비스를 제공하는 것이다.

② 이용대상

가. 장기요양급여 수급자(1~5등급)
나. 심신이 허약하거나 장애가 있는 65세 이상의 자(이용자로부터 이용비용의 전부를 수납받아 운영하는 시설의 경우에는 60세 이상의 자)로서 월 1일 이상 15일 이하 단기간의 보호가 필요한 자

③ 서비스 내용

가. 신체활동지원, 기능 회복 훈련, 그 밖의 일상생활에 필요한 편의를 제공하는 서비스
나. 그 밖에 노인요양시설 또는 노인요양공동생활가정의 사업에 준하는 서비스

④ 보호기간

월 1일 이상 9일 이하, 다만, 가족의 여행, 병원치료 등의 사유로 수급자를 돌볼 가족이 없는 경우 등에는 1회 9일 이내의 범위에서 연간 4회 까지 가능하다.

(4) 방문목욕서비스

① 목적 : 목욕장비를 갖추고 재가 노인을 방문하여 목욕서비스를 제공하는 것이다.

② 이용대상

가. 장기요양급여 수급자(1~5등급)

나. 심신이 허약하거나 장애가 있는 65세 이상의 자(이용자로부터 이용비용의 전부를 수납받아 운영하는 시설의 경우에는 60세 이상의 자)로서 가정에서의 목욕이 필요한 자

③ 서비스 내용: 목욕준비, 입욕 시 이동보조, 몸 씻기, 머리말리기, 옷 갈아입히기 등이며, 목욕 후 주변 정리까지를 포함

(5) 방문간호서비스

① 목적 : 간호사 등이 의사, 한의사 또는 치과의사의 지시서에 따라 재가노인의 가정 등을 방문하여 간호, 진료의 보조, 요양에 관한 상담 또는 구강위생을 제공하는 것이다.

② 이용대상 : 가정 등에서 간호, 진료의 보조, 요양에 관한 상담 또는 구강위생 등이 필요한 자

③ 서비스 내용 : 간호사정 및 진단 등 기본간호, 욕창치료 및 단순 상처치료 등 간호, 검사관련 사항, 투약관련지도, 환자 · 가족 대상 건강관리에 필요한 식이요법 등 교육훈련, 상담 등

(6) 재가노인지원서비스

① 목적 : 경제적, 신체적, 정신적, 사회적 이유로 일상생활유지가 곤란한 복지사각지대 취약 및 위기노인에게 전문사례관리를 비롯한 상담, 자원연계, 일상생활지원 등의 서비스를 통합적 · 연속적으로 제공하여 지역사회에서 건강하고 안정된 노후생활을 영위하도록 예방적 복지 실현과 사회안전망 구축을 목적으

로 하는 것이다.

② 이용대상 : 재가노인서비스 욕구를 가지고 있는 지역사회노인을 대상으로 하되, 다음에 명시된 노인을 우선적 대상으로 한다.

㉮ 기초생활보장 수급자, 차상위계층 등 경제적 취약노인

㉯ 경도인지장애, 알코올의존 등의 신체적, 정신적 어려움이 있는 노인

㉰ 우울, 고독 등 사회적 고립상태의 노인

㉱ 재가노인복지관련 서비스(장기요양, 맞춤돌봄, 치매안심센터 등) 이용자 중 재가노인 서비스를 필요로 하여 의뢰된 노인

㉲ 긴급지원이 필요한 노인(지역사회보장협의체의 긴급지원기준 참고)

㉳ 기타 시 · 군 · 구청장이 의뢰한 노인

③ 이용대상 선정

㉮ 재가노인서비스 제공이 필요한 노인으로 시 · 군 · 구청장이 의뢰한 노인

㉯ 재가노인서비스를 필요로 하여 대상자, 행정복지센터, 유관기관, 지역주민 등이 제공기관에 서비스를 의뢰하거나 제공기관에서 자체적으로 발굴된 노인 중 초기상담 후 필요성이 인정되어 서비스 제공에 대해 시 · 군 · 구청장의 승인을 받은 노인

㉰ 긴급지원이 필요한 노인에 대해서는 시 · 군 · 구청장의 승인 이전 서비스 지원 가능

※ 지자체는 이용대상요건과 별도로 지자체 재정상황, 종사자 인건비 수준, 서비스 이용자 수 등을 고려하여 운영비 지원 기준 마련

④ 서비스 내용 : 재가노인지원서비스센터는 지역사회의 특성과 지역노인의 복지욕구를 바탕으로 지역사회에 적합한 내용을 자율적으로 정하되, 재가노인지원서비스 사업 내용을 균형있게 수행한다

㉮ 재가노인서비스 사업의 내용

- 재가노인서비스는 지역사회에서 노인의 자립생활을 위협하는 모든(신체, 정신, 경제, 사회적) 위기요인에 대한 대응으로 노인의 건강하고 안전한 삶을 도모하기 위한 3대 중점사업(위기관리체계 구축, 욕구기반 위기관리 서비스 제공, 위기상황

관리 및 긴급지원)을 균형있게 수행하여야 한다.

- 다만, 관할 시장 · 군수 · 구청장이 지역적 특성을 감안하여 필요하다고 인정한 경우에는 예외사항을 두거나 별도의 사업을 개발 추진할 수 있다.

㉯ 재가노인서비스의 사업

㉠ 위기관리체계 구축

- 지역사회 내 노인의 자립생활을 위협하는 요인에 대한 위기관리로써 사례관리, 정보통신 기반의 일상생활 안전지원, 노인상담 및 정보제공 등의 서비스

㉡ 욕구 기반 위기관리 서비스 제공

- 지역 내 지속가능 거주를 위한 욕구조사 실시

- 지역사회 노인의 경제적, 신체적, 정신적, 사회적 문제 해결을 위한 서비스 제공

㉢ 위기상황 관리 및 긴급지원

- 지역사회 노인의 권리옹호 및 긴급지원 등의 서비스 제공으로 가정과 지역사회의 지속가능성을 높이기 위한 서비스

⑺ 복지용구서비스

① 목적 : 수급자의 일상생활, 신체활동 지원 및 인지기능의 유지 · 향상에 필요한 용구를 제공하는 것이다.

② 이용대상 : 장기요양 수급자(1~5등급, 인지지원등급)

※ 시설급여를 이용하는 경우는 복지용구를 이용할 수 없음

③ 서비스 내용

㉮ 구입품목(10종) : 이동변기, 목욕의자, 성인용 보행기, 안전손잡이, 지팡이, 욕창예방방석, 자세변환용구, 요실금팬티, 미끄럼방지용품(미끄럼방지매트, 미끄럼방지액, 미끄럼방지양말), 간이변기(간이대변기 · 소변기)

㉯ 대여품목(6종) : 수동휠체어, 전동침대, 수동침대, 이동욕조, 목욕리프트, 배회감지기

㉰ 구입 또는 대여품목(2종) : 욕창매트리스, 경사로(실내용, 실외용)

4) 재가복지봉사센터

(1) 재가복지봉사센터의 기능 및 역할

보건복지부의 재가복지봉사센터의 운영지침에서는 다음과 같은 기본 원칙을 설정하고 있다.

첫째, 조사 · 진단의 역할이다. 재가복지서비스 대상자 및 가정의 욕구조사와 문제의 진단 등을 통해 필요한 서비스의 종류를 선정한다.

둘째, 서비스 제공의 역할이다. 재가복지서비스 대상별 측정은 욕구와 문제의 진단내용에 따라 직접, 간접적 서비스를 제공한다.

셋째, 지역사회 자원 동원 및 활용의 역할이다. 재가복지서비스의 내실화와 대상자 및 가정의 욕구와 문제해결을 위해 지역사회 인적 · 물적 자원을 동원하고 활용한다.

넷째, 사업 평가의 역할이다. 재가복지서비스 사업을 평가하기 위하여 서비스 기능, 분야별 효과, 자원동원 및 활용 효과 등에 관하여 제공한다.

다섯째, 교육기관의 역할이다. 자원봉사자 및 지역사회 주민들에게 재가복지서비스 사업, 사회복지사업 및 취미, 교양 등에 관한 교육을 제공한다.

여섯째, 지역사회 연대의식 고취의 역할이다. 지역사회 내 인적 · 물적 자원연계를 통해 계층 간의 연대감을 고취시킨다(양성관 외, 2015).

(2) 재가복지봉사센터 운영의 기본원칙

보건복지부의 재가복지봉사센터의 운영 지침에서는 다음과 같은 기본원칙을 설정하고 있다.

첫째, 적극성의 원칙이다. 서비스의 요청을 기다리지 아니하고 적극적으로 서비스 요구를 발굴하여 필요한 서비스를 제공하여야 한다.

둘째, 능률성의 원칙이다. 최소의 비용으로 최대의 효과를 거두기 위하여 인적 ·

물적 자원을 효율적으로 운영하여야 한다.

셋째, 연계성의 원칙이다. 다양한 서비스 욕구를 적절히 충족시키기 위하여 행정기관, 사회봉사단체 등 관련기관과 수시 연계체계를 갖추고 알선, 의뢰, 자원봉사 등을 수행하여야 한다.

넷째, 자립성의 원칙이다. 요 보호대상자에 대한 서비스는 본인의 신체적, 정신적, 사회적 자립 및 자활을 조성하는 데 주안점을 두어야 한다.

(3) 재가복지봉사센터의 프로그램

첫째, 방문간호이다. 보건 · 의료 분야에서 행해지고 있는 재가 간호서비스가 있다.

둘째, 가사원조이다. 노인, 장애인, 소년 · 소녀 가장 등의 가사 일을 돌보아 주는 것으로, 가정봉사자나 요양보호사들에 의해 실시되고 있다.

셋째, 식사제공서비스이다. 거동이 불편한 노인을 우선으로 매일 1회~주 1회까지 대상자의 자립능력에 따라 식사서비스를 제공한다.

넷째, 목욕서비스이다. 가정에 욕실이 있는 경우는 주 1~2회 목욕서비스를 제공하고, 가정에 욕실이 없는 경우에는 목욕차를 집 근처까지 이동해서 목욕서비스를 제공한다. 반응은 좋으나 비용과 인력이 많이 소모된다.

다섯째, 세탁서비스이다. 장애가 있는 노인들이 많이 활용한다. 최근에는 세탁물을 가정봉사원이 집으로 가져가서 세탁 후 다음 방문기회에 제공하는 방법이 늘고 있다(양성관 외, 2015).

여섯째, 이 밖에도 이불건조서비스, 주택개량 및 개선서비스, 재활과 보호기구의 제공 및 대여, 복지전화서비스 등이 있다.

3. 지역자활센터

1) 지역자활센터의 개념

탈빈곤을 위한 사회복지정책으로서 과거 일방적인 급여제공방식 중심의 빈곤 프로그램과는 달리 지역사회 차원에서 공동으로 문제해결을 모색하고, 자활의지를 고취시킴으로써 지역사회로의 통합과 사회적 연대를 강화하는 사업이라고 할 수 있다(유동철 외, 2016).

근로능력을 가진 저소득층에 대해 지역사회에서 노동의 기회 및 다양한 서비스를 제공함으로써 빈곤에서 벗어나게 하려는 일련의 과정이며, 조직적이고 체계적인 원조활동이라 할 수 있다(오정수 외, 2016).

2) 지역자활센터의 목적

(1) 근로능력 있는 저소득층에게 집중적-체계적인 자활지원 서비스를 제공함으로서 자활의욕 고취 및 자립능력 향상을 지원한다.
(2) 기초생활 수급자 및 차상위 계층의 자활촉진에 필요한 사업을 수행하는 핵심 인프라로서의 역할을 수행토록 한다(보건복지부, 2022).

3) 지역자활센터의 기능과 역할

지역자활센터는 「국민기초생활보장법」에 기초하여 저소득층에게 집중적인 자립지원서비스를 제공하여 자립의욕과 기술능력을 향상시키고 소득 창출을 위한 일자리를 제공함으로써 궁극적으로 자립할 수 있도록 도와주는 민간센터로 법적 지위를 보장받고 있다.

자활을 체계적으로 지원하기 위해서는 수급자의 근로능력, 자활욕구, 취업상태,

가구여건 등을 감안하여 그에 부합하는 복지서비스와 자활사업을 제공하여 자활능력 향상과 실질적인 자활여건을 마련하여야 한다. 보건복지부에서 규정한 지역자활센터의 운영지침상의 기능과 역할은 다음과 같다(조추용 외, 2016).

① 지역자활센터의 자활사업 지원대상자의 선발과 관리
② 자활의욕의 고취를 위한 교육
③ 자활을 위한 정보제공 및 상담, 취업교육, 취업알선
④ 생업을 위한 자금융자 알선
⑤ 자영 창업지원과 기술 · 경영의 지도
⑥ 자활공동체의 설립과 운영지원
⑦ 자활을 위한 각종 사업

4) 지역자활센터의 운영원칙 및 연혁

(1) 지역자활센터 운영원칙

지역자활센터의 운영에 관한 기본적인 사항은 보건복지부장관이 정한 '지역자활센터 운영지침'과 '지역자활센터 직제 · 보수지침'에 의해 운영하여야 하며 지역자활센터의 재정은 국가 및 지방자치단체의 보조금, 법인전입금, 당해 기관이 운영하는 사업으로부터의 수익금 또는 자활공동체의 수익금, 기타 수입으로 충당한다.

(2) 지역자활센터의 운영 원칙

지역자활센터의 운영원칙은 다음과 같이 7가지로 나눌 수 있다(김종일, 2012).

첫째, 참여주민의 고유성과 존엄성의 원칙이다. 인도주의 원칙하에 주민의 개별적 고유성과 존엄성이 최대한 보장되도록 수행하여야 한다.

둘째, 주민자발성의 원칙이다. 저소득층 주민의 자발적 참여와 자조 자립할 수 있도록 지원하여 주민의 역할과 책임을 장려한다.

셋째, 독립성의 원칙이다. 독립된 행정체계와 운영체계를 가져야 하며, 기존 복지

관이나 시설의 프로그램 일부로 편입하여 운영해서는 안 된다.

넷째, 기준시설 확보의 원칙이다. 주민과의 상담, 교육, 훈련 및 경영지도 등의 자활 자립을 도모하는 종합 서비스를 제공하기 위하여 일정한 규모의 기준시설을 확보해야 한다.

다섯째, 전문가에 의한 사업수행의 원칙이다. 지역사회복지, 지역사회조직 및 개발 관련 분야의전문지식과 함께 지역조직 활동에 전념하여 지역현장 경험을 갖춘 전문적이고 헌신적인 인력에 의해 수행되어야 한다.

여섯째, 지역사회 제반자원 활용의 원칙이다. 주민의 자활자립을 위하여 지역 내 다양한 물적 · 인적 자원이 필요하며, 이를 위해 지역의 제반 자원을 조직 · 동원하여 가용 자원으로 활용한다.

일곱째, 사업실행평가의 원칙이다. 주민의 생활 향상과 변화의 효과, 재정투자의 효과, 사업내용 및 방법의 적합성 등이 지속적으로 평가되어야 하며, 평가결과가 새로운 사업 수행에 환류하여 활용되도록 한다.

5) 지역자활센터의 발전과정

⑴ 주민운동시기(~1995년까지) : 1970년대의 취로구호사업이 1980년대에 취로사업으로 명칭을 변경하였고, 1994년 취로사업의 책임 및 관리를 지방자치단체로 이전하였다.

⑵ 시범사업과 외환위기 시기(1996년~2000년) : 1996년에 전국 5개소에 자활지원센터 시범사업을 실시하였고, 1998년에는 경제위기로 인한 저소득층의 근로연계 생계비 지원을 위해 취로사업을 재추진하였다. 1999년에는 「국민기초생활보장법」을 제정하여 2000년에 시행하였다.

⑶ 기초생활보장제도 도입시기(2000년~2011년) : 2004년부터 2006년까지 3개의 광역자활센터 시범사업을 실시하여 자활근로사업의 다양화를 추진하였다. 2005년에는 읍 · 면 · 동 규모별 차등지원제도를 도입 시행하였으며, 20억원의

자활기업 창업자금 지원사업을 실시하였다. 2008년 중앙자활센터를 설립 허가 및 운영하게 되었으며, 2009년 자활인큐베이팅 사업을 실시하였고, 희망리본 사업을 2개소, 2천명 규모로 시행하였다. 2010에는 희망키움 통장사업을 실시하였고, 지역자활센터를 5개소 추가 지정하여 전국에 247개소의 지역자활센터가 운영되었으며, 2011년에는 자활사례조정회의 시범사업이 48개 시 · 군 · 구에서 실시되었다.

(4) 사회적 경제 도약시기(2012년 이후) : 2012년에는 자활사례조정회의를 시범사업으로 확대하였으며, 지역자활센터 사례관리사업을 60개소에 실시하였고, 근로능력판정업무를 국민연금 공단으로 위탁하여 전문성을 띠게 되었다. 광역자활센터(7개소)의 법적 근거를 마련하였으며, '자활공동체'를 '자활기업'으로 명칭을 변경하였다.

2013년에는 자활인큐베이팅과 자활사례관리를 통합해서 운영하도록 하였고, '자활인큐베이팅'은 'Gateway'로 명칭을 변경하였으며, 자활근로시범사업단을 추진하였다.

2016년에는 자활장려금(자활소득공제 포함)사업과 저소득층 생업자금 융자사업을 종료하였으며, 조건부수급자의 범위를 근로능력이 있는 수급자 전부로 확대하고, 법령에 정한 사유가 있는 경우에 예외적으로 조건부과를 유예할 수 있도록 「국민기초 생활보장법」을 개정하였다.

2018년 1월부터 시간제 자활근로 및 예비자활기업 제도를 도입하게 되었다.

(5) 기초자치단체(시 · 군 · 구)에 1개소씩 설치를 목표로 '2021년 현재 250개 기관을 지정하여 운영중에 있다(보건복지부, 2022)

6) 지역자활센터의 주요 프로그램

(1) 자활사례관리

① 개념

게이트웨이(Gateway) 과정을 포함하여 근로의 기회 제공, 취업알선 등 자활프로그램 지원, 참여자의 자활프로그램 수행 모니터링 및 사후 평가 등 지역자활센터에서 자활참여자의 자립을 위해 수행하는 모든 과정을 말한다.

자활사업 참여자의 욕구, 적성, 능력, 여건에 따라 개인별 맞춤형 자립계획 및 경로 제공과 적절한 자활프로그램 연계로 효과적인 자립을 지원하는 경로설정 프로그램을 제공한다(보건복지부, 2018).

② 추진방향

자활사업 참여전 진입(Gateway)과정을 프로그램화하여 개인별 자립경로(Individual Action Plan)와 개인별 자활지원계획(Individual Service Plan)을 기반으로 한 지원을 실시하며, 자활사례관리를 통해 자활방향 수립을 지원하며 자활을 위해 필요한 서비스 연계와 조정, 점검 및 사후관리를 실시한다.

게이트웨이(Gateway) 전담관리자, 시 · 군 · 구 자활담당공무원, 읍 · 면 · 동 사회복지전담공무원, 직업상담사, 고용센터 담당자, 지역자활센터 사례관리자, 지역사회 내 · 외 사회복지 유관 기관 등의 업무연계 및 협조체계구축이 중요하다(보건복지부, 2018).

③ 지역자활센터(Gateway) 과정

가. 참여 대상 관리

가) 자활사업 신규참여자

- 조건부수급자

- 희망참여자 : 자활급여특례자, 일반수급자, 급여특례가구원, 차상위자, 시설수급자

  ※ 희망참여자의 참여 우선순위는 기술된 나열순서로 함

나) 기존 자활사업 참여자

- 취업성공패키지 등 타 자활프로그램에 참여 후 취업에 실패한 자
- 기타 자활경로 재설정이 필요한 자

다) 참여자 관리

- 게이트웨이(Gateway) 과정은 2개월을 기본으로 하며, 1개월에 한하여 연장 가능
- 참여자에 대한 상담 및 사정, 기초교육 및 개인별 자립경로 및 자활지원 계획을 수립
- 참여자의 활동을 모니터링하고 이를 기록 평가하여야 함

지역자활센터 Gateway과정 개요

1 개 념

(게이트웨이(Gateway)과정) 지자체로부터 지역자활센터에 배치된 자활참여자의 맞춤형 자립지원서비스를 지원하기 위하여 참여자가 지역자활센터에 배치된 초기(2+1개월 이내)에 자활참여자의 상담, 기초교육, 자립경로, 자활지원계획을 수립하는 과정

2 연 혁

게이트웨이(Gateway)과정 이전 2009~2012년 자활인큐베이팅과정 운영

- 자활인큐베이팅과정은 상담, 기초교육, 자립경로, 자활지원계획 수립 외에 공동부업 등 자활근로를 병행

⇒ 고용보험 등 4대보험 가입(○) ⇒ 내일배움카드 재직자과정 이용

자활인큐베이팅과정이 자활참여자에 대한 상담, 자립지원계획의 수립보다는 공동 부업 등 자활근로사업 위주로 운영되어 2013년부터 게이트웨이(Gateway)과정으로 명칭을 변경하고 공동부업 등 자활근로를 병행하지 못하도록 하고, 게이

트웨이(Gateway)과정에서는 상담, 자립지원계획 수립에 집중하도록 함
⇒ 현재, 4대보험에 가입되지 않고, 직업훈련도 지원하지 않음
※ 다만, 안전사고를 대비하여 게이트웨이(Gateway)과정 사업비로 상해보험 가입 가능

3 과정 절차
초기상담 → 진단 · 평가 → 개인별 자립경로(IAP) 수립 및 기초 교육 실시 → 자활 지원계획(ISP) 수립

⑵ 자활근로사업

「국민기초생활보장법」에 의한 저소득층에게 자활을 위한 근로의 기회를 제공하여 자활기반을 조성하는 사업으로 기존 공공근로사업처럼 한시적인 일자리 제공이 아닌 저소득층의 자활촉진을 위한 자활기업 창업 등을 위한 기초능력배양에 중점을 둔다.

「간병 · 집수리 · 청소 · 폐자원재활용 · 음식물재활용사업」의 5대 전국표준화사업을 중점 사업으로 추진하되, 정부재정사업의 자활사업 연계 활성화 및 영농 · 도시락 · 세차 · 환경정비 등 지역실정에 맞는 특화된 사업을 적극 개발하여 추진한다(예 : 정부양곡배송사업, 영양플러스, 장애통합교육보조, 사회취약계층 주택개보수사업, 저소득층 에너지효율개선사업 등).

자활참여자의 자활 촉진 및 자활근로 사업 참여에 안주하는 것을 방지하기 위하여 자활근로 참여기간을 최대 60개월로 제한한다(단, 근로유지형 자활근로는 연속 참여기간 제한 없음).

내일키움통장 가입자는 내일키움통장 가입기간 만료 시까지 자활근로 참여가 가능하다.

자활근로사업은 참여자의 자활능력과 사업유형에 따라, ① 예비자활기업 ② 시장진입형 자활근로 ③ 사회서비스형 자활근로 ④ 인턴 · 도우미형 자활근로 ⑤ 근로유지형 자활근로사업 ⑥ 시간제 자활근로로 구분한다.

① 예비자활기업 : 시장형 · 사회서비스형 자활 사업단 중 1년 이내에 자활기업 창업을 통한 시장진입을 지향하는 창업집중지원형 사업단으로 지자체 공모를 거쳐 선정위원회를 통해 보건복지부에서 지정한다. 사업규모는 인건비와 사업비 비율을 「50 : 50」으로 적용하며, 최대 12개월까지 지원한다. 예비자활기업 지정 후 12개월 내 자활기업을 창업하여야 하며, 구성원 합의에 따라 조기 창업이 가능하다. 매출적립금은 내일키움장려금(20%), 자활기업창업자금(80%)으로 관리하며, 예비자활기업으로 지정된 사업단은 자활기업 지원기준에 의거 사업비, 시설투자비, 사회보험료 등을 지원한다.

※ 예비자활기업 사업은 2022년도에 삭제되었다(2022, 자활사업안내지침)

② 시장진입형 자활근로 : 시장진입 가능성이 높고 자활기업 창업이 용이한 사업으로, 매출액이 인건비를 포함한 사업비 총액의 30%이상 발생하는 사업으로, 일정 기간 내에 자활기업 창업을 통한 시장진입을 지향하는 사업단의 사업이 해당된다. 참여대상자는 조건부수급자 및 희망참여자(일반수급자, 자활급여특례자, 차상위자 등)이다.

③ 사회서비스형 자활근로 : 사회적으로 유용한 일자리 제공으로 참여자의 자활능력 개발과 의지를 고취하여 향후 시장진입을 준비하는 사업으로, 매출액이 총사업비(인건비+사업비)의 10% 이상 발생하여야 한다. 매출액 기준을 이행하지 못하였을 경우, 사업단 폐지가 원칙이나 시 · 군 · 구와 협의 하에 1년간 운영 연장 가능하다. 일자리 제공과 함께 자활참여자의 취업을 위한 교육 · 훈련의 기회를 제공하는 업종은 매출액 기준 10%를 적용하지 않으나, 인건비와 사업비 비율을 90 : 10으로 설정한다. 참여대상자는 조건부수급자 및 희망참여자(일반수급자, 자활급여특례자, 차상위자 등)이다.

④ 인턴 · 도우미형 자활근로 : 지자체, 지역자활센터, 사회복지시설 및 일반기업체 등에서 자활사업대상자가 자활인턴 사원으로 근로를 하면서 기술 · 경력을 쌓은 후 취업을 통한 자활을 도모하는 취업유도형 자활근로사업이다. 참여대상자는 ㉮ 인턴형 : 조건부수급자 및 희망참여자(일반수급자, 자활급여특례자,

차상위자 등) ㉯ 복지도우미 : 생계 · 의료급여 수급자, 자활급여특례자(주거 · 교육급여 수급자, 차상위층 등은 참여불가) ㉰ 자활도우미 : 생계 · 의료급여 수급자, 자활급여특례자(주거 · 교육급여 수급자, 차상위층 등은 참여불가) ㉱사회복지시설도우미 : 조건부수급자 및 희망참여자(일반수급자, 자활급여특례자, 차상위자 등)이다.

⑤ 근로유지형 자활근로사업 : 현재의 근로능력 및 자활의지를 유지하면서 향후 상위 자활사업 참여를 준비하는 형태의 사업으로 참여대상자는 생계 · 의료급여 수급자, 자활급여특례자이다.

⑥ 시간제 자활근로 : 돌봄 · 간병 · 건강 등의 사유로 종일 일자리 참여가 어려운 저소득층을 위한 시간제 자활근로사업으로 참여대상자는 조건부수급자를 제외한 차상위계층 이하 빈곤층 중 시간제 자활근로 참여를 희망하는 자이다.

⑶ 자활기업 지원사업

① 자활기업

㉮ 2인 이상의 수급자 또는 차상위자가 상호협력하여, 조합 또는 공동사업자의 형태로 탈빈곤을 위한 자활사업을 운영하는 업체가 해당된다.

㉯ 「국민기초생활 보장법」에 의한 자활기업 요건을 갖추고 보장기관으로부터 인정을 받은 자활기업이어야 한다.

㉰ 추진방향

- 자활기업의 원활한 수행을 위하여 자활기업 참여자는 관할 시 · 군 · 구 지역 거주자에 국한하지 않으며, 사업실시지역은 관할지역을 벗어날 수 있다.
- 보장기관은 시장진입형 자활근로사업의 기술향상 · 경험축적 등 수행능력을 제고하고, 기존 자활기업 성공사례를 벤치마킹하여 자활기업으로 육성 및 지원한다.
- 자활기업 실시기관은 자활기업 설립 · 육성, 각종 지원에 대한 관리를 자활

기업 인정 취소 시까지 적극 추진하여야 한다.

㉣ 자활기업에 대한 지원

㉠ 창업자금 지원

〈'19년 3분기 까지 적립된 창업자금〉

(지원액 기준) 사업단 구성인원의 자활기업 전환비율에 따라 지원액 결정

구분(사업단 구성인원의)	지원금액
1/2 이상 전환시	적립된 창업자금의 100% 이내
1/2 미만 전환시	적립된 창업자금의 70% 이내
1/3 미만 전환시	적립된 창업자금의 50% 이내

※(사업단 구성인원) 사업단의 사업종료 전월로부터 최근 6월간 평균 참여자 수

(명의)

- 매출적립금 지원 시 전세자금 및 임대보증금 등은 센터 명의로 관리하며, 현금자산을 제외한 시설 · 장비는 보장기관 승인을 거쳐 자활기업 명의로 직접 지원가능하다.

(기간)

- 자활기업 창업자금은 자활기업 인정일로부터 1년간 사용가능(인건비 사용 불가)하고, 사용 완료 후 그 결과를 1개월 내 보장기관에 보고하여야 한다.

- 자활기업 창업자금 집행완료(1년)전에 가정산 결과를 지자체에 보고해야 하며, 보장기관의 판단 및 승인하에 6개월 사용 연장 가능하다.

(조건)

- 지원 시 자활기업구성원은 최소 1년 이상 자활기업에 참여해야 하며, 그렇지 못할 경우 자활기업은 3개월 내 수급자 중 대체 참여자를 채용하고 보장기관에 보고하여야 한다

- 3개월내 대체 참여자를 채용하지 못하는 경우 채용하지 못한 기간에 대하여 월할 계산하여 자활기금 및 중앙자산키움카드로 반납하여야 한다.

〈'19년 3분기 이후〉

- 중앙자산키움편를 통해 자활기업 창업자금을 지원할 수 있으며, 지원과 관련한 세부내용은 창업자금 사업공고 및 개발원-기업 간 협약내용에 따른다.

㉡ 한시적 인건비

(목적) 수급자 및 차상위계층의 자활기업 참여를 촉진하고, 자활기업의 경영안정화를 도모하기 위함이다.

- 자활기업에서 인력지원 형태로 자활근로참여자를 같은 사업에 투입하는 경우 자활근로 참여자가 자활기업의 구성원이 되지 못하는 불이익을 해소

- 자활근로사업단의 자활기업 전환 시 최대한 많은 수급자가 자활기업 구성원으로 포함되도록 유도

- 신규 창업(인정) 자활기업의 수급자 채용 유도 및 초기 안정 지원 (지원대상 자활기업) 자활기업 인정요건 및 지원조건을 충족하며, 자활사업 실시기관 또는 자활기업으로부터 지원요청이 있는 자활기업(지원대상자별 지원기간 및 재원)

구분	수급자	비수급자	전문인력
지원금액	–인건비: 시장진입형 자활근로 기준 인건비(급여) –기타 수당 등: 주차 · 월차 수당, 실비		월 250만원 이내 (기업부담 4대보험 포함)
지원기간 및 규모	최대 5년 (2년 까지) 100% (2년 초과 5년까지) 50%	최대 1년 (6개월까지 100%) (6개월 초과 1년 까지) 50%	최대 5년
재원	자활근로사업비	지역자활사업지원비 (활성화지원금), 수익잉여금	자활기금 또는 중앙자산키움카드
신청기간	지원요건을 충족시 신청가능 (1년 단위 적절성 판단)	인정과 동시 신청	지원요건을 충족시 신청가능 (1년 단위 적절성 판단)

7) 지역자활센터의 주요사업

(1) 자활의욕 고취를 위한 교육 : 근로능력이 있는 저소득층의 자활의욕 고취 및 기초능력 배양을 위한 교육 프로그램을 개발 · 운영하고 전문교육은 광역자활센터 및 자활연수원과 연계한다.

(2) 자활을 위한 정보제공 · 상담 · 직업교육 및 취업을 알선한다.

(3) 자영창업 지원 및 기술 · 경영지도 : 창업을 통해 자활할 수 있도록 기술 · 경영 지원을 하고, 창업 후에도 적극적인 사후 관리를 통해 완전 자립할 수 있도록 지원한다.

(4) 자활기업의 설립 · 운영지원 : 기초수급자 등 저소득층이 모여 경제적으로 자립할 수 있는 자활기업을 설립해 자활할 수 있도록 체계적인 지원을 한다.

(5) 사회서비스지원 사업 : 장애인, 산모 · 신생아, 노인돌보미 바우처사업 등 사회서비스사업을 위탁 수행한다.

(6) 수급자나 차상위자의 자활사업 참여나 취업 · 창업으로 인하여 지원이 필요하게 된 가구에 대하여 사회복지서비스 등 필요한 서비스를 연계한다.

(7) 통장 사례관리 : 근로빈곤층 대상 자산형성지원사업 참여자에 대한 사례관리 및 자립역량 교육 지원 등을 한다.

(8) 그 밖에 수급자 등의 자활을 위한 각종 사업을 수행한다(보건복지부, 2022).

§2. 지역사회복지 간접적 전달체계

1. 사회복지협의회

1) 정의

사회복지협의회는 「사회복지사업법」에 의거, 설립된 사회복지 공익법인으로서, 민간 사회복지 증진을 위한 협의조정, 정책개발, 조사연구, 교육훈련, 자원봉사활동의 진흥, 정보화 사업, 사회적 취약계층을 위한 사업수행을 통해 우리나라의 사회복지증진과 발전에 기여하고 있다(한국사회복지협의회, 2022).

사회복지협의회란 주민과 사회복지기관 및 관련 조직체들에 의해 구성되고 다양한 사회복지의 과제를 해결하기 위해 다양한 노력을 기울이는 민간의 대표성을 지닌 조직이다(엄태영 외, 2016).

2) 설립목적

설립목적은 사회복지에 관한 조사 연구와 각종 복지사업을 조성하고, 각종 사회복지사업과 활동을 조직적으로 협의 · 조정하며 사회복지에 대한 국민의 참여를 촉진시킴으로써 우리나라의 사회복지증진과 발전에 기여함을 목적으로 한다(「사회복지협의회 정관」 제2장 총칙 제1조, 2022).

3) 기능

사회복지협의회는 민간사회복지기관으로서의 특성을 살려 사회복지시설, 기관, 단체 등 상호 간의 이슈 및 여론, 사회복지 동향 및 흐름에 대한 사회복지계의 입장을 대변하고 여론을 일원화하여 협의조정 창구로서의 역할을 수행한다. 또한 사회복지 조성을 위한 각종 민간자원 활용 및 연계 등 사회서비스사업을 효과적으로 수행한다(김병 외, 2016).

지역사회복지협의회의 기능은 다음의 세 가지로 정리할 수 있다(박태영 외, 2015).

첫째, 지역사회복지 활동기능이다.

지역사회 전체의 복지욕구를 찾아내서 해결방안을 강구하고 계획을 수립하여 지역의 복지를 증진시키는 것이다. 이 기능을 수행하기 위해서는 지역사회복지 계획의 수립과 실천, 자원봉사활동의 진흥, 각종 사회행동, 주민의 복지권리 옹호 등이 이루어져야 한다.

둘째, 연락 · 조정 · 협의의 기능이다.

사회복지시설 · 기관 · 단체들의 상호 연계 · 협력을 통하여 민간의 복지역량을 강화하고, 중복되는 사업을 조정하여 한정적인 민간자원을 효율적으로 활용하고, 각종 위원회의 활성화를 도모하고, 관련 기관과 단체와의 협력체계를 구축하여 지역사회복지 증진을 추구하는 것이다.

구체적으로 나열하면, 각종 위원회의 조직 강화 및 활성화, 사회복지의 관련 영역과의 연락 · 조정, 공공과 민간의 창구활동, 사회복지시설 · 기관 간의 사업조정, 자조집단의 강화 및 지원 등이 있다.

셋째, 보완 · 유지의 기능이다.

지역사회복지활동 기능과 연락 · 조정 · 협의의 기능을 잘 수행할 수 있도록 보완해 주는 것으로 조사 · 연구, 정책개발 및 제안, 교육 및 훈련, 정보제공 및 출판 · 홍보, 자원조성 · 분배, 국제교류 등이 있다.

4) 사회복지협의회의 원칙

사회복지협의회는 각 지역의 특성에 알맞은 활동을 진행하며, 다음과 같은 원칙에 입각하여 업무를 수행한다(오정수 외, 2016).

첫째, 주민욕구 중심의 원칙이다. 지역 주민의 생활 실태와 사회복지 욕구를 파악하도록 노력하고, 그 욕구를 충족하기 위한 활동을 수행해야 한다. 이러한 욕구는 현재의 욕구수준뿐만 아니라 앞으로 발생할 잠재된 욕구에 대해서도 관심을 가져야 한다.

둘째, 주민 참여의 원칙이다. 지역 주민이 사회복지활동에 주체적으로 참가할 수 있도록 사회복지에 대한 관심을 높이고, 개방된 조직구조와 민주적인 과정을 통하여 합의를 형성해 나가야 한다. 또한 실제적인 주민참여의 활성화를 위하여 적극적인 자원봉사활동을 유도하여야 한다.

셋째, 전문성의 원칙이다. 지역사회복지의 추진조직으로서 지역사회복지 계획의 수립, 평가, 조직화, 조사 및 교육, 홍보 등과 관련하여 전문성을 발휘하는 활동을 수행하여야 한다.

넷째, 민간비영리성의 원칙이다. 공공적 성격을 지닌 민간단체로서 특성을 살려서 지역사회문제해결, 클라이언트 옹호활동, 주민의 복지욕구, 지역사회의 복지과제에 적극적으로 대응하여야 한다.

다섯째, 민관협력의 원칙이다. 민관의 사회복지 관련 조직, 지역사회주민 등과의 협력과 역할분담으로 지역사회복지를 계획적이고 종합적으로 수행해야 한다.

여섯째, 지역특성 존중의 원칙이다. 조직과 구조는 지역사정에 따라 결정되어야 하며, 지역적 특성에 맞는 적절한 사업내용과 방법을 구상하여야 한다.

5) 사회복지협의회의 주요사업

사회복지협의회가 실시하고 있는 사업은 협의회의 정관 제4조(1995)에 의하면 다음과 같다.

(1) 조사연구 : 사회복지현안 문제를 조사 · 연구하고, 이를 토대로 제도 개선, 정책 방안 제시 등의 활동을 펼치며, 기본연구, 수탁연구, 정책연구의 다양한 연구활동을 한다.

(2) 국제협력 : 1959년 국제사회복지협의회(ICSW)회원국으로 가입하여 매년 세계사회복지대회 참가 및 각종 세미나, 국제회의 등을 통해 세계 선진 복지국가들과 국제교류 추진 및 발전방향을 모색하고 있다.

(3) 교육훈련 : 사회복지사업 종사자들의 자질향상을 목적으로 인권교육, 사회복지에 관한 교육훈련을 실시하고 있으며, 교육훈련과정은 직무능력향상교육을 위주로 하고 있다.

(4) 사회복지증진 : 국민의 사회복지에 대한 이해 증진과 사회복지사업종사자의 활동장려를 위해 매년 국민기초생활보장법 공포일(9월7일)을 「사회복지의 날」로 정하고 한 주간(9. 7~9. 13)을 사회복지주간으로 제정하여 다채로운 주간행사를 개최, 대국민 사회복지의 이해 고취 및 복지증진의 계기를 마련하고 있다. 사회복지증진에 기여한 유공자를 발굴 · 포상함으로써 사회복지인들의 사기진작과 사회복지활동의 전국적 확산을 도모하며 '전국사회복지대회'를 개최하고 있다.

(5) 대외홍보 : 복지타임즈, 복지저널, 연간보고서, 홍보팸플릿, 대중매체, 사회복지 가이드북, 계간 사회복지 등을 통하여 사회복지정보를 신속하고 다양하게 제공하고 있다.

(6) 지방협의회 육성 : 지역사회복지협의회 조직 확대를 통한 민간사회복지전달체계를 구축하고, 사회복지협의회 활성화를 통한 정체성 확립과 지역사회 복지증진을 도모하며, 중앙과 17개 시 · 도 사회복지협의회 및 시 · 군 · 구 사회복지협의회의 임직원 역량강화 업무를 수행한다.

(7) 사회복지포탈 '복지넷' 운영 : 사회복지 및 자원봉사 관련 각종 복지정보를 종합적 · 체계적으로 정보화하고 이를 대국민에게 신속하게 무료 서비스로 제공하고 있다.

(8) 자원봉사인증 : 사회복지자원봉사인증관리시스템 VMS를 통해 사회복지 자원봉사 통계정보, 사회복지자원봉사 실적인증서 발급 및 발급내용 조회, 자원봉사자카드 발급 안내 등의 업무를 제공하고 있다.

(9) 푸드뱅크 : 식품제조기업 및 개인 등으로부터 여유식품 및 생활용품을 기부받아 지역사회 내 결식아동, 독거어르신, 재가장애인, 무료급식소, 지역아동센터 등 빈곤계층에게 전달함으로써 우리사회의 결식의 완화 또는 해소에 기여하는 나눔제도를 시행하고 있다.

2016년 12월말 현재 전국적으로 441개소의 푸드뱅크 · 마켓이 설치 · 운영 중에 있다.

(10) 사랑나눔실천운동 : 사랑나눔실천 1인1나눔 계좌갖기운동을 전개하고 있다. 공공기관 · 공직자 중심의 후원참여로 시작하여 기업 등 민간분야로 확산되고 있는 「사랑나눔 실천운동」은 후원대상자 및 프로그램을 선택하여 사회적 도움이 절실한 소외계층의 아동 · 청소년, 장애인, 노인, 사회복귀 성인에게 생계비, 자립 · 재활 비용, 치료비 등의 후원에 참여하는 민 · 관협력의 범국민적 「나눔문화 참여운동」 모델이다.

(11) 사회공헌정보센터 : 기업의 사회공헌활동 활성화 및 총량 확대를 위한 다양한 정보제공, 사업연계, 조사 및 연구 등의 사업을 수행하고 있다.

(12) 나눔기획사업: 공공(공기업, 공공기관)과 민간(기업)의 나눔자원을 발굴 · 연

계하여 지원하는 '민간 사회복지 나눔자원 허브 사업'으로, 후원기업의 사업 특성에 맞는 나눔 사업을 기획하여 복지소외계층에게 실효성 있는 복지서비스를 지원하는 '기업 지정기탁 사업'과 '새생명 지원사업'을 추진하고 있다.

(13) 멘토링사업: 멘토링은 개인적 역량과 네트워크를 가진 멘토가 이를 필요로 하는 멘티에게 정서적 지지 및 조언을 제공하여, 멘티의 비전 형성을 돕고 역량을 강화하는 선진화된 사회공헌 프로그램으로, 멘토링 사업은 사회적 가치를 높이는 "이웃사랑 멘토링"을 추진하고 있다.

(14) 좋은 이웃들 : 주변에 도움이 필요한 소외된 이웃들을 찾고, 지원하기 위해 지역주민들을 중심으로 구성된 봉사단으로, 2021년 현재 전국 117개 지역에서 좋은 이웃들 사업이 운영되고 있으며, 민 · 관협력을 통한 복지소외계층 상시 발굴 시스템을 구축하고, 지역사회 민간자원을 체계적으로 활용하여 소외된 우리 이웃에 대한 지역사회의 관심과 복지 체감도를 높이고 있다.

(15) 사회공헌활동 기부은행 : 사회공헌활동 기부은행(1단계 어르신 돌봄은행)은 돌봄이 필요한 만65세 이상 어르신에게 돌봄활동을 제공하고, 돌봄활동 시간을 포인트로 적립하여 적립한 포인트는 본인 사용 및 가족 · 제3자에게 기부도 할 수 있도록 연계시키는 제도이다.

2. 사회복지공동모금회

1) 사회복지공동회의 정의 및 필요성

(1) 정의

사회복지사업이나 그 밖의 사회복지활동 지원에 필요한 재원을 조성하기 위하여 이 법에 따라 기부금품을 모집하는 것을 말한다(사회복지공동모금회법 제2조).

공동모금제는 정부의 복지정책을 보완하는 대표적인 민간지원체계이다. 과학적이고 전략적인 모금활동을 전개하여 개인의 삶의 질 향상과 지역사회 변화, 사회문제를 효과적으로 대응하기 위한 사회시스템으로서 전국 또는 지역 단위로 기부금품을 모집하는 것을 말하며, 공동모금사업을 관장하기 위하여 사회복지공동모금회가 설립되었다(김용환 외, 2014).

(2) 필요성

사회복지공동모금회는 다음의 필요성에 의해서 발생되었다(양성관 외, 2015).

첫째, 부족한 재원확보이다. 법의 제도적 틀 안에서 민간자원을 동원하여 최소한의 노력과 비용으로 모금활동을 하여 하나의 창구를 통해 기부한 금품을 효과적으로 사용할 수 있다.

둘째, 자원봉사활동 활성화이다. 공동체 의식과 함께 나누는 삶을 증진시키고 지역사회 내의 문제를 주민 스스로 해결하는 데 기여할 수 있다.

셋째, 사회복지서비스 수준 향상이다. 공동모금이 활성화되면 후원자 또는 자원봉사자들을 동원하고 모금활동을 하지 못하고 있는 기관들에게 복지재원의 기회가 제공될 것이며, 사회복지서비스 수준향상에 도움이 될 것이다.

넷째, 국민의 의식개선이다. 다양한 홍보전략과 모금활동을 통해 국민들로 하여금 사회복지에 대한 올바른 인식과 이웃사랑, 상부상조의 정신을 갖도록 해준다.

다섯째, 상호보완적 역할 수행이다. 사회복지발전을 위한 정부와 민간의 동반자 관계를 형성한다.

2) 발전과정

우리나라의 공동모금의 역사를 시대별로 살펴보면 다음과 같다(양성관 외, 2015).

(1) 1970년대 '사회복지공동모금회' 설립

1970년에 제정된 「사회복지사업법」에 사회복지법인 사회복지공동모금회를 설립할 수 있도록 규정하였으나, 법인운영에 필요한 자산이 국고에 의존하여 활동성과가 미비하였으며, 오일쇼크와 국민의 경제수준 및 의식구조가 미성숙하여 유명무실하였다.

1979년부터 보건복지부 주도의 불우이웃돕기 성금에 의한 모금이 매년 연말에 전개되었고, 1973년에는 민간단체가 중심이 되어 외국원조 사회복지기관을 중심으로 백만인 걷기운동을 실시하였다.

(2) 1980년대 관 주도의 모금과 관리

1980년 「사회복지기금법」이 제정되었고, 1981년부터 연말에 전개되던 불우이웃돕기모금을 사회복지기금으로 적립하기 시작했다. 1983년 「사회복지사업법」 개정으로 1997년 「사회복지공동모금법」이 제정될 때까지 사회복지공동모금회는 보건복지부에서 관할하였다.

1989년 한국사회복지협의회 내에 공동모금법 제정위원회가 조직되었으며, 1990년대 중반까지 관 주도의 불우이웃돕기모금운동이 중심을 이루었다.

(3) 「사회복지공동모금법」의 제정

1992년 민간, 경제, 사회단체를 중심으로 '이웃돕기 운동추진 협의회'를 결성하였고, 1997년 이웃돕기 성금의 적립금을 민간에게 이관하는 내용의 「사회복지공동모금법」이 제정되었다.

(4) 1999년 「사회복지공동모금회법」으로 개정

1998년 7월에 「사회복지공동모금법」을 발효하여, 16개 지방공동모금회(독립적 사회복지법인)가 출범되었고, 1998년 11월에 중앙공동모금회가 설립되었으며, 1999년 3월 「사회복지공동모금법」을 「사회복지공동모금회법」으로 개정하고, 중앙 및 16개 지회체제로 확립되었다.

(5) 2000년대 이후 '사회복지공동모금회'의 활동

2002년 국내 최초의 인터넷 복지복권인 엔젤복권 발매를 개시하였고, 2005년에는 나눔문화관을 개관하였으며, 2007년에는 아너소사이어티를 발족하였다.

2007년 8월에는 제5회 세계공동모금회 아태총회를 개최하여 국제적 협력관계를 확보했으며, 2009년에는 행복주식거래소를 개장하였고, 2012년에는 나눔연구소를 개소하여 배분 방식에 대해 좀 더 구체적이고 효율적인 연구를 시작하였다. 2013년부터는 긴급의료지원인 생명의 손길 사업을 시작하였고, 2016년에는 해외 교민을 대상으로 모금 캠페인을 시작했다. 2016년 연말 아너소사이어티의 누적 기부액이 1,500억 원을 돌파하는 성과를 올렸다.

2017년 '나눔과꿈' 지원사업 실시하였으며, 나눔리더/리더스클럽 발족하였다. 2018년 착한권리 1호 회원이 가입되었으며, 한국형 기부자맞춤기금1호가 가입되었다. 아너 소사이어티 LA클럽이 발족되었으며, 아너 소사이어티 2,000호점이 가입하였다.

로고는 '사랑의 열매'를 상징하며, 세 개의 빨간 열매는 나, 가족, 이웃을 의미하고, 빨간색은 따뜻한 마음을, 한줄기로 모아진 열매는 함께 사는 사회를 만들어가자는 의미를 담고 있다.

3) 운영원칙과 특성

(1) 운영원칙

사회복지공동모금회 운영을 위한 기본원칙은 다음과 같다.

첫째, 기부자의 의사에 반하여 기부금품을 모집하여서는 아니 된다.

둘째, 조성된 공동모금재원은 지역 단체 · 대상자 및 사업별로 복지수요가 공정하게 충족되도록 분배해야 하고, 목적 및 용도에 맞도록 공정하게 관리 · 운용하여야 한다.

셋째, 공동모금재원의 배분은 객관적인 기준에 따라 효율적으로 이루어지도록 하고, 그 결과를 공개하여야 한다(사회복지공동모금회법 제2조).

(2) 특성

사회복지공동모금회의 특성은 다음과 같다.

첫째, 사회연대, 상부상조의 정신을 바탕으로 한 지역주민의 민간사회복지 활동이다.

둘째, 지역성이다. 지역사회거주자의 기부자와 수혜자, 민간복지조직들의 자주적 협력에 의하여 그 지역의 특성에 맞추어 지역사회의 복지 증진을 추구한다.

셋째, 효율성이다. 기부금의 모집, 관리, 배분을 일원화함으로써 통합적인 조정을 도모할 수 있기 때문에 이에 따른 효율성도 기할 수 있다. 모금된 기부금품은 기부자의 의도대로 효율적으로 지원 및 분배되어야 한다.

넷째, 공개성이다. 배분계획, 모금 목표액, 모금결과, 배분결과를 공표하여 투명하고 공개적인 관리를 한다.

다섯째, 계획성이다. 민간사회복지 자금 수요를 파악하고 활동단체 등으로부터 배분신청을 받아 이를 심사하여 배분 계획을 책정하고, 이를 근거로 모금 운동을 전개하는 것으로, 모금활동은 치밀하게 검토되고 계획되어야 한다.

여섯째, 나눔문화 확산이다. 더불어 사는 행복한 사회를 위해 일상 속에서 나눔의 의미를 되돌아보고 실천하는 나눔의 문화와 정신을 확산시킨다.

4) 사회복지공동모금회의 사업내용

(1) 지원사업

가) 영역별 지원

사랑의 열매는 8대 배분분야를 중심으로 지속가능발전목표(UN SDGs)를 적용, 사랑의 열매 배분사업의 특성을 고려한 지속가능발전목표(C-SDGs)를 독자적으로 수립하여 배분성과와 사회적 가치를 강조하고, 지속가능발전을 위한 국제사회의 노력에 동참하고 있다.

(가) 경제적 빈곤퇴치

저소득 시민 지원하고, 따뜻한 겨울나기 지원 중 생계비를 지원하며, 개인 지정기탁 결연사업 중 생계비를 지원한다. 냉난방기기 설치 및 비용을 지원하며, 생필품 등 현물, 명절물품을 지급하고 있다.

(나) 영양 및 급식지원

조식을 지원하고, 식사(급식, 반찬, 도시락 등)와 관련하여 지원하며, 건강식 및 특수식(고령식, 환자식 등) 지원하고 있다.

(다) 신체 · 정서적 건강과 회복검사(진단)비, 수술 및 치료비, 간병비, 건강보험료를 지원하고, 의료장비 및 기자재 구입, 보조공학 재활기구(의수족, 휠체어 등) 지원, 병의원 및 무료진료소 건립/기능보강, 보건인력 양성, 중독치료(약물,음주,흡연), 건강교육(만성질환관리 등), 재활 및 운동 프로그램, 상담치료, 심리검사(진단), 언어치료, 미술 · 음악 등 표현예술 치료관련 지원(공간세팅, 기자재구입, 시설개보수 등 포함), 관계회복 프로그램(가족 유대감 증진, 학교생활 적응, 사회성 향상 등), 중독치료(도박,게임,인터넷), 우울증 및 스트레스(불안) 개선활동, 멘토링, 나들이 등을 지원하고 있다.

(라) 교육 및 자립역량 강화

장학금 및 교육비 지원사업, 기초학습 등 지원, 직업훈련 교육 및 전문자격 취득지원, 취업 및 진로 컨설팅 지원, 진로교육, 부모교육, 인문학 교육, 독서 교육, 방과 후 등 문화/예술/체육 & 특기적성 활동, 동아리 활동(공연 등) 지원, 악기/체육장비/도서 등 구입을 지원하고 있다.

(마) 성평등

여성폭력 및 학대 예방, 해소 등 여성의 정치적 · 경제적 · 사회적 지위향상, 성적 자기결정권을 지지하며 강화하고 있다.

(바) 깨끗한 물과 위생

우물 개발, 상하수도 개선 등을 지원하고 있다.

(사) 모두를 위한 깨끗한 에너지

태양광 및 대안기술을 통한 에너지 확보 등을 하고 있다.

(아) 양질의 일자리 만들기

장애인, 한부모 가정 등 취약계층 고용 지원사업, 사회적 경제 조직 직간접 지원, 자활 사업 등을 지원하고 있다.

(자) 적정기술과 정보기술격차 해소를 위해 복지 관련 기술 및 IT 관련 교육기자재 및 장비를 지원하고 있다.

(차) 사회적 배제 감소와 불평등 완화

여가목적 나들이 및 외부 문화/예술/체육행사 참여, 여행 및 캠프, 특별체험활동, 역사/전통문화체험 및 예절교육, 방과후 및 주/야간 보호 지원사업, 가정위탁 및 입양대상 아동지원, 장애인, 이주노동자 등 취약계층 학대피해지원, 각종 폭력 피해를 지원하고 있다.

(카) 지속가능한 지역사회 인프라 구축

집수리, 지역사회 환경개선 사업(안심가로등, 공원 등의 공공인프라 개선과 기타 환경 개선), 재난피해지역 복구, 기관(이용시설, 생활시설 포함) 기능보강 지원, 기관 운영 지원, 사회복지기관 종사자 및 지역주민교육 지원, 재능기부 및 지역사회 자원 연계 활동, 주민 조직화 및 지역네트워크 활성화 사업을 하고 있다.

(타) 사회적 약자의 권리증진

사회적 취약계층 인식 개선 관련 지원, 이슈 기반의 옹호(advocacy)사업, 옹호 관련 체계를 지원(정책 · 제도를 위한 지원)하고 있다.

⑵ 나눔문화 활성화

가) 사랑의 열매 소통과 협력

다양한 이해관계자들과 적극적으로 소통할 수 있는 여러 활동을 진행, 다양한 주체들이 지역에서 서로 협력하고 소통하는 모임(비전공유회 등)과 지역문제에 대해 함께 고민하고 연대하기 위한'사랑의 열매 아카데미', 연말집중 모금캠페인을 통해 모인 성금의 사용방향을 다함께 모여 논의하는'사랑의 열매 모두다 토론회'를 진행하고 있다. 그리고, 나눔관련 정책제안과 제도개선 등을 위해 국회 및 정부, 유관단체와의 상시적인 소통협력도 강화하고 있다.

나) 나눔문화연구소 운영

(가) 조사연구

기부자 · 수혜자 욕구조사, 사회이슈 및 의제개발 연구, 공동모금 제도에 관한 연구, 나눔문화 활성화에 관한 연구, 사업 평가연구 연구를 진행하고 있다.

(나) 정보분석

주요 이슈 및 동향 분석, 기부 사회복지 관련 전문 자료 수집 및 제공, 사회전반의 사회문제 및 아젠다 자료 수집 및 공유하고 있다.

(다) 교류협력

심포지엄 및 포럼 개최, 유관 단체와의 협력적 네트워크 구축, 연구결과 발표 및 교육을 하고 있다.

(라) 국제협력 및 나눔교육

다) 나눔봉사

(가) 1318 청소년 캠프

2003년부터 청소년들에게 여름 방학 기간 동안 의미 있는 자원봉사 활동을 경험하게 하기 위해 MBC와 함께 'MBC1318 사랑의 열매 캠프'를 개최하고 있다.

매년 여름(7월 마지막 주 수~금), 전국의 중 · 고등학생 2,000명을 대상으로 2박3일동안 진행되는 MBC 1318 사랑의 열매 캠프는 청소년들에게 사회복지 시설 및 기관을 방문해 소외된 이웃을 만나고, 환경정화 활동 등을 통해 이타적인 삶을 배움과 동시에 자신의 정체성을 다시 돌아볼 수 있는 기회를 제공하고 있다.

(나) 열매톡톡 서포터즈

사랑의 열매 서포터즈는 사랑의 열매에 관심이 많은 전국의 청년들을 대상으로 하며, 사랑의 열매의 사업 현장에 직접 참여하여 다양한 활동을 수행한다.

서포터즈들은 직접 '기부'나 '나눔'과 관련된 행사를 기획해보고 참여하게 되며, 서포터즈가 함께하는 모든 활동들은 사랑의 열매 공식 온라인 채널을 통해 많은 사람들과 공유하게 된다.

(다) 나눔봉사단

나눔봉사단은 각 지역에 기반을 둔 풀뿌리 봉사단으로, 모금활동 외에도 소외된 이웃들을 위한 봉사활동, 재능기부활동 등을 지원하고 있다.

매년 10월에는 나눔봉사단 단장총회를 통해 각 지역의 나눔 활동과 봉사단 운영 노하우도 함께 나누고 있다(사회복지공동모금회, 2022).

5) 모금(기부)의 방법

(1) 일반기부 : 일시 또는 수시로 이루어지는 개인기부로서, 저금통 기부, ARS, 문자기부, 정기기부 등이 있다.

(2) 착한 가정 : 부모가 자녀에게 나눔의 가치를 몸소 보여주는 나눔교육의 하나로 가족구성원이 함께 2만원 이상 정기기부를 약정하는 캠페인이다. 착한 가정에 가입한 가족에게는 가훈이 적힌 착한 가정 인증패 및 스티커를 지급한다.

(3) 착한 가게 : 중소규모의 자영업에 종사하며 매출액의 일정액을 기부함으로써 나눔을 실천하는 가게로서, 매장을 경영하는 자영업자, 중소기업, 프랜차이즈, 학원, 병원 등 다양한 업종이 참여 가능하다. 매달 매출/수익의 일정액을 지속적으로 기부하며, 사랑의 열매가 제공하는 착한가게 현판을 받는다.

(4) 착한 일터 : 매달 급여에서 약정한 기부금이 자동으로 이체되는 정기적인 기부참여 방법이다. 개인과 단체가 신청 가능하다.

⑸ 아너소사이어티(Honor Society) : 사회문제에 대한 관심과 이해를 바탕으로 참여와 지원을 통해 더 밝은 내일을 열기 위해 사회지도층을 대상으로 하는 개인 고액 기부자 클럽이다. 우리 사회의 오랜 전통인 나눔을 현대사회에 맞게 되살려 한국형 노블레스 오블리주(Nobless Oblige) 문화를 만들어가는 것이 목적이다.

⑹ 나눔리더 : 나눔실천으로 지역사회의 나눔 문화를 선도하는 개인 기부자로서, 1년 내 100만원 이상을 일시 기부 또는 약정하는 것을 말한다.

⑺ 나눔리더스클럽 : 다양한 단체나 모임의 이름으로 나눔문화를 실천하고 이끌어가는 기부 모임으로 동창회, 동호회, 팬클럽, 종친회, 향우회, 직능단체, 지역모임 등이 사회복지공동모금회에 3년 내 1,000만원 이상을 일시 기부 또는 약정하는 것을 말한다.

⑻ 계획기부 : 희망자산나눔, 유산기부, 연금나눔 등의 형태가 있다.

① 희망자산나눔 : 부동산나눔, 증권나눔, 보험나눔 등 비현금성 자산에 특화된 나눔방식으로 자산형태별 전문가의 도움을 받아 나눔을 실천한다.

② 유산기부 : 유언자가 자신의 재산 전부 또는 일부를 공익목적을 위해 비영리기관, 복지단체, 재단 등 유언자와 관계없는 제3자에게 유증으로 기부하는 것으로, 사회복지공동모금회의 유산기부자 모임인 레거시 클럽(Legacy Club)이 있다.

③ 연금나눔 : 연금의 일부를 노후준비를 하지 못한 저소득층에게 전달하는 나눔이다.

⑼ 기업기부 : 기업사회공헌이라고도 표현하며 단순한 자선적 기부를 넘어서 전략적인 지역사회투자로 변화하고 있다. 사회복지공동모금회에 직접 기부, 방송사 및 신문사 성금접수, 기부방송 출연 및 참여, TV 및 라디오 기부채널에 기부하는 방법 등이 있으며, 사회공헌, 착한 일터, 착한소비(CRM), 기업물품기부 등의 형태가 있다.

6) 주요 지원사업

(1) 위기가정 지원사업 : 복지 사각지대에 놓인 이웃을 보다 신속 정확하게 지원하기 위해 전국 415개 복지관의 위기가정센터를 통해 급박한 도움을 필요로 하는 가정들에 간단한 확인을 거쳐 지원하고 있다. 지원대상은 다음과 같다(사회복지공동모금회, 2018).

① 공과금 체납, 재해, 퇴거 위기로 주거가 불안한 가정
② 실직, 질병, 재해 등으로 인한 소득중단 또는 소득의 급격한 감소로 생계가 곤란한 가정
③ 의료비 체납 또는 경제적 어려움으로 치료를 받지 못하는 가정
④ 제도적 지원을 받지 못하여 가족해체 또는 생존의 위협에 노출된 가정
⑤ 기타 사례판정 결과 긴급지원이 필요하다고 인정한 가정

(2) 저소득층 (재난적)의료비 지원사업 : 중증질환이나 재난적 상황에 의한 질병으로 막대한 진료비로 인해 생계곤란의 위험에 놓여 있지만 소득 · 재산 · 부양자 등 지원기준에 부합하지 못해 정부지원을 받지 못하는 곳에 지원을 하고 있다. 사업내용은 다음의 〈표 10-5〉와 같다.

〈표 10-5〉 저소득층 (재난적)의료비 지원사업 내용

구 분	내 용
사업기간	2013년~예산 소진 시까지
지원대상	가구 소득이 기준중위소득의 100%이하인 가구
대상질환	– 중증질환 : 암, 신장, 뇌혈관, 중증화상 – 희귀난치성 질환 : 신부전증, 혈우병 등
지원내용	– 지원 상한금액 : 2천만원 – 지원일수 : 180일 – 지원횟수 : 지원기준 충족 시 2천만원 한도 내 횟수 제한없이 지원

지원방법	– 사전현물급여 방식 : 본인이 아닌 병원으로 지급 – 사후현금급여 방식 : 입원 중 신청하였으나 퇴원 후 심사가 완료된 경우 환자의 통장으로 지급
지원절차	국민건강보험공단 대상자 선정, 모금회 지회를 통해 배분
신청방법	– 환자(보호자 또는 대리인)가 국민건강보험공단 지사에 신청 (퇴원 후 60일 이내만 신청가능)

자료 : 사회복지공동모금회(2018) 주요사업

⑶ 복지현안 우선 지원사업 : 사회복지현장의 긴급한 문제 및 복지이슈에 신속하게 대응하기 위해 지원절차를 간소화하여 보다 빠르게 복지사업을 지원하고 있다. 사업내용은 다음의 〈표 10-6〉과 같다.

〈표 10-6〉 복지현안 우선 지원사업 내용

구 분	내 용
사업목적	– 긴급한 사회문제 및 사회복지 이슈해결을 위한 민간복지영역 지원 – 사회복지현장의 복지수요에 대한 신속한 대응체계 구축 – 배분절차 간소화와 적시적인 지원으로 배분사업의 효과성 제고
사업내용	– 기관 또는 지역사회의 긴급하고 시급을 요하는 기능보강 및 단순프로그램 사업
지원한도	– 연간 500만원 이상 5천만원 이하(연1회 배분가능)
사업기간	– 1년 이내
지원대상	– 사회복지사업 및 사회복지활동을 행하는 비영리 법인 · 기관 · 단체 및 시설
접수방법	– 복지현안 우선 지원사업 신청서(홈페이지 내에서 직접 작성) ※ 지원 결정된 사업에 한해 배분신청서(세부사업계획) 및 추가 서류 접수
심사방법	– 1차 심사 : 온라인배분신청을 통한 사업내용에 대한 적정성 심사 – 2차 심사 :1차 심사 통과 사업에 대한 2차 심사(기관별 면접심사) ※ 월 1회 선정 및 지원(매월 1–31일 접수사업에 대해 익월에 심사)

자료 : 사회복지공동모금회(2018) 주요사업

7) 배분사업

배분기준은 「사회복지공동모금회법」 제20조에 의하며 세부사항은 다음과 같다(사회복지공동모금회, 2018).

(1) 배분대상

가. 배분대상자

① 사회복지사업 기타 사회복지활동을 행하는 법인 · 기관 · 단체 및 시설(개인신고 시설 포함)

② 사회복지서비스를 필요로 하는 개인

나. 배분제외대상

① 동일한 사업으로 국가 · 지방자치단체 또는 다른 기관으로부터 지원을 받았거나 받기로 확정된 사업(다만, 모금회 배분분과실행위원회의 심의결과 지원이 필요하다고 인정되는 경우에는 예외로 함)

② 법령상 금지된 행위에 사용되는 비용

③ 정치 · 종교적 목적에 이용될 수 있는 경우

④ 수익을 주된 목적으로 하는 사업

⑤ 공직선거법에 위반되는 경우

⑥ 모금회의 제재조치에 따른 배분대상 제외기간에 배분신청한 경우

⑦ 모금회 배분분과실행위원회의 심의결과 배분대상 제외 필요성이 인정되는 사업 또는 비용

(2) 배분사업의 종류

배분사업의 종류는 다음의 〈표 10-7〉과 같다.

〈표 10-7〉 배분사업의 종류

구분	사업내용	배분규모	신청시기	지원신청서 제출처
신청사업	사회복지 증진을 위하여 자유주제 공모형태로 복지 사업을 신청 받아 배분하는 사업 [프로그램사업 및 기능보강사업]	3,000만 원 이하 ※지회별로 배분 한도액 범위 내에서 조정될 수 있음	매년 8월	지회
기획사업	모금회가 그 주제를 정하여 배분하는 사업 또는 배분대상자로부터 제안 받은 내용 중에서 선정하여 배분하는 시범적이고 전문적인 사업	별도지정	별도공고	중앙회/ 지회
긴급지원사업	재난구호 및 긴급구호, 저소득층응급지원 등 긴급히 지원해야 할 필요가 있는 경우에 배분하는 사업	별도지정	별도지정	중앙회/ 지회
지정기탁사업	사회복지 증진을 위하여 기부자가 기부금품의 배분지역 · 배분대상자 또는 사용용도를 지정한 경우 그 지정취지에 따라 배분하는 사업	별도지정	수시	중앙회/ 지회

자료 : 사회복지공동모금회(2018) 2018년도 배분기준

※ "신청사업 중 기능보강사업"과 "신청사업 및 기획사업 중 연속사업"의 경우, 지역별로 분리 시행 및 별도 공지할 수 있다.

※ 기획사업과 긴급지원사업의 경우 세부사업 시행 공지는 사업의 성격과 내용에 따라 생략할 수 있다.

※ 긴급지원사업의 경우, 개인 대상 배분사업이라도 사회복지사업 기타 사회복지 활동을 행하는 법인 · 기관 · 단체 · 시설 및 공공기관을 통해 신청할 수 있다.

(3) 배분신청

가. 모금회에 배분신청을 하고자 하는 경우에는 배분사업별로 공고된 기일 내에 모금회가 정한 배분신청서류를 제출하여야 한다.

나. 동일년도에 시행되는 신청사업, 기획사업을 각각 신청할 수 있다(단, 동일 또는 유사 사업은 중복하여 제출할 수 없다).

다. 동일 법인에서 운영하는 기관의 경우, 사업장의 위치가 다르고 독립회계를 하

는 기관 · 시설은 개별적으로 배분신청이 가능하다.

라. 배분신청 시 배분사업별로 정한 배분한도액을 초과하여 신청할 수 없으며, 배분사업별로 자부담 원칙을 별도로 정하는 경우 이를 준수하여야 한다.

마. 모금회는 제출된 사업계획 및 예산의 조정을 요청할 수 있으며, 이 경우 배분신청한 자는 조정된 사업계획과 예산을 반영한 조정사업계획서를 제출하여야 한다.

(4) 심사 기준 및 과정

가. 심사기준

① 기관평가 : 신뢰성, 사업수행능력 등

② 사업평가 : 적합성, 필요성, 적절성 등

③ 기타평가 : 일관성, 실현가능성 등

나. 심사과정 : 예비심사, 서류심사, 면접심사, 현장심사

※ 사업의 특성에 따라 일부 과정을 추가 또는 생략할 수 있음.

8) 지원 후 사후관리

(1) 평가를 통해 모금, 지원사업에 대한 투명성 등을 사후관리한다.

(2) 지원 후 정산 및 결과 보고서를 통해 지원 결과 여부와 추가 지원 필요성에 대한 점검을 한다.

9) 발전방향 및 과제

(1) 바람직한 나눔문화 조성

나눔문화의 확산은 21세기 복지국가의 지속적인 발전을 위한 국가의 기본적인 전략이 되어야 한다. 그러나 오늘날 한국 사회는 낮은 수준의 나눔문화 수준을 높이

기 위해서 인프라 구축의 장기적이고 포괄적인 노력이 필요하다(이혜경, 2015, 재인용).

(2) 성과지향적 배분사업으로의 전환

배분사업이 시행관리 중심에서 성과지향적 방식으로 전환하여야 하며, 이를 위해서는 서비스 제공기관과 공동모금회가 모두 성과관리 및 측정을 위해 전문적 역량을 갖추어야 하고, 효과적인 배분사업을 위해 외부 기관과의 협력도 시도해야 할 것이다(노혜진 외, 2015, 재인용).

§3. 기타 지역사회복지 전달체계

1. 지역아동센터

1) 목적

방과 후 돌봄이 필요한 지역사회 아동의 건전육성을 위하여 보호 및 교육, 건전한 놀이와 오락의 제공, 보호자와 지역사회의 연계 등 아동의 건전육성을 위하여 종합적인 복지서비스를 제공하는 시설이다(「아동복지법」 제52조 제1항 제8호). 지역아동센터는 지역사회에서 아동을 보호하고, 교육하며, 문화 및 정서적 지원을 하고, 지역사회연계 등 종합적인 복지서비스를 통해 아이들의 건강한 삶과 스스로 변화할 수 있는 용기를 만들어 가는 곳이다.

2) 발달과정

1980년대에는 민간에서 공부방으로 시작되었으며, 1998년 IMF사태 이후에 결식아동들이 늘어나면서 급식을 제공하는 공부방이 증가하기 시작하였다. 2004년에 「아동복지법」이 개정되어 공부방에서 지역아동센터로 명칭을 변경하여 아동복지시설로 법제화하였으며, 총 895개소 시설에 23,347명의 아동에게 서비스를 지원하였다. 2007년에 아동복지교사지원센터를 설치하도록 규정하여, 전문분야별 교육프로그램을 위해 7개월간 2,000명의 아동복지교사를 파견하였다.

2008년 지역아동센터 시범평가를 실시하였으며, 2010년에는 사회복지시설정보스템 활용을 의무화하였다. 2012년에는 학교의 주5일제 전환에 따른 지역아동센터 토요운영이 지원되었고, 지역아동센터평가센터를 설치하여 3년 주기로 평가체계를 구축하면서 제1기 평가(2012년~2014년)가 시작되었다.

2015년에는 지역아동센터 2기(2015년~2017년) 평가지표를 마련하였으며, 2016년에는 방과후 돌봄 연계체계 활성화 방안을 마련하였으며, 2017년에는 우수지역아동센터 지원방안 마련과 센터 3기(2018년~2020년) 평가대비표를 마련하였다. 2019년에는 지역아동센터 아동기준을 개선하여 일반아동 이용비율을 확대하였고, 2020년에는 지역아동센터 공공성 강화 시범사업을 150개소를 대상으로 실시하고, 지역아동센터 등하원 안심알리미 시스템을 구축하여 개시하였다. 2020년 12월말 기준 전국 지역아동센터는 4,264개소가 운영되고 있으며, 이용아동수는 106,668명에게 복지서비스를 제공하고 있다(보건복지부, 2022).

3)지역아동센터의 특징

지역아동센터는 특별히 아동을 대상으로 하는 각종 서비스나 사업들이 제공되는 환경이 가정적 분위기가 중요하다는 측면과 가정의 교육과 복지역할을 보완해 준다는 점에서 지역사회 내에서 그 의의가 매우 크다고 하겠다(엄태영, 2016).

지역아동센터의 특징은 다음과 같다(지역아동센터중앙지원단, 2018).

⑴ 소규모 가정형태의 이용시설로 정서적 · 심리적 안정감을 제공해 준다.

⑵ 지역사회 내 아동 청소년의 접근성이 용이하다.

⑶ 아동과 가족의 욕구파악 및 사례관리 및 상담을 실시한다.
⑷ 교육과 복지의 통합적 서비스를 실시할 수 있다.
⑸ 아동의 권리를 보호하고 보장 활동을 실시할 수 있다.
⑹ 빈곤위기의 아동정책에 대한 제도적 개선 및 정책반영 활동을 할 수 있다.

4) 지역아동센터의 기능

초기에는 아동보호의 기능이 중시되었으나, 최근에는 교육, 문화 · 정서적 지원 및 지역사회 연계기능이 중요시되고 있다. 지역아동센터의 기능은 다음과 같다.

⑴ 아동청소년의 심리 정서적 안정 및 건강한 신체발달 기능 강화
⑵ 일상생활, 학교생활의 유지 및 적응력 강화 기능
⑶ 빈곤 위기 아동청소년 가정의 기능 보완
⑷ 가족지원 기능 강화
⑸ 지역사회 내 아동청소년 문제에 대한 사전 예방적 기능
⑹ 지역사회 자원 확보, 발굴 및 지지망 강화

5) 이용 아동 및 운영시간

⑴ 이용 아동

① 지역사회 내 보호를 필요로 하는 만 18세 미만 아동으로서 초등학교 및 중학교에 재학 중인 아동
② 가정에서 부모에 의한 보호와 양육이 적절히 행해지기 어려운 상황에 있는 아동

⑵ 선정기준별 이용아동 구분

① 우선보호아동 : 선정기준에 따른 소득기준, 가구특성기준, 연령기준을 만족하

는 아동의 경우 또는 우선보호특례에 해당하는 아동

② 일반아동 : 선정기준에 따른 소득기준은 초과하나 가구특성기준, 연령기준을 만족하는 아동의 경우

③ 이용 아동 등록 : 시설별 신고정원의 90% 이상은 우선보호아동이어야 하며, 일반아동은 시설별 신고정원의 10%를 초과할 수 없다.

(3) 가구원수 산정범위의 기준

① 가구원수에 산정되는 사람 : 세대별 주민등록표에 같이 등재된 사람으로서 아동을 기준으로 2촌 이내의 직계 혈족 및 형제 · 자매에 해당하는 사람(부 또는 모가 재혼한 경우 재혼한 부 또는 모와 새로운 형제 · 자매도 가구원수에 포함)

② 가구원수에 산정되지 않는 사람 : 세대별 주민등록표에 같이 등재되지 않은 사람은 2촌 이내의 직계 혈족 및 형제 · 자매이더라도 가구원수에 산정하지 않는다(부 또는 모가 직장 등의 문제로 타지에 주민등록을 두고 거주하는 경우는 가구원수에 산정하지 않음)

③ 가구원수 산정 확정 절차 : 주민등록등본에 등재된 세대원을 담당공무원이 확인한다.

6) 아동의 관리

(1) 아동권리보장

① 각 시설은 이용자의 접근이 쉬운 장소에 아동권리헌장을 상시 게시하여야 한다.

② 아동 자신의 권리를 알고 스스로 행사할 수 있도록 아동권리에 대한 교육을 실시하여야 하며, 아동이 직접 참여할 수 있는 다양한 방법을 활용해 연간사업계획서에 반영하여 시행하여야 한다.

③ 아동의 일반적 권리, 권리보장을 위해 운영규정, 복무규정 또는 별도의 규정을 마련하여 아동의 권리에 관한 세부사항을 명시하여 문서화해야 한다.

⑵ 아동안전교육 「아동복지법」 제31조 및 「동법 시행령」 제28조

시설장은 교육대상 아동의 연령을 고려하여 매년 아동의 안전에 대한 교육 계획을 수립하여 교육을 실시하여야 하며, 계획 및 실시 결과를 시 · 군 · 구청장에게 매년 3월 31일까지 보고하여야 한다.

⑶ 운영 시간

① 하루 8시간 이상 주5일 이상을 원칙으로 하되, 지역의 여건과 실정을 감안하여 탄력적으로 운영시간을 조정할 수 있다.

② 토,일요일 등의 운영에 대하여는 지역 여건과 실정에 따라 운영할 수 있다.

③ 필수운영시간은 학기 중에는 14:00~19:00이며, 방학 및 공휴일은 12:00~17:00까지 필수적으로 운영하여야 한다.

7) 운영프로그램

지역아동센터의 프로그램은 아동권리를 중심으로 보호, 교육, 가족기능 강화 등 다양한 교육과 복지서비스를 제공하고 있으며, 프로그램기본프로그램과 특화프로그램으로 구성되어 있다.

⑴ 기본프로그램

기본프로그램은 보호 · 교육 · 문화 · 정서지원 · 지역사회 연계 영역으로 구성되어 있으며, 프로그램의 내용은 표 〈10-9〉와 같다(보건복지부, 2022).

〈표 10-9〉 기본프로그램

영역(대분류)	세부영역(중분류)	세부프로그램(소분류)	프로그램 예시(시설별 선택 운영)
보호	생활	일상생활관리	센터생활적응지도, 일상생활지도, 일상예절교육, 부적응아동지도 등
		위생건강관리	위생지도, 건강지도 등
		급식지도	급식지도, 식사예절교육 등
	안전	생활안전지도	저녁돌봄 등
		안전귀가지도	안전귀가지도, 생활안전지도 등
		5대안전 의무교육	교통안전, 실종유괴예방, 약물오남용예방, 재난대비, 성폭력예방 등
교육	학습	숙제지도	숙제지도, 학교생활관리 등
		교과학습지도	수준별 학습지도, 온라인교육(IPTV 학습 등), 학습부진아 특별지도 등
	특기적성	예체능활동	미술, 음악, 체육지도 등
		적성교육	진로지도, 적성교육(독서, 요리, 과학 등) 등
	성장과 권리	인성 · 사회성 교육	인성교육, 사회성교육 등
		자치회의 및 동아리 활동	자치회의, 동아리 활동 등
문화	체험활동	관람 · 견학	공연 및 연극 관람, 박물관 등 견학
		캠프 · 여행	체험활동, 캠프 및 여행 등
	참여활동	공연	공연 등
		행사(문화/체육 등)	전시회, 체육대회 등
정서지원	상담	연고자 상담	부모 및 가족상담, 연고자 상담 등
		아동 상담	아동상담 등
		정서지원 프로그램	정서지원 프로그램 등
	가족지원	보호자 교육	보호자교육 등
		행사 · 모임	부모 소모임, 가정방문 등

영역 (대분류)	세부영역 (중분류)	세부프로그램 (소분류)	프로그램 예시 (시설별 선택 운영)
지역사회 연계	홍보	기관홍보	기관홍보 등
	연계	인적연계	자원봉사활동, 인적 결연후원, 후원자관리 등
		기관연계	지역조사와 탐방, 전문기관 연계 복지단체 연계 등

자료: 보건복지부(2022) 2018년 지역아동센터 지원 사업안내

(2) 특화프로그램은 지역사회 특수성 및 주요대상의 특성을 고려한 맞춤형 운영 프로그램으로 지역 특성별로 특화 프로그램을 진행한다.

2. 자원봉사센터

1) 자원봉사센터의 개념

「자원봉사활동기본법」 제3조에 의하면, 자원봉사센터란 자원봉사활동의 개발 · 장려 · 연계 · 협력 등의 사업을 수행하기 위하여 법령과 조례 등에 따라 설치된 기관 · 법인 · 단체 등을 말한다.

자원봉사를 활성화시키기 위해서는 국민들이 쉽게 자원봉사활동을 할 수 있도록 지원해 주며, 자원봉사자를 발굴, 훈련, 배치, 관리감독하며, 자원봉사자의 수요와 공급을 조정하기 위하여 다양한 종류의 자원봉사센터가 설치 · 운영되고 있다.

자원봉사활동을 효율적으로 관리, 운영하기 위해서는 지역주민들이 자원봉사활동의 올바른 정신을 이해하고 자원봉사활동에 참여할 수 있도록 조직적, 체계적으로 일관성 있게 주도해 나갈 수 있는 추진체계가 확립되어야 한다. 자원봉사 추진체

계는 주민들의 자원봉사활동에의 접근성을 용이하게 하고 자원봉사활동을 조직화함으로써 효율적인 서비스가 행해지도록 지원, 관리하는 기관으로 가장 대표적인 것이 자원봉사센터이다.

2) 자원봉사센터의 발전과정

1978년, 한국사회복지협의회에서 사회봉사센터를 부설로 설치하여 자원봉사자를 모집 · 교육 · 훈련하여 필요한 기관에 배치하는 사업을 전개하였다. 1980년, 지방 사회복지협의회가 6개 광역시와 도 단위에 조직되면서 자원봉사자의 모집 · 훈련 · 배치가 전국적으로 확산되기 시작하였다. 1988년, 올림픽 자원봉사자를 모집하여 활용하면서 전 국민에게 자원봉사를 홍보할 수 있었다.

2003년, 서울 명동 은행회관에서 99개의 NGO 및 자원봉사단체들이 모여 한국자원봉사협의회를 창립하였으며, 2005년에는 「자원봉사활동기본법」이 제정되었다.

2011년부터는 전국중앙자원봉사센터에서 자원봉사통합포털(www.1365.go.kr)을 개설하여 사회복지활동인증시스템(VMS : Volunteer Management System)을 비롯한 공공부문과 민간부문의 자원봉사활동을 연계하여 자원봉사실적 시간인증제를 실시하고 있다(김용환 외, 2014).

2021년 12월 기준 전국자원봉사센터는 246개소, 자원봉사자는 13,794,152명이 등록되어 있다.

3) 자원봉사센터의 역할

자원봉사센터는 「자원봉사활동기본법 시행령」 제15조의 규정에 따라 자원봉사센터의 조직 및 운영을 하고 있다. 자원봉사센터는 중앙자원봉사센터와 광역형 자원봉사센터 및 기초형 자원봉사센터에 따라 그 역할이 구분되어 있다(「자원봉사활동기본법 시행령」 제15조).

(1) 중앙자원봉사센터

자원봉사 정책개발 및 연구, 중앙단위 자원봉사기관 단체와의 협력체계 구축, 지역 자원봉사센터 지원 및 협력, 지역 자원봉사센터 관리자 교육훈련, 자원봉사 프로그램 개발 · 보급, 자원봉사 아카이브 운영, 자원봉사 국제교류 및 협력, 1365자원봉사포털 1365 자원봉사시스템 운영지원, 그 밖에 자원봉사 진흥에 기여할 수 있는 사업을 추진한다.

(2) 광역형 자원봉사센터(특별시, 광역시 · 도에 설치 · 운영)

특별시 · 광역시 · 도 자원봉사센터는 지역 내 자원봉사 활성화를 위하여 다음 각 호의 사업을 수행한다.

① 특별시 · 광역시 · 도 지역의 기관 · 단체들과의 상시협력체계 구축
② 자원봉사 관리자 및 지도자의 교육훈련
③ 자원봉사 프로그램의 개발 및 보급
④ 자원봉사 조사 및 연구
⑤ 자원봉사 정보자료실 운영
⑥ 시 · 군 · 자치구 자원봉사센터 간의 정보 및 사업의 협력 · 조정 · 지원
⑦ 그 밖에 특별시 · 광역시 · 도 지역의 자원봉사 진흥에 기여할 수 있는 사업

(3) 기초 자원봉사센터(시 · 군 · 구에 설치 · 운영)

시 · 군 · 자치구 자원봉사센터는 지역 내 자원봉사 활성화를 위하여 다음 각 호의 사업을 수행한다.

① 시 · 군 · 자치구 지역의 기관 · 단체들과의 상시협력체계 구축
② 자원봉사자의 모집 및 교육 · 홍보
③ 자원봉사 수요기관 및 단체에 자원봉사자 배치
④ 자원봉사 프로그램의 개발 · 보급 및 시범운영

⑤ 자원봉사 관련 정보의 수집 및 제공
⑥ 그 밖에 시 · 군 · 자치구 지역의 자원봉사 진흥에 기여할 수 있는 사업

(4) 지방자치단체는 자원봉사센터의 조직 및 운영 등에 관한 사항을 조례로 정한다.

4) 자원봉사센터의 기능

행정안전부가 설립하고 주도적으로 운용하고 있는 자원봉사센터의 기능에 대해 살펴보면 다음과 같다(박태영 외, 2015).

① 수급 조정 기능

자원봉사 활동을 희망하는 사람(단체 등)에게 활동을 소개하고, 또한 자원봉사자가 도와주었으면 하는 사람(시설, 단체 등)에게 자원봉사자를 소개한다. 수급조정을 위한 담당자의 역할은 다양하며, 각각의 상대에 따른 적절한 대응이 요구되는 기능이다.

② 기록 및 등록 기능

원활한 수급조정을 위하여 자원봉사자나 자원봉사활동 집단의 희망이나 활동에 관한 내용, 자원봉사활용자에 대한 희망 내용이나 사회자원 등을 파악하고, 문제해결을 위한 방법을 찾고, 적절한 상담 및 원조방법을 검토하는 기능이다. 담당자의 업무가 적절히 인수 · 인계되는 데 있어서 필수적이다.

③ 자원봉사활동의 지원 기능

자원봉사자나 자원봉사활동 집단이 효과적인 활동이 가능하도록 자원봉사활동 과정에서 생기는 고민의 상담, 기재나 자료의 대여, 정보제공, 더 나아가 자원봉사자

보험의 가입추진 등의 다양한 지원을 하는 기능이다.

④ 양성 및 연수의 기능

원활한 자원봉사활동을 수행할 수 있도록 자원봉사자의 의식과 인간성을 높이고 기술을 연마할 수 있도록 하는 기능이다. 자원봉사활동센터가 직접 실시하는 것뿐만 아니라 타 기관이나 단체에서 실시하고 있는 프로그램을 활용할 수 있어야 한다.

⑤ 홍보 및 계발 기능

자원봉사자의 활동을 확인하고 정리하며, 자원봉사활동의 방향성을 제시하고, 보다 많은 사람들에게 자원봉사활동을 이해시키기 위한 기능이다. 홍보 및 계발기능은 살기 좋은 마을 만들기를 추진하는 데 있어서 주민에 대한 복지교육 차원에서 중요한 기능을 한다.

⑥ 네트워크화 기능

수급조정을 하는 가운데에서 파악한 욕구에 대하여 필요한 자원봉사활동을 선구적으로 만들어내어 육성하고 지역단위의 자원봉사활동을 네트워크화해 나가는 기능이다. 다양한 교류를 통하여 자원봉사활동이 효과적으로 추진되도록 협동체제를 만들어가는 기능도 포함되어 있다.

⑦ 조사 및 연구의 기능

자원봉사활동을 더욱 원활하고 효과적으로 추진하기 위하여 파악되지 않은 욕구나 자원봉사활동을 하려는 인재를 발견하고, 활동내용을 발전시키기 위해서 수행되는 기능이다. 조사 및 연구를 실시하기 위해서는 담당자와 사회복지협의회의 전문가, 지역사회의 자원봉사자, 관계기관과 협력 및 분담하여 추진할 필요가 있다.

3. 사회복지사협회

1) 설립목적

「사회복지사업법」 제 46조에 의해 설립된 법정단체이며, 사회복지에 관한 전문지식과 기술을 개발·보급하고 사회복지사의 자질 향상을 위한 교육훈련 및 사회복지사의 복지증진을 도모함을 목적으로 한다.

2) 발전과정

- 1965. 07. 개별사회사업가협회로 출발
- 1967. 03. 한국사회사업가협회로 명칭을 변경(창립총회)
- 1969. 06. 사회단체 한국사회사업가협회로 정식인가
- 1972. 09. 국제사회복지사연맹(IFSW) 회원국 가입
- 1977. 09. 사단법인 한국사회사업가협회로 명칭을 변경(보건복지부 소관 법인 설립 허가)
- 1982. 01. 「사회복지사 윤리강령」 제정(1월 15일)
- 1985. 07. 사단법인 한국사회복지사협회로 개칭
- 1988. 03. 「사회복지사 윤리강령」 공포(4월 14일)
- 1999. 사회복지사 자격증 발급 업무 위탁운영, 공공근로 재가복지사업 위탁운영, 무료 인력 정보센터 개소
- 2000. 사회복지포탈서비스 welfare.net 운영, 제1회 사회복지사 국제포럼 개최
- 2001. 사회복지사 자격통합관리시스템을 구축
- 2003. 사회복지사 1급 국가시험 관리 업무 위탁 운영(제1회 1급 국가시험 실시)
- 2005. 12. 사회복지 통합 시스템 구축 및 복지 정보화 추진
- 2011. 04. '사회복지사의 날'을 3월 30일로 변경(기념식은 2012년 6회 대회부

터 적용)
- 2013. 08. 사회복지현장실습 등록시스템 구축
- 2016. 06. 2016 세계사회복지사대회 공동주관(2016 JOINT WORLD CONFERENCE)
- 2017. 08. 사회복지시설 여성 종사자를 위한 맘편한 힐링타임 '자녀캠프' 실시
- 2019. 01. 사회복지사 3급 폐지 시행

3) 기능과 역할

한국사회복지사협회의 기능과 역할을 살펴보면 다음과 같다(김광희, 2015, 재인용).

첫째, 국민 전체의 복지를 향상시키는 공익을 목표로 하므로 비영리적 특성을 가진다.

둘째, 국민복지 향상을 위한 전반적 복지제도 개선 및 법 제정을 요구하는 사회개혁적 성격을 지니고 있다.

셋째, 「사회복지사 윤리강령」을 제정하여 행동의 지침으로 삼고 있다.

넷째, 합리적인 제도권에 대한 행동을 취함으로써 일반 대중들의 긍정적 반응을 얻도록 하고 있다. 또한 전문가 단체의 기능인 사회적 이익을 고취하고, 정부 기관과의 긴밀한 협조로 전문성을 바탕으로 한 정책대안을 제시한다. 즉, 전문가 단체로서의 기능과 역할을 수행하는 기틀을 확고히 하고 있다고 볼 수 있다.

4) 주요사업

한국사회복지사협회의 주요사업은 다음과 같다(한국사회복지사협회, 2018).

⑴ 사회복지사에 대한 전문지식과 기술의 개발 · 보급

⑵ 사회복지사의 전문성 향상을 위한 교육훈련

(3) 사회복지사와 관련된 조사연구 및 홍보 · 출판사업
(4) 국내 · 외 사회복지 관련 전문가단체와의 교류 · 협력 등
(5) 정부 또는 지방자치단체의 사회복지사업 수탁업무
(6) 원격교육시설 운영
(7) 그 밖의 협회의 목적달성에 필요한 사업
(8) 도서출판사업, 조사 · 연구 용역사업, 그 밖에 이사회에서 의결한 수익사업

5) 구성

조직의 구성은 대의원회, 이사회, 회장, 고문, 사무국(사무총장)으로 구성되어 있다. 임원은 회장 1명, 수석부회장 1명, 부회장 6명, 이사 22명, 감사 2명으로 구성되어 있다. 이사의 임기는 3년, 감사의 임기는 2년이며, 연임 가능하다.

단체회원으로는 서울특별시사회복지사협회를 비롯한 17개 지방사회복지사협회와 3개의 산하단체(대한의료사회복지사협회, 한국학교사회복지사협회, 한국정신보건사회복지사협회)가 있다.

개인 회원의 자격은 사회복지사 자격증을 교부받는 자가 협회의 회원이 된다. 회원은 소속 지방협회를 경유하여 사회복지사 자격증 교부신청과 동시에 회원가입이 등록되며, 가입과 동시에 지방협회의 회원이 된다. 일반회원은 최초 회원증 교부비와 연회비가 있다.

지방협회는 공통의 사업인 사회복지사 자격증 신청 및 접수회원의 회비 수납, 회원의 교육훈련, 사회복지사 보수교육 등을 진행하고 있으며, 각 지방의 특성에 맞는 회원복지서비스, 정책토론회, 회보발행, 회원조직사업 등을 진행하고 있다(이경은 외, 2016).

또한 10개의 위원회(기획정책위원회, 윤리위원회, 홍보위원회, 국제교류위원회, 자격제도위원회, 복지국가특별위원회, 예산결산특별위원회, 원로위원회, 여성위원회, 사회복지인권위원회)를 두어 중요한 정책결정이나 합리적인 업무를 진행하고 있다.

연습문제

1. 다음 중 사회복지관에 관한 설명으로 옳지 않은 것은?

① 지역성, 전문성, 투명성의 원칙에 따라 운영되어야 한다.
② 지역사회의 특성과 지역 주민의 욕구와 문제에 신속하게 대응해야 한다.
③ 사회복지사업법상 사회복지관은 3년마다 평가를 받아야 한다.
④ 사업대상은 사회복지서비스 욕구를 가지고 있는 취약계층에 한하여 실시하여야 한다.
⑤ 사례관리, 서비스 제공, 지역조직화 기능 등을 수행한다.

2. 우리나라의 사회복지공동모금회에 관한 설명으로 옳지 않은 것은?

① 설립근거법은 사회복지공동모금회법이다.
② 시·도지회는 중앙사회복지공동모금회의 지회 형식을 띠고 있다.
③ 모금방식은 연중모금으로 하고 있다.
④ 배분사업은 신청사업, 기획사업, 긴급지원사업, 지정기탁사업의 4가지로 구성된다.
⑤ 전체 모금액 중 법인모금액이 차지하는 비중이 개인모금액보다 크다.

3. 자원봉사센터의 기능이 아닌 것은?

① 다양한 자원봉사자들의 참여를 촉진하고 개발·육성한다.
② 자원봉사를 필요로 하는 기관과 단체들에게 자원봉사자를 공급한다.
③ 자원봉사에 대한 인식을 증진시키고 자원봉사자의 위상을 제고시킨다.
④ 지역사회의 자원을 조직화하고 소통·조정·연계를 한다.
⑤ 자원봉사활동에 소요되는 모금활동을 한다.

4. 지역자활센터에 관한 설명으로 옳지 않은 것은?

① 자활사업 활성화를 위해 민관협력체계인 자활기관협의체가 운영되고 있다.
② 지역자활센터 위탁운영에는 사회복지법인만이 신청할 수 있다.
③ 지역자활센터는 수급자와 차상위계층의 자활을 촉진한다.
④ 마을기업은 지역공동체 이익을 추구하고 지역자원을 활용한다.
⑤ 협동조합은 조합원의 권익향상과 지역사회공헌을 목적으로 한다.

문제 해설

1번 해설

정답 : ④

해설 : 사회복지관의 사업대상은 사회복지서비스 욕구를 가지고 있는 모든 지역 주민으로 한다. 다만, 국민기초생활보장법에 따른 수급자 및 차상위 계층, 장애인, 노인, 한부모가족 및 다문화가족 등을 우선적인 사업대상으로 한다.

2번 해설

정답 : ③

해설 : 모금방식은 기간을 기준으로 크게 연말집중모금과 연중모금으로 분류한다.

3번 해설

정답 : ⑤

해설 : 자원봉사센터는 자원봉사자의 수급조정, 기록 및 등록, 자원봉사활동의 지원, 양성 및 연수, 홍보 및 계발, 네트워크화, 조사 및 연구 등의 기능은 수행하지만 자원봉사활동에 소요되는 비용을 모금하는 것은 자원봉사센터의 기능에 해당되지 않는다.

4번 해설

정답 : ②

해설 : 지역자활센터 위탁운영 신청대상자는 지역사회복지사업 및 자활지원사업의 수행능력과 경험 등이 있는 사회복지법인 등 비영리법인과 단체이며, 사회복지법인 등 비영리법인이 없거나 자활사업 수행능력이 어렵다고 판단되는 지역의 경우 지방자치단체에서 지역자활센터를 직접 신청(운영) 가능하다.

생각해 봅시다

〈해결문제〉

임대아파트단지에 있는 지역자활센터에서 사회적 일자리에 참여하는 대상자가 100명이 있다. 일자리에 참여하고 있는 사람들 중 컴퓨터를 전혀 다룰 줄 모르는 사람이 65%이고, 나머지 35% 중에서도 문서작성능력을 갖춘 사람은 10%에 불과하다

따라서 지역자활센터에서는 먼저 컴퓨터 교육을 받고 싶어하는 희망자 45명을 대상으로 일주일에 5일 동안 3개조로 나누어서, 하루에 두 시간씩 조별로 컴퓨터를 지도하고자 컴퓨터 5대가 필요한 상황이다. 컴퓨터만 지원해 주면 인근 대학교에서 나오는 대학생 자원봉사자를 활용하여 지도하고, 향후 컴퓨터활용능력자격증을 취득할 수 있도록 지도할 수 있다.

컴퓨터 구입비용을 지원받기 위한 제안서를 작성해야 하는데, 여러분이 사회복지사라면 이 문제를 어떻게 해결해야 할지 해결방안을 제시해 보자.

〈찬반토론문제〉

일본 노년학회는 2017년 1월 고령자의 정의를 75세 이상으로 끌어올리는 대신, 65~74세를 '준고령자'로 부르고 고령자 중 90세 이상은 '초고령자'로 호칭하자고 제안하였다.

일본의 노령(노인) 연령을 70세 이후로 추진한다는 보도는 우리나라에서도 지속적으로 논란이 있어 왔던 문제다. 노인의 연령 조정은 소득보장(연금 포함), 직업, 노인 의료비 등 많은 준비가 필요하며, 논란과 반대에 부딪힐 수 있다. 노인의 연령기준을 70세나 75세로 상향 조정하는 것에 대하여 여러분은 어떻게 생각하는가? 찬성할 것인가? 반대할 것인가?

제11장 지역사회복지운동과 주민참여

§1. 지역사회복지운동

1. 지역사회복지운동의 개념 및 필요성

1) 지역사회복지운동의 개념

지역사회복지운동은 지역사회복지에 운동이라는 단어가 합성된 용어로 지역사회의 복지 발전을 위한 사회적 운동을 의미한다. 운동이라는 용어가 사용된 이유는 지역사회복지의 목적이 지역주민의 욕구를 기반으로 지역사회에 나타나는 사회 문제 해결과 지역주민의 복지를 증진하는 역할로써 목적을 이루기 위해 노력하는 행위이자 과정의 의미가 포함되어 있기 때문이다.

지역사회복지운동이라 함은 지역사회 내 주민들의 참여로 주민의 주체성과 역량 강화를 통해 다양한 사회적 욕구와 사회문제를 해결하는데 기여하는 활동을 의미한다. 또한, 시민의식을 배양한 긍정적 환경과 지역의 사회권 확립 차원에서도 지역사회복지운동의 의의를 찾을 수 있다.

따라서 지역사회복지운동은 무엇보다 주민의 참여가 전제되어야 하고, 지역사회 욕구와 문제 인식을 바탕으로 주민의 입장에서 변화를 촉구하는 운동이라 정의할 수 있다.

2) 지역사회복지운동과 유사개념

지역사회복지운동과 관련하여 그와 유사한 개념은 사회운동, 시민운동, 시민사회운동, 지역사회운동 등이 있는데 각각의 개념과 차이를 살펴보면 다음과 같다.[1)]

첫째, 사회운동(Social Movement)은 특정 집단이 기존의 사회 구조와 제도를 변화하고 개선시키기 위한 행동이다. 서구 환경에서 사회운동은 자본주의를 비판하면서 노동자계급에 의한 사회변혁을 추구하는 전통적인 사회주의운동에서 출발했다. 이러한 사회운동은 지역사회복지운동보다 더 포괄적이고 더 크게 확대된 개념이라 할 수 있다.

둘째, 시민운동(Civic Movement)은 시민이 자발적으로 참여하여 시민들의 의지를 사회에 요구하고, 관철시키기 위해 하는 행동이다. 시민을 중심으로 지역사회를 정화하려는 운동인데, 시민운동도 사회운동과 같은 의미로 불리는 경향이 있다.[2)]

셋째, 시민사회운동(Civic Social Movement)은 시민운동과 사회운동을 합성한다는 의미가 포함된 개념으로 이 개념도 결국 주민과 시민 등 대중이 참여하는 사회개혁을 위한 조직으로 시민운동과 사회운동에 그 뿌리가 있으므로 사회운동의 연속적 개념을 포함한다고 볼 수 있다.

넷째, 지역사회운동은 지역이라는 테두리 속에서 지역 차원의 접근으로 지역 내 존재하는 사회문제를 해결하려는 노력을 의미한다. 예를 들면, 지역사회교육운동,

1) 결국, 지역사회복지운동과 유사한 개념은 사회운동이라 할 수 있지만, 그 경계가 모호할 수 있다. 하지만, 구체적으로 구분했을 때 지역사회 내 복지적 성격이 강한 문제를 주민이 주체가 되어 다루면 지역사회복지운동에 가깝고, 일반적인 사회 문제 전체를 다루면 사회운동에 가깝다고 볼 수 있다.

2) 여기에서 언급된 시민운동은 제2절 '시민운동과 비영리 단체'에서 더 구체적으로 소개하겠다..

지역사회환경운동, 지역사회주민운동, 지역사회노동운동 등을 제시할 수 있다.

3) 지역사회복지운동의 필요성

지역사회복지운동은 지역사회주민의 다양한 욕구와 지역사회문제 해결을 목적으로 지역주민의 삶의 질을 향상시키기 위해 필요한 운동이다. 따라서 지역사회주민 스스로 능동적이면서 주체적인 참여가 요구된다. 지역사회복지운동은 사회복지 전문가 및 사회복지운동가에 의해 그 운동이 전개될 가능성이 매우 높다. 이러한 필요성은 사회복지정책결정에 영향, 지역사회조직의 활성화, 주민의 권리의식 제고와 같이 세 가지로 정리할 수 있으며 그 내용을 살펴보면 다음과 같다.

(1) 사회복지정책 결정 영향

지역사회복지운동은 당면한 사회문제와 요구를 이슈화하여 국민과 여론의 관심을 이끌어 정책입안자들에게 영향을 미치게 하는 역할을 갖는다. 사회복지운동은 사회복지전문가, 지역사회활동가, 주민 등을 중심으로 이루어지는 활동으로 지역사회가 요구하는 욕구와 문제를 해결하기 위해 지역사회 문제에 대한 이슈화 과정에 참여하여 새로운 문제해결에 방향을 제시하고, 정책대안 형성에 영향을 미칠 가능성을 높인다.

즉, 지역사회복지운동은 지역사회와 관련된 다양한 사회문제를 다루고, 이에 따른 사회복지정책을 결정하는 모든 과정에 큰 영향을 미칠 수 있다.

(2) 지역사회조직의 활성화

지역사회조직 활성화를 위해서는 지역사회 내에 뿌리를 두고 있는 기존 조직을 활용한 방법이 가장 효과적일 수 있다. 지역사회조직에 있어 주민을 동원하는 가장 빠른 선택 방법 중 하나는 지역사회 내의 기존 조직을 활용하는 방안이 가장 대표적일 수 있다(양성관 외, 2020).

즉, 지역사회에서 이미 활동하고 있는 기존 지역사회조직을 활용하기 위해서는 지역사회복지운동에 참여한 운동가는 기존 지역사회 내 다양한 조직에 대한 충분한 파악이 필요하고, 기존 조직과도 좋은 관계를 유지하고 있어야 기존 조직을 활용하는데 효과적일 것이다. 다른 한편, 기존 조직의 활성화를 위해서도 지역사회복지운동은 필요하다.

(3) 주민의 권리의식 제고

국가나 공공단체에 의한 개인 권리의 침해 및 방해는 강력하게 항의하고, 시민의 실질적 권리를 확보하기 위해서는 개인 차원은 물론 집단 차원의 노력을 시도하면서 주민의 권리의식도 제고시킬 필요성이 있기 때문에 지역사회복지운동이 필요하다(김영미 외, 2022).

즉, 주민의 권리의식 제고는 그 지역사회의 복지 수준을 증명할 수 있는 중요한 사안임에 틀림이 없고, 지역사회복지운동에서 주민의 권리의식을 강조하는 것은 너무나 당연한 일이기 때문이다.

2. 지역사회복지운동의 특성과 주체

1) 지역사회복지운동의 특성

지역사회복지운동은 앞서 설명한 사회운동이나 시민운동과 같은 유사개념 운동에 비해 그 역사가 짧다고 볼 수 있으나, 최근 우리 사회에서 복지영역이 확대됨에 따라, 지역사회적 관심이 대두되면서 각광받는 운동이라 할 수 있다.

지역사회복지운동은 주민 스스로 참여함은 물론이고, 사회복지전문가도 중요한 참여 일원으로 활동한다는 특징이 있다. 또한, 지역사회복지 운동은 주민과 전문가의 노력으로 지역사회 전체 구성원의 삶의 질을 높이기 위한 목적을 수행하기 위한 조직적이고, 의식적인 운동이다.

한편, 지역사회복지운동은 그 대상이 특정 계층을 겨냥하기도 하지만, 결국엔 모든 지역사회주민 전체를 대상으로 복지환경을 구축한다는 특징이 강조된다.

2) 지역사회복지운동의 주체

지역사회복지운동의 주체는 가장 중심적 초점으로 지역사회주민을 둘 수 있지만, 실제로 지역사회복지운동을 주도하는 주체로 보면, 지역사회활동가, 사회복지전문가, 사회복지실무자, 지역사회복지이용자, 일반 지역사회주민 등과 같은 다양한 주체를 제시할 수 있다. 좀 더 구체적으로 살펴보겠다.

(1) 지역사회활동가

지역에 따라 지역사회를 변화하려는 활동가들이 지역사회복지운동을 주도하는 경우가 있다. 이러한 지역사회활동가들은 그 지역에서 가장 왕성한 활동력을 보여주면서 지역사회복지운동에서 가장 주체적 역할을 수행할 수 있지만, 특정한 분야에서는 그 전문성이 떨어질 수 있다. 하지만, 지역사회활동가들은 전문성과는 별개로 엄청난 열정과 에너지로 지역사회복지운동을 주도할 가능성이 높다.

따라서 지역사회활동가들과 사회복지전문가는 서로 연계 · 연대하며 지역사회 문제를 해결하기 위한 지역사회복지운동을 전개해 나갈 필요가 있다.

(2) 사회복지전문가

사회복지전문가들은 지역사회복지운동 단체에서 직 · 간접적으로 지역사회복지 실천활동을 수행하고 있다. 지역사회복지운동에서 사회복지전문가들은 지역문제 활동의 전문성 강화를 촉진할 수 있는 지역사회활동가와 함께 지역사회복지운동을 주도할 필요가 있다(김영미 외, 2022).

즉, 사회복지전문가는 지역사회복지운동에서 주체적으로 주도해야 하고, 실제로 지역사회복지운동에 가장 앞장서는 역할이 요구된다.

(3) 사회복지실무자

사회복지실무자들은 사회복지를 이해하고 실천하는 것을 과업으로 수행하고 있지만, 대부분 지역사회복지운동에 적극적으로 동참하지 못하고 있다, 그 이유는 그들의 개인적인 성향보다는 조직 환경 요인이 더 큰 제약요인이 되고 있기 때문이다. 그러므로 사회복지실무자들의 지역사회복지운동에 대한 개인적인 인식의 전환과 함께 조직 환경 마련이 시급하다(강영숙 외, 2019).

하지만, 사회복지실무자는 지역사회활동가 및 사회복지전문가와 연대하여 지역사회복지운동에 적극 동참하는 것이 요구된다. 이는 지역사회복지운동이 사회복지실무자의 일을 해결하는 것과 그 관련성이 매우 높기 때문이다.

(4) 지역사회 주민과 지역사회복지 이용자

지역주민이 지역사회복지운동의 주체가 되어야 한다는 것은 당연하지만 일반 지역주민은 지역사회복지에 관한 관심이 부족하므로 지역사회복지운동조직이 주민의 주체적 참여가 되도록 이끌어 내야 한다. 이용자면서 주민은 단순히 대상으로서의 역할이 아니라 주체가 됨으로써 그들의 역량을 강화시킬 수 있으며, 지역사회복지 실천에 중요한 역할을 수행할 수 있다(오정수 · 류진석, 2021).

결국, 지역사회복지운동의 가장 중요한 주체는 지역주민일 것이다. 지역주민과 복지이용자가 가지는 사회적 욕구 해결에 가장 목적을 두는 활동이 바로 지역사회복지운동이기 때문이다.

3. 지역사회복지운동의 접근 방법

지역사회복지운동의 접근 방법은 다양하지만, 지역사회중심의 복지운동과 쟁점(issue)중심의 복지운동으로 나누어 제시하면 다음과 같다.

1) 지역사회중심의 사회복지운동

지역주민 입장에서 사회복지운동을 지역사회중심으로 전개된다면 다음과 같은 네 가지의 전제를 갖는다. 첫째, 주민의 생활근거지에 기반을 둔 운동이다. 둘째, 운동 주체가 주민이다. 셋째, 지역사회 문제 해결이 운동의 목적이다. 넷째, 이 운동은 결국 그 지역사회운동과 연동된다.

이와 같은 요인을 근거로 외부자극을 통한 조직화, 프로그램 중심의 일상 활동, 주민모임, 제도변화를 위한 노력으로 지역사회복지운동을 펼쳐 나가는 것이 유용하다. 그 내용을 자세히 살펴보면 다음과 같다(우수명 외, 2021 ; 신진영, 2018).

(1) 외부자극을 통한 조직화

외부자극을 통한 조직화는 지역사회주민들의 이익을 현저히 침해하는 정책 등에 대해 주민들이 자신들의 권리를 주장하는 조직운동을 활용하는 것이다. 빈민지역의 강제철거에 저항하는 철거민들의 조직화운동과 핵폐기장 설치 반대운동이나 쓰레기 소각장 등 혐오시설의 설치를 반대하는 주민들의 조직화 등이 대표적이다.

(2) 프로그램 중심의 일상 활동

프로그램 중심의 일상 활동으로서 조직화이다. 이 유형의 활동으로는 저소득지역의 방치된 아동들을 대상으로 하는 프로그램, 주민도서실, 주부들을 대상으로 하는 시민대학, 복지학교 등이 대표적이다.

(3) 공동체 형성과 마을 만들기

작은 근린지역의 주민들이 모여 상호 간의 친목을 도모하고 이를 통해 복지실천을 수행하는 사례들이 이에 해당한다. 일상적인 주민 모임을 통해 지역공동체를 형성해 나가고, 지역사회복지 운동으로 확대할 가능성이 큰 활동이다. 나눔과 보살핌 운동, 살기 좋은 아파트 만들기 모임, 마을문고 만들기 모임 등의 예를 들 수 있다.

(4) 제도변화를 위한 노력

주민들의 직접 참여하에 지역사회복지정책이나 제도의 변화를 위한 조직화 활동이 해당된다. 이러한 유형은 참여형 대안제시운동이라 할 수 있으며, 지역사회주민들이 조례제정운동 등과 같은 제도변화과정에 참여함으로써 지역사회의 정치행위에 영향력을 미칠 수 있는 제도적 기반을 확립할 수 있다. 군공항 이전을 위한 시민모임, 장애인 이동권보장을 위한 조례 제정 모임 등을 예로 들 수 있다.

2) 쟁점(Issue)중심의 지역사회복지운동

쟁점(Issue)중심의 지역사회복지운동은 지역사회를 근거로 하기보다는 특정 사회복지 문제나 사회복지와 관련된 이슈를 중심으로 시민운동 차원에서 접근하는 지역사회복지운동 방법이다.

쟁점 중심의 지역사회복지운동의 특징은 다음과 같다. 첫째, 운동의 주체가 확대되었다. 운동의 내용이 부문별 복지대상자의 주체적인 투쟁으로 조직화되고 활동 범위도 넓어졌다. 둘째, 사회복지부문별 요구운동에서 나아가 복지예산 확대 등 정책지향의 근본적 개혁을 요구함과 동시에 사회복지정책과 관련된 복지입법을 개정하거나 복지입법의 실현을 구체적으로 요구하게 되었다(박현식 외, 2021).

즉, 쟁점중심의 지역사회복지운동은 지역사회 안에서 발생하는 특정 문제나 쟁점을 중심으로 전개되는 지역사회복지운동이라고 요약할 수 있다.

4. 우리나라의 지역사회복지운동

우리나라는 민주화 발전과 지방자치의 정착으로 1990년대부터 시민운동, 노동운동, 여성운동 등의 사회문제 해결노력이 사회복지영역으로 확대되었다. 이로 인해 시민운동과 노동운동에서도 사회적 약자에 대한 관심이 증가되면서 지역사회복지운동에 관심을 가지기 시작했다고 볼 수 있다. 우리나라의 지역사회복지운동 역사를 정리하면 다음과 같다(김병 외, 2022 ; 양성관 외, 2020).

(1) 지역사회복지운동의 형태

우우리나라는 1997년 말 외환위기를 계기로 본격적인 자활운동과 실업극복운동이 전개되면서 지역사회복지운동도 활발히 나타나기 시작하였다. 그 운동방향은 크게 세 가지 형태로 나타난다.

첫째, 자활 운동으로서의 방향은 도시빈민운동 차원에서 실업 등으로 인해 집약된 빈민 지역의 특수한 문제 및 생존 욕구 해결을 위한 방법론에서 발전하였다.

둘째, 탈빈곤사업으로서의 방향은 1997년에 생활보호법의 개정으로 인해 제도화되었고, 이를 계기로 지역사회복지운동의 한 형태로 나타나기 시작되었다.

셋째, 실업극복운동으로서의 방향은 각 지역 단체에서 실업을 벗어나기 위한 사업을 전개하면서 지역사회복지운동으로 연결되어 진행된 사례가 확대되었다.

(2) 지역사회복지운동단체의 설립 및 활동

지역사회복지운동을 전개하기 위한 각종 조직과 단체 설립 활동 상황을 세 가지로 요약 제시할 수 있다.

첫째, 지역사회복지운동을 진행하는 단체들은 지역사회 주민운동에 뿌리를 두면서 설립되었다.

둘째, 지역사회복지운동 단체는 정부에 소속되어 있지 않은 민간단체로 독립성과 자주적 성격을 지닌 조직이 주류를 이루었다.

셋째, 지역사회복지와 운동을 진행하는 단체는 미래에 얻고자 하는 그 '무엇'을 향한 과정에 맞게 미래지향적인 단체활동을 전개하였다.

5. 지역사회복지운동의 활성화 방법

지역사회복지운동은 지역사회에 기초한 특정 문제해결을 위한 목적이 있는 의식으로 개별적 행동이라기보다 집합적 대응이라는 특징이 강하다. 이러한 지역사회복지운동의 활성화 방법을 제시하는 다양한 학자들의 주장을 요약하면 다음과 같다(고수현, 2020 ; 양성관 외, 2020).

첫째, 지역사회주민들의 주체적 참여이다. 지역사회복지에 있어 주민들의 적극적인 주체적 참여는 가장 기본적인 조건이라 할 수 있다. 즉, 지역주민들의 삶의 질을 높이는 길은 다른 사람들에 의해 주어지지 않는다는 점에서 주민 스스로의 참여가 가장 기본적인 전제라 할 수 있다.

둘째, 지역사회 내 정치적 영향력 강화이다. 정치적 참여는 결국 지역사회 내 영향력을 강화하는 것이고, 지역사회복지운동의 당위성과 권리의 담보라 할 수 있어 지역사회복지운동이 정치적 영향력을 가져야 한다.

셋째, 공동체의식 강화와 주민의 역량강화이다. 지역사회 주민들이 자신의 개별이해를 공공의 이해와 일치시키기 위해 공동의 문제를 공동의 노력으로 해결해 나가고자하는 공동체의식을 강화하여 개인의 문제가 아닌 주민 전체의 문제 임을 강조해야 한다.

넷째, 최종목적은 제도 정립이다. 지역사회 내 존재한 특정 문제를 해결하기 위해 조례나 제도로 만들어지는 것은 지역사회 주민들의 참여가 자신들의 욕구뿐만 아니라 지역사회 전체에 영향을 미칠 수 있는 정책 구성 환경을 만들어 가는 것으로 그 동안의 지역사회복지운동이 공적 권위를 보장하고, 사회적 지위를 확보한 것을 의

미한다.[3)]

다섯째, 지역사회 자원 활용이다. 지역사회문제를 해결하기 위해서는 다양한 자원을 활용할 수 있지만, 그 지역에 존재하는 물적 자원으로 시민 문화공간이나, 의회공간을 활용할 수 있고, 학생들이나 주민들의 주체가 되는 자원봉사자들과 같은 인적 자원을 활용할 수 있겠다.

여섯째, 사회복지실천가들의 활동이 요구된다. 지역사회 내 존재하는 다양한 현안을 해결하기 위한 관심을 촉구하고, 관련 활동의 조직화를 위해 사회복지실천 전문가들이 앞장서고 활동함으로써 지역사회 내 사회복지전문가의 위상이 높아질 수 있다.

일곱째, 시민운동과 연대이다. 지역사회복지운동은 시민운동과 그 맥을 같이 하기 때문에 지역사회 내 존재하는 다양한 시민사회운동 단체와 연대하고 협력한 만큼 높은 성과를 기대할 수 있을 것이다.

§2. 주민참여

1. 주민참여의 개념 및 필요성

주민참여는 인간의 해방과 소외자의 임파워먼트라는 사회복지의 기본적 가치를 구체화하는 것으로 사회복지실천의 일선 현장인 지역사회에서 지역주민의 복지실현을 추구하는 지역사회복지와 밀접한 관련이 있다. 주민참여는 주민이 욕구와 문제해결의 주체가 된다는 것에서 주민의 정체성을 강조한다. 토크빌(Tocqevile, 1805)

3) 조례란? 지방자치단체가 행사하는 자치입법권으로 지방의회의 의결을 통해 제정하는 지역의 법이라 할 수 있어 그 지역문제를 해결히기 위한 법률이나 제도라 할 수 있다. 예를 들면, 서울특별시 건축조례, 경상남도 노인보건 조례, 경기도 안산시 이주민 보호관리 조례, 부산광역시 사상구 사회복지관 운영 조례 등을 들 수 있다.

은 주민이 공동관심사에 대해 적극적으로 참여할 때만 거대 사회로부터 느끼는 고립감과 무력감을 극복할 수 있음을 강조하였다(전해황 외, 2021 재인용).

주민참여는 지역사회복지활동의 주체인 주민이 공식적인 정부의 정책 또는 계획의 작성과 결성, 집행의 과정에 참여하는 일련의 행위로 지역주민의 욕구가 정책이나 계획에 반영되도록 하기 위한 적극적인 노력의 총체를 의미한다(김병 외, 2022).

즉, 주민참여는 지역사회 내 주민의 욕구와 주민이 느끼는 문제를 주민 스스로 해결하기 위해 주민이 주체가 되는 활동이라 정리할 수 있다. 또한, 주민참여를 통한 지역사회복지는 주민이 주인이 되는 지역사회임을 증명하는 바람직한 현상이기 때문에 주민참여의 필요성이 재확인 된다.

2. 주민참여 단계

지역사회의 정책과 계획 등에 미치는 영향과 효과의 수준은 주민참여 정도에 따라 다를 가능성이 매우 높다. 주민참여 정도를 단계별로 차등화하여 권력분배 수준이 제시된다면 각 지역사회에 적절한 주민참여 수준에서 행정과 주민의 권력분배 수준을 확인할 가능성이 높다.

아른슈타인(Arnstein, 1969)의 지역사회에 대한 주민참여 단계에 따른 권력분배는 1단계 조작, 2단계 치료, 3단계 정보제공, 4단계 상담, 5단계 회유, 6단계 협동관계, 7단계 권한위임, 8단계 주민 통제 단계로 나뉜다. 그 내용을 좀 더 구체적으로 살펴보면 다음과 같다.

첫째, 주민의 비참여 수준이다. 이 수준은 1단계 조작과 2단계 치료 단계로 주민의 참여가 없는 비참여 수준과 행정 권력을 제시하고 있다. 1단계 조작단계는 지역사회문제에 주민이 전혀 참여하지 않아 행정이 모든 권력을 가지고 조작할 수 있는 단계를 제시하였다. 2단계 치료 단계 역시 주민의 참여가 부족하여 주민은 치료하고 올바른 인식을 깨우치거나 지도하는 대상으로만 선정하는 단계를 제시하였다.

둘째, 주민의 형식적 참여 수준이다. 이 수준은 3단계 정보제공, 4단계 상담, 5단계 회유 단계로 주민의 참여는 있으나 형식적인 참여 수준이기 때문에 행정과 주민의 비슷한 권력을 제시하고 있다. 이 가운데 3단계 정보제공은 가장 일반적인 정보제공으로 정보를 주고 받는 환류가 아닌 일방적인 정보만 제공하는 단계를 제시하였다. 4단계 상담 단계는 주민참여가 공청회나 집회 등으로 확대되었으나, 주민의 형식적 참여로 행정이 사전에 짜두었던 시나리오에 의한 주민참여일 가능성이 높아 결국엔 행정의 결정에 따를 수밖에 없는 단계로 보여주기식 행정의 대표적 사례에 가깝다고 볼 수 있다. 아른슈타인은 이 단계를 '쇼 윈도우 옷 입히기' 수준이라고 표현하고 있다. 5단계 회유 단계는 중요한 정책결정에 영향을 미치는 전문위원회나 자문활동에 주민의 참여가 좀 더 적극적으로 나타나기 시작하는 단계지만, 결국 행정이 의도하는 방향으로 결정되도록 주민을 회유하고 설득하는 단계를 제시하였다.

셋째, 주민 권력 수준이다. 이 수준은 6단계 협동관계, 7단계 권한위임, 8단계 주민통제 단계로 주민의 적극적인 참여 수준과 주민의 권력 수준을 제시하였다. 6단계 협동관계 단계는 행정이 최종결정권은 가지고 있으나, 지역사회문제에 주민의 많은 참여로 행정과 주민의 협상에 의해 권력이 재분배됨을 제시하였다. 7단계 권한위임 단계는 주민의 적극적인 참여로 행정보다는 주민이 의사결정권을 행사 할 수 있는 단계를 제시하였다. 8단계 주민통제 단계는 주민이 모든 지역사회문제에 매우 적극적인 참여로 정책결정, 계획, 정책실행, 통제 등 모든 지역사회문제에 주민이 직접 통제권을 가지는 단계를 제시하였다.

〈표 11-1〉 주민참여도 단계와 권력분배 정도

<table>
<tr><th colspan="2">단계</th><th colspan="2">내용</th></tr>
<tr><td>8</td><td>주민통제
(Citizen Control)</td><td>주민 스스로 입안하고, 결정에서 집행 그리고 평가단계까지 주민이 통제하는 단계</td><td rowspan="3">주민권력</td></tr>
<tr><td>7</td><td>권한위임
(Delegated Ower)</td><td>주민들이 특정한 계획에 관해서 우월한 결정권을 행사하고 집행단계에 있어서도 강력한 권한을 행사함</td></tr>
<tr><td>6</td><td>협동관계
(Partnership)</td><td>행정기관이 최종결정권을 가지고 있지만 주민들이 필요한 경우 그들의 주장을 협상으로 유도할 수 있음</td></tr>
<tr><td>5</td><td>회유
(Placation)</td><td>각종 위원회 등을 통해 주민의 참여범위가 확대되지만 최종적인 판단은 행정기관이 한다는 점에서 제한적임</td><td rowspan="3">형식적 참여</td></tr>
<tr><td>4</td><td>상담
(Consultation)</td><td>공청회나 집회 등의 방법으로 행정에 참여하기를 유도하고 있으나 형식적인 단계에 그침</td></tr>
<tr><td>3</td><td>정보제공
(Informing)</td><td>행정이 주민에게 일방적으로 정보를 제공하며 환류는 잘 일어나지 않음</td></tr>
<tr><td>2</td><td>치료
(Therapy)</td><td>주민의 욕구불만을 일정한 사업에 분출시켜서 치료하는 단계로서 행정의 일반적인 지도에 그침</td><td rowspan="2">비참여</td></tr>
<tr><td>1</td><td>조작
(Manipulation)</td><td>행정과 주민이 서로 간의 관계를 확인한다는 것에서 의의를 둘 수 있으며, 공무원이 일방적으로 교육, 설득시키고 주민은 단순히 참여하는 수준</td></tr>
</table>

출처 : 아른슈타인(Arnstein, 1969), 이경은(2016), 재인용

3. 주민참여 방법

1) 일반적인 방법

지역사회복지운동을 위한 주민참여 방법은 비교적 비용이 저렴하면서 정책기획가나 의사결정자에게 많은 시간과 책임을 요구하지 않는 전통적인 방법들이 있다. 구체적인 주민참여 방법은 다음과 같다(김병 외, 2022).

① 전시회

전시회는 주민과의 접촉이 비교적 쉬운 곳에서 주민참여 활동의 홍보와 활동목적을 선전하고 주민들의 의견을 파악한다.

② 공청회

공청회는 지역 주민을 대상으로 공개 초청하여 진행하는 방법으로 주민들의 참여기회를 확대하고 다수의 의견을 반영할 수 있도록 예비 공청회 실시 후 최종결정전 공청회, 최종 공청회의 단계적인 공청회를 실시할 수 있다.

③ 설문조사

설문조사는 현상의 기술과 예측, 변수 간의 관계분석과 의사 결정에 도움을 주는 계획된 자료수집방법이다. 과학적인 분석도구로, 조사해야 할 정보의 내용, 주민이 느끼는 문제점, 선호, 중요성에 대한 태도를 파악하는 경우에 용이하다.

④ 대중 매체의 활용

대중매체를 통해 정부의 계획, 정책안의 내용을 홍보하는 것은 물론, 보도를 통해 주민의 의견과 욕구를 정책에 반영하는 계기를 마련한다.

⑤ 반상회

반상회는 정부 시책의 홍보 및 주민의 여론 수렴을 목적으로 정례적으로 개최되는 반 단위 주민총회 성격의 모임이다. 아무런 제약 없이 쉽게 참여할 수 있어 가장 보편적인 주민참여 제도로 반상회를 통해 주민의 의사나 욕구가 행정기관에 전달되고 이렇게 전달된 욕구는 행정시책에 반영되기도 한다(홍봉수 외, 2020).

2) 전문적인 방법

(1) 델파이(Delphi)방법

익명성을 보장한 상태에서 전문가집단의 설문조사 기법으로 다양한 전문가 집단의 지식과 능력을 반영하여 문제를 예측하기 위한 조사방법이다. 문제 확인, 목표와 우선순위 결정, 대안 확인 평가에 유용한 방법이다.

(2) 명목집단방법

지역사회 구성원들에게 영향을 미치는 문제나 이슈에 관해 목록을 작성하고 문제의 우선순위를 정하는 방식이다. 상호작용이 이루어지지 않는 상황을 조성하여, 문제에 따라 등급화하며 정리한다(양성관 외, 2020). 아이디어 서면 작성 → 아이디어 제출 및 전체 아이디어 기록 → 구성원 토의 → 투표 후 아이디어 결정 순으로 진행이 된다(고수현, 2020).

(3) 샤레트(Charrette)방법

샤레트 방법(Charrette method)은 지역주민과 관료, 정치가들이 함께 모여 서로 배우는 비공식적 분위기를 조성하여 지역사회에서 느끼는 문제점들과 관료 또는 정치가들이 인지하고 있는 문제의 시각을 개진하여 상호 이해를 통해 일정 시간 내에 합의된 제안을 작성하는 방법이며, 준비 → 발견 → 통합 → 작성의 단계로 진행된다(홍봉수, 2020).

(4) 브레인스토밍(Brainstorming) 방법

주민들의 자유로운 의견을 제시하는데 유용한 방법으로 특별한 문제에 대한 의견을 자유롭게 제시하면서 아이디어를 찾아가는 방법이다. 브레인스토밍에서는 어떠한 내용의 발언이라도 그에 대한 비판을 해서는 안된다.

4. 주민참여 제도와 주민참여 효과

1) 주민 참여 제도

지역사회문제는 그 지역에 사는 주민들과 밀접한 관련이 있기 때문에 지역주민들이 지역 문제에 적극적으로 참여하기 위한 제도를 두는 것은 매우 중요한 일이다.

우리나라의 주민참여를 위한 제도는 주민발의를 시작으로 주민투표, 주민참여예산제, 주민소환제도가 대표적으로 시행되고 있다. 그러나 이러한 주민참여 제도들은 실천 요건이 까다로워서 실효성이 떨어질 가능성이 크다.[4)]

2) 주민참여의 긍정과 부정

주민이 지역사회복지운동에 참여하는 것은 모두 긍정적인 것만은 아니다. 주민참여의 긍정적 측면과 부정적 측면을 살펴보면 다음과 같다.

4) '주민발의'는 주민이 불필요한 조례는 없애고, 필요한 조례는 새로 만들거나 개정하는 것을 요구할 수 있는 제도로 지역 주민의 손으로 조례를 직접 만들 수 있다는 것이 특징이다. '주민투표'는 특정 지역의 중요한 정책과 제도를 주민이 투표하여 결정하는 제도로써 어떤 정책을 시행하기 앞서 주민들의 의견을 직접 물어보고 그에 따라 정책을 실시한다는 장점이 있다. '주민참여예산제'는 특정 지역의 예산을 산정하기 전에 주민이 참여하여 주민의 의견을 듣고 반영할 수 있도록 하는 제도이다. '주민소환'은 특정 지역의 자치단체장(시장, 도지사, 시장, 군수, 구청장)이 맡은 바 책임을 다하지 않거나 능력이 없다고 판단될 때 주민들의 투표를 통해 그 자리에서 물러나게 할 수 있는 제도이다.

(1) 긍정적인 측면

첫째, 의사결정이 효율적이다. 지역사회 의사결정에 있어 주민이 참여하여 주민의 욕구와 선호 의견이 반영될 수 있어 의사결정에 시간과 비용을 효율적으로 단축할 수 있다.

둘째, 의사결정에 불평등을 줄이는 효과가 있다. 중요한 정책이나 의사결정에 다양한 계층의 주민이 참여하여 그 의견이 반영되는 것은 주민 간 불평등을 최소화한다.

셋째, 갈등을 줄이고 중재할 수 있다. 주민이 나서서 공공기관 간의 문제를 해결할 수 있고, 많은 주민이 참석하기 때문에 그 자리에서 해결책이 마련될 수 있어 갈등이 완화된다.

(2) 부정적인 측면

첫째, 행정비용이 증가할 수 있다. 공청회, 주민의견 청취 과정에서 많은 주민 참여와 의사결정 장기화로 행정비용이 증가할 수 있고, 추가적으로 주민투표 등을 실시할 경우 적지 않은 행정비용이 늘어날 수 있다.

둘째, 시간상 지연 가능성이 있다. 의사결정에 의견이 다른 주민참여로 인해 정책결정이 지연될 가능성이 있다.

셋째, 주민 갈등과 지역 갈등이 일어날 수 있다. 주민들의 주장이 서로 다르거나, 지역 간 이익과 입장이 다를 경우 새로운 갈등이 유발될 수 있다

넷째, 참여주민의 대표성 결여와 결과 조작 가능성이 있다. 참여주민이 지역사회 다수 주민의 의견과 다른 의견을 가진 소수의 주민의견이 반영되거나, 주민 전체 의견과 다른 특정 의견을 가진 일부 주민이 대거 참여하여 여론을 조작할 가능성이 있다.

§3. 시민운동과 비영리 민간단체

1. 시민운동

1) 시민운동의 개념

시민운동은 기존의 사회구조와 제도를 변화 · 개선시키기 위하여 대중과 시민이 자발적으로 참여하는 조직으로 집합적이고, 연속적이며, 다양한 행동으로 운동한다. 이러한 조직은 시민단체, 시민사회단체, 민간단체, 비정부기구, 비영리기구, 자원활동조직 등의 이름으로 불리고 있다(이경은 외, 2016).

즉, 시민운동은 법치국가에서 시민들의 참여를 유도하여, 사회구조와 제도를 변화하고 개선시키는 가장 민주적인 사회운동 방법이라고 정리할 수 있다.

2. 비영리 민간단체

1) 비영리 민간단체의 개념

비영리 민간단체는 영리를 목적으로 하지 않는 단체이다. 비영리 민간단체는 영리를 추구하지 않으면서 우리 사회의 공적이익을 위해 사업을 하는 조직이 대부분이다. 비영리 민간단체는 경우에 따라 정부의 보조금을 받아 정부가 해야 할 공익 업무를 수행하기도 하지만, 특정한 개인의 영리를 추구하지 않기 때문에 가능한 일이다.

비영리 민간단체는 NGO(비정부단체)와 NPO(비영리단체)로 분류하는 것이 일반적이다. 시민단체와는 별개의 성격이지만, 영리 목적이 아니면서 정부조직도 아니기 때문에 비영리 단체에 시민단체도 포함할 수 있다.

비영리 민간단체 중 가장 대표적인 단체인 NGO와 NPO단체에 대해 더 자세히 살펴보면 다음과 같다.

(1) NGO(Non-Governmental Organization)

NGO는 비정부단체로 특정 국가의 정부 조직은 아니지만, 특정 국가의 공익적인 일을 할 수 있는 단체이다. 보통 국가가 운영하는 정부조직은 그 절차와 이념, 정치적인 측면에서 공익적인 일을 해야 하지만, 실제로 모든 공익적인 일을 해낼 수 없으므로 정부조직이 미처 돌보지 못한 사회 문제를 NGO가 담당하는 경우가 있다. 이러한 NGO활동은 정부에 대응하는 성격을 강조하면서 인도적 차원에서 접근하고 해결하려는 것이 NGO의 대표적인 성격이다.[5]

UN헌장 제71조를 보면 "민간단체가 국제적인 기관과의 관계에 있어서는 당사자가 될 수 있음을 승인한다."라고 하여 NGO단체의 공공성이 부각되었으며, 국제정치적 맥락에서 UN과 협력적 관계를 유지하는 NGO단체가 많아 공식적인 조직으로도 인정받는 경향이 있다. 한편, 오늘날 우리사회의 비영리 시민단체들도 NGO로 통합하여 호칭하는 경우가 많다.

(2) NPO(Non-Profit Organization)

NPO는 비영리단체로 영리를 추구하지 않고 공공의 이익을 추구하는 민간조직이다. 국가나 시장영역에서 분리된 조직과 단체들을 포괄하는 역할로 시장이나 기업의 영리만을 추구하는 일에 대응하는 성격이 더 강조되어 제3섹터나 시민사회조직 등으로 인정받는다.[6] 많은 자선단체나 사회봉사단체가 비영리단체에 속한다.

---

5) NGO의 대표적 단체는 그린피스, 국경없는 의사회, 유니세프 등이 있고, NPO의 대표적인 단체는 사회복지공동모금회, 한국어린이재단, 굿네이버스, 경실련(경제정의실천시민연합), 참여연대, 홍사단, YMCA 등이 있다.

6)제 3섹터(sector) 란? 보통 공공부문은 1섹터라 하고, 민간부문은 2섹터라 한다. 그런데, 공공도 아니고, 민간도 아닌 제 3의 다른 방법과 영역에 의해 공공을 위한 시민사회참여 분야를 제3섹터라 한다. 세계적으로 제3섹터는 NPO, 시민단체, 자선단체 등 비영리단체를 나타낸다. 그런데, 최근엔 민간기업이 가진 우수한 기술과 풍부한 자본과 공기업의 공신력과 같은 서로의 장점을 혼합해 공동출자 형식으로 행하는 지역사회의 사회간접 개발사업 방법도 제 3섹터라고도 한다.

2) 비영리 재단법인

재단법인은 출연된 재산을 기초로 특정한 목적을 수행하기 위한 단체로 법인격이 부여되어 재단법인이라 한다. 즉, 재단법인은 재산을 본체로 한다는 특징이 있다. 대표적인 비영리 재단법인으로는 한국YMCA, 한국장학재단, 한국보건연구재단, 서울시복지재단 등이 있다.

한편, 사회복지사업을 주요 목적으로 하는 사회복지법인은 재단법인에 속한다. 즉, 재산을 본체로 하여 사회복지사업을 주요 목적으로 두는 법인이 사회복지법인으로서 비영리 재단법인의 대표격이라 할 수 있으며, 각종 사회복지사업을 실시하고 있는 것이다. 이러한 재단법인의 구체적인 예시로는 월드비전, 생명의 전화, 한국지역사회복리회, 한국미래복지재단 등이 있다.

연습문제

1. 지역사회복지운동에서 아른슈타인(Arnstein)의 주민참여 단계 중 형식적 참여에 속하는 것은?

① 치료 ② 조작 ③ 회유
④ 주민통제 ⑤ 권한위임

2. 지역사회복지운동에 관한 설명과 가장 가까운 것은?

① 자본주의를 비판하고 노동자계급에 의해 사회변혁 추구에서 출발한다.
② 일반적인 지역사회 문제 전체를 다룬다.
③ 지역사회 주민참여가 전제되어 지역 내 다양한 욕구와 문제를 해결한다.
④ 시민이 자발적으로 참여하여 시민들의 의지를 사회에 요구하는 운동이다.
⑤ 지역이라는 테두리에서 지역 내 발생하는 다양한 문제를 해결하려한다.

3. 다음 보기 중 지역사회복지운동의 활성화 방법과 관련이 있는 것만 나타낸 것은?

보기
ㄱ. 지역사회주민들의 주체적 참여
ㄴ. 지역사회 내 정치적 영향력 강화
ㄷ. 공동체의식 강화와 주민 역량 강화
ㄹ. 최종목적은 제도 정립

① ㄱ, ㄴ ② ㄴ, ㄹ ③ ㄱ, ㄷ, ㄹ
④ ㄹ, ㅁ ⑤ ㄱ, ㄴ, ㄷ, ㄹ

4. 다음 보기 중 지역사회복지에 있어 주민참여의 긍정적 효과만 나타낸 것은?

보기
가. 의사결정의 효율성
나. 불평등을 줄이는 효과
다. 갈등을 줄이고 중재
라. 행정비용 절감

① 가, 나 ② 가, 나, 다
③ 다, 라 ④ 라
⑤ 가, 나, 다, 라

5. 비영리 민간단체의 설명과 가장 가까운 것은?

① NPO는 시장이나 기업의 영리 추구에 대응하는 성격이 강조된다.
② 비영리 민간단체에 시민단체는 포함되지 않는다.
③ NPO는 「UN헌장」 제71조에 국제적인 관계에서 당사자가 될 수 있음을 명시한다.
④ NGO는 비정부 단체이기 때문에 정부의 일은 절대 하지 않는다.
⑤ 비영리단체는 정부의 보조금은 절대 사용하지 않는다.

문제 해설

1번 문제
정답 : ③
해설 : 치료와 조작은 비참여 단계에 속하고 주민통제와 권한위임은 주민권력 단계에 속한다.

2번 문제
정답 : ③
해설 : 사회운동은 자본주의를 비판하고 노동자계급에 의해 사회변혁 추구에서 출발하며, 일반적으로 지역사회 전체 문제를 다룬다. 시민운동은 시민이 자발적으로 참여하여 시민들의 의지를 사회에 요구하는 운동이다. 지역사회운동은 지역이라는 테두리에서 지역 내 존재하는 다양한 문제를 해결하려 한다.

3번 문제
정답 : ⑤
해설 : 지역사회복지운동 활성화방법의 대표적인 것은 지역사회주민들의 주체적 참여, 지역사회 내 정치적 영향력 강화, 공동체의식 강화와 주민의 역량강화, 최종목적은 제도 정립, 지역사회 자원 활용, 시민운동과의 연대를 들 수 있다.

4번 문제
정답 : ②
해설 : 주민참여의 긍정적 효과는 의사결정의 효율성, 불평등을 줄이는 효과, 갈등을 줄이고 중재하는 효과가 있다. 주민참여의 부정적효과는 행정비용이 절감되는 것이 아니라 증가된다.

5번 문제
정답 : ①
해설 : NPO는 시장이나 기업의 영리추구에 대응하는 성격이 강조된다. 비영리단체는 시민단체를 포함하고, 정부의 보조금에 의한 정부와 관련한 일은 할 수도 있다. NGO는 UN헌장 제71조에 국제적인 관계에서 당사자가 될 수 있음을 명시한다.

생각해 봅시다

〈 해결문제 〉

1. 우리나라의 어느 광역도시의 지하철 3호선 사업은 10년 넘도록 논쟁이 되는 사업이었지만, 3호선 설치를 실시하기로 결정된 사업이다. 지하철 3호선은 광역도시다운 면모를 보이면서 미래지향적인 사업이지만, 막대한 예산이 투입되어 당장 재정적 적자가 걱정인 사업이다. 이 사업과 관련한 주민의견을 반영할 방법은 무엇이고, 주민예산참여제도를 활용하여 이 사업과 관련한 주민의견 전달 방법은 무엇이 있을까? 또한, 관련 광역도시의 비영리시민단체의 반대 입장에서 이 문제와 관련한 의견전달을 위한 구체적인 전략을 세워보자.

※주민참여예산제도는 지방자치단체의 예산편성, 집행, 결산, 환류까지 모든 예산 과정에 주민이 참여하는 제도이다. 필요한 사업을 직접 정하기도 하고 예산집행 과정을 들여다볼 수 있어 예산의 투명성과 공정성을 높이는데 효과적일 수 있다.

〈 토론문제 〉

1. 독일의 경우 2022년 동계올림픽 유치 신청을 앞두고 사전에 주민투표를 실시한바 있다. 그 결과 올림픽 유치 반대로 나타나 결국 독일 중앙정부의 올림픽 유치 계획은 무산되었다. 많은 자본이 투입되는 국제스포츠 경기는 재정 위기와 환경 파괴, 이주민 문제를 남길 수 있다는 사실을 독일의 주민들이 우려했다는 평가를 내릴 수 있다. 이러한 국제적 대규모 행사는 지역발전에 긍정적인 면과 부정적인 양면을 가질 수 있다. 한국의 경우 1988년 서울 하계올림픽과 2018

년 평창 동계올림픽은 물론이고 대규모 국제 스포츠경기에 관한 주민투표를 실시한 전례가 없다. 이런 주제를 대상으로 하는 주민투표는 비용과 시간적인 면에서는 부정적인 견해가 더 클 수 있다. 지역발전을 위한 다양한 이벤트에 주민투표가 필요한 지 찬 · 반 토론을 해보자.

2. 아른슈타인(Arnstein, 1969)의 권력분배 정도에 따른 주민참여 8단계를 우리나라의 각 광역도시는 어느정도 단계 수준이며, 필요하다면 어느 단계로 개선해야 하는지 토론해 보자.

아른슈타인(Arnstein, 1969)의 권력분배 정도에 따른 주민참여 8단계		
단계		내용
8	주민통제(Citizen Control)	주민권력
7	권한위임(Delegated Ower)	
6	협동관계(Partnership)	
5	회유(Placation)	형식적 참여
4	상담(Consultation)	
3	정보제공(Informing)	
2	치료(Therapy)	비참여
1	조작(Manipulation)	

제12장 지역사회복지 환경의 변화와 과제

§1. 지역사회복지의 환경변화

지역사회복지는 각 지역의 사회 환경에 따라 그 내용과 방법이 달라질 가능성이 크다. 특히, 지방자치제도를 실시하고 있는 우리나라의 복지정책 프로그램은 각 지역 여건에 맞게 조성되는 것이 매우 자연스럽고 바람직한 현상이다.

우리나라는 2022년 윤석열 정부가 출범하면서 국정과제로 「기회발전특구」를 채택하였다. 이는 낙후된 지역에 민간투자를 활성화 시켜 지방분권과 지역균형발전을 도모하겠다는 의지로 해석된다. 이와 같이 지방분권을 위한 중앙정부의 정책방향 채택은 지역사회복지의 사회적 환경에도 변화를 가져올 것으로 보인다. 추후 지방분권화가 본격적으로 진행되면 각 지역에 맞는 입법, 행정, 재정뿐만 아니라 각 지역에 어울리는 복지프로그램도 지역 환경과 여건에 맞는 수준으로 변화될 가능성이 커 보인다.

그동안 우리나라는 지방정부에 비해 중앙정부의 권한이 훨씬 컸기 때문에 서로 보완 관계일 때도 있었지만, 중앙정부와 지방정부의 수직 구조에서는 같은 방향의 정치나 행정 구도로 시행될 경향이 컸다. 이와 같은 상황에서 각 지역여건이 다르기 때문에 적절한 사회복지 정책시행에 갈등이 발생할 발생할 우려도 있다. 전 세계적으로 상당히 많은 국가가 중앙정부와 지방정부를 구분하는 정치 사회구조 하에 각 지역의 상황을 인정하고 지방화에 맞춘 프로그램을 선호하는 추세이다.

이와 같은 지방화 환경에서 우리나라의 지역사회복지환경도 점점 변화하고 있는 현실을 맞이하고 있다. 그 변화 양상은 지방자치제와 지방분권, 산업화와 도시화 현상, 다문화사회로의 변화, 탈시설화와 지역사회보호 확대, 다양한 서비스와 사회복지기관 증가, 다문화사회 증가로 요약할 수 있는데, 그 내용을 좀 더 자세히 살펴보면 다음과 같다.

1. 지방자치제와 지방사회복지

우리나라는 1949년에 지방자치법을 제정하고, 1952년에 시 · 읍 · 면 의회 의원 선거 및 시 · 도 의회 의원 선거를 시행하였는데, 서울 시장과 도지사는 대통령이 임명하고, 시 · 읍 · 면장은 선거로 선출한 역사가 있다. 1960년엔 시 · 읍 · 면장과 더불어 전국의 모든 시 · 도지사도 선거로 선출하는 제도로 바뀌었으나, 1961년 5 · 16군사정부 출연으로 지방자치제는 사라지고 중앙집권제가 실시되었다. 하지만, 1995년 기초자치단체장(시 · 군 · 구)과 의회, 광역자치단체장(시 · 도)과 의회 의원을 선출하는 선거의 부활로 현재와 같은 지방자치제도를 실시하게 되었다.

2003년에 출범한 노무현 정부(참여정부)는 지방분권정책을 강화하면서 137개의 사회복지사업 중 67개의 복지사업을 지방에 이양하면서 지역사회복지에 대한 관심도 크게 부각되었다. 이와 같이 우리나라의 지역사회복지와 관련한 역사적 사실들이 지방자치제, 지방분권, 사회복지사업의 지방이양으로 나타나면서 지역사회복지에 대한 중요성이 더 확인되는 근거라 할 수 있다.

하지만, 지방이양은 충분한 준비 없이 추진될 경우, 많은 문제점이 나타날 수 있다. 가령, 특정 지방정부가 사회복지에 대한 관심이 부족할 경우 그 지역의 사회복지 예산 편성과정과 집행에서 소외될 가능성이 있다. 또한, 지방정부는 지역적 특성에 맞는 사회복지정책과 프로그램을 개발하고 실현할 수 있지만, 지방정부의 예산 부족 등으로 신규 복지사업을 추진하기가 쉽지 않을 수 있다. 결국, 지역사회복지사업은 지역 경쟁력과 재정의 자립도 차이에 의해 그 결과가 나타난다면 지역 간 불균형으로 이어질 가능성이 있다.

한편, 지방정부의 사회복지사업은 지역주민과 민간 참여가 적극 요구되지만, 지방정부는 주민의 역할과 민간의 욕구를 소극적으로 제한하고자 하는 경향이 나타날 수 있다. 실제로 지방정부는 4년마다 세우는 지역사회보장계획에 지방정부의 정책 방향과 연동할 가능성이 있고, 지역사회보장협의체나, 사회보장위원회도 지방정부의 정책 방향을 수렴할 수 있는 위원으로 구성할 가능성이 높다.

2. 산업화와 도시화 현상

현대사회는 과학과 첨단 산업이 발달하면서 사회적 공동체와 연대감이 약화될 가능성을 가지고 있다. 더구나 2021년 전 세계를 강타한 코로나19 바이러스 확대로 사회적 왕래가 줄어들어 공동체적 의식과 사회적 관계가 축소되는 경향이 증가한 것으로 보인다.

산업화의 발달로 전통적인 공동체 사회가 줄어들고, 급격한 도시화 현상이 증가하면서 수도권 집중화로 지방의 경제활동이 축소되면서 인구도 줄어들어 지역소멸의 위기로 확대되는 현상이 나타나고 있다.

또한, 우리나라는 전통적인 대가족 체제에서 핵가족체제 변화를 넘어 이제는 1인가구 증가가 뚜렷하게 나타나고 있고, 인구의 고령화와 함께 세계 최저 출산국가라는 현실을 맞이하고 있다 이러한 현상들로 인해 현대 사회는 점점 이익사회 변화를 부추기면서 사회적으로 고립되는 사람들이 증가하고 있어 이에 따른 새로운 지역사회복지서비스가 요구된다.

3. 다양한 서비스와 사회복지기관 증가

그동안 사회복지서비스는 전통적으로 중앙정부 주도의 공공부조 서비스가 상당한 부분을 차지하고 있다. 가장 대표적인 공공부조 서비스인 국민기초생활보장제도 서비스를 비롯해 기초연금과 긴급지원금 등이 있다. 여기에 지역사회복지관, 지역아동센터 등 다양한 사회복지서비스를 실시하고 있었다. 그런데, 최근 우리사회의 복지서비스는 점점 다양해 지고 있다. 특히, 지방정부의 단체장 선출에 등장하는 공약 대부분이 복지 분야임을 부인할 수 없는데, 이 공약에 등장하는 복지서비스가 전통적인 사회복지서비스보다 더 새롭고 다양한 제도로 변화하고 있다. 예를 들면, 전통적으로 복지대상에서 제외되었던 청년과 중·장년을 대상으로 하는 복지서비스가 점점 증가하고 있고, 여성과 다문화에 대한 복지서비스도 눈에 띄게 확대되고 있음을 확인할 수 있다.

한편, 과거와 다른 새로운 복지기관의 명칭도 점점 증가하고 있다. 앞서 제시한 다양한 복지대상자에 의한 복지서비스를 제공하기 위해 기존과 달리 보다 혁신적이고 전문적인 복지기관도 계속해서 증가하고 있음을 알 수 있다. 예를 들면, 청년을 대상으로 하는 청년대상 복지기관, 청소년을 대상으로 하는 청소년복지기관, 중·장년을 대상으로 하는 복지기관, 여성의 계속고용을 돕는 복지기관, 다문화 가정의 사회적응을 돕는 복지기관, 문화와 여가를 즐길 수 있는 여가복지시설 등의 증가는 그 종류와 명칭도 생소한 기관이 점점 더 확대되는 추세로 나타나면서 최근의 지역사회복지의 변화를 느낄 수 있다.

4. 탈시설화와 지역사회보호 확대

'탈시설화(deinstitutionalization)'는 요보호대상자를 사회복지시설에서 격리하고 수용하는 서비스가 가지는 부정적 측면을 지적하면서 그에 따른 문제점을 벗어나고자 하는 현상이다. 이와 관련하여 최근 요보호대상자를 지역사회 전체가 보호하는 '

지역사회보호(Community care)'운동이 확산되는 추세다. 예를 들면 아동의 경우 시설보호가 아닌 그룹홈, 위탁 가정, 입양 등을 들 수 있다. 한편, 시설 개방화(시설 사회화)도 요구되는데, 사회복지시설은 이용자의 인권 보호를 위한 생활구조 옹호와 공공성 관점에서 시설을 지역사회에 개방하고 제공하는 지역사회 상호작용 서비스를 포함한다. 이러한 관점에서 현대 사회복지시스템은 시설복지 중심에서 탈시설화와 시설의 개방화로 인한 지역사회보호(Community care) 욕구가 증가하고 있다.

한편, 복지 공급 중심에서 복지 수요 중심의 변화도 점점 크게 나타나고 있다. 우리 사회에서 시설보호가 필요한 것은 분명한 사실이지만, 기존의 시설보호 중심 사회복지서비스가 인간의 권리와 자율성을 방해할 요인이 있다는 점이 부각되면서 요보호 대상자를 재가복지나 지역사회에서 돌볼 수 있는 서비스로 확대되어가는 추세다.[1)]

실제로 우리나라의 경우 2019년부터 지역사회돌봄인 커뮤니티케어(Community care) 사업을 일부 지자체에서 시범사업으로 실시하고 있고, 2026년부터 커뮤니티케어(Community care) 사업을 전국적으로 확대하여 시행할 계획이다.

5. 다문화사회로의 변화

세계화와 개방화는 사회적 · 경제적 역동이 반영되어 각국의 인구사회학적 특징을 변화시키고 있다. 우리나라의 경우 생산 인구의 부족, 결혼관의 변화 등으로 국제결혼이 증가하고 있어 다인종 · 다문화사회로 변화하고 확대되어 가는 추세이다. 일반적으로 우리나라에 정착하게 된 다문화가족은 새로운 환경과 낯선 문화에서 원만한 상호작용이 이루어지지 않거나, 심리적으로 불안정한 상태에서 새로운 나라에서 적응하는 과정을 거치고 있다. 이처럼 다문화라는 지역사회 인구 특성의 변화는 지

1)대규모 사회복지시설의 문제 중 인권 문제와 자율성 문제 등이 제시되고 있다. 이와 관련해 일본의 '아사히 소송'을 예로 들 수 있는데, 이 소송은 일본의 사회복지시설 이용자인 '아사히'라는 사람이 사회시설의 이용자 처우와 인권을 문제로 일본 국가를 상대로 소송한 사건이다. 소송 중 아사히는 사망하여 소송 결과가 나타나지 않았지만, 이 소송을 계기로 일본사회는 사회복지시설 이용자의 인권개선, 서비스향상, 시설개방화 필요성 등에 관심을 갖게 된 대표적 사건이다.

역사회복지실천에서도 다문화를 대비한 변화 요구를 피할 수 없을 것이다.

정리하면, 지역사회복지는 지역주민의 동질성, 소속감, 연대성 등을 강조하는데, 다문화 사회는 이와 같은 기존의 지역사회 기본 전제를 무력화할 수 있다. 따라서 앞으로 지역사회복지에서 중요하게 다루어야 하는 분야 가운데 하나가 다문화사회임을 부인할 수 없기에 그에 따른 지역사회복지 서비스를 모색할 필요가 있다.

§2. 지역사회복지의 과제

지역사회복지는 해결할 과제가 매우 다양하고 광범위하여 간단히 정리하기는 쉽지 않다. 하지만, 본 교재에서는 지역사회복지의 과제로 지역주민참여와 민 · 관 거버넌스의 강화, 지역사회복지사의 전문성 강화, 지역정치 참여와 같이 세 가지로 요약하여 제시해 보겠다. 그 내용은 다음과 같다.

1. 지역주민참여와 민·관 거버넌스의 강화

지역사회복지 실천에 있어서 지역주민 참여는 지역사회복지의 성공 열쇠로 보인다. 지역주민은 지역사회복지 대상자이고, 공급자이며, 관리자이다. 지역주민의 관심과 참여가 지역사회복지 발전의 전제이고, 지역주민의 인식 변화와 함께 지역사회복지 수준 또한 변화되기 때문이다.

지역사회복지서비스는 지역적 특성과 주민의 욕구가 반영되어 주민에게 필요한 서비스를 중심으로 제공되는 것인데, 이러기 위해서는 지역주민이 지역복지에 참여하기 위한 장을 마련할 필요가 있다. 예를 들면, 지역복지와 관련한 모든 정책을 세울 때 지역주민이 참여하는 공청회를 의무적으로 실시하고, 지역복지와 관련된 각종 위원회도 지역주민 대표가 의무적으로 참여할 수 있는 구조를 형성할 필요가 있다. 또한, 지역주민의 역량을 강화하기 위한 사업과 정책이 요구된다.

지역사회복지시설에서 실시하는 다양한 서비스로 지역 주민의 욕구가 반영된 시스템 마련 요구는 당연한 현상일 수 있다. 이는 각 지역이나 시설에 따라 그 여건이 다르다는 이유와 관련이 있다. 이러한 문제를 해결하기 위해 지역주민의 욕구를 최대한 충족시킬 수 있는 활동에 인센티브(Incentive)가 부여될 수 있는 환경을 조성할 필요가 있다. 예를 들면, 공식적인 지역복지시설 평가 항목에 지역주민의 욕구조사를 반영한 서비스를 평가지표에 포함하여 평가결과에 가산점이 주어지는 방법도 고려해 볼만 하다.

또한, 공공기관, 민간, 지역복지시설의 3자 협력도 중요하게 고려되어야 할 사안으로 판단된다. 이는 최근 우리사회에서 각광받는 민 · 관 거버넌스(governance)시스템을 연결할 필요가 있다. 민 · 관 거버넌스는 주민과 지역 전문가를 중심으로 민간이 적극 참여 할수 있는 여건을 마련하여 정부와 행정의 일방적 주도를 예방하는 효과를 기대할 수 있다.

2. 지역사회복지사의 전문성 강화와 처우개선

우리나라의 경우 국가자격증인 사회복지사자격증은 온라인교육으로 취득이 가능하고, 그 기간도 2년 미만에 자격증을 취득할 수 있다. 이렇듯 다른 전문가에 비해 비교적 짧은 기간의 교육과정을 거치는 것은 그 전문성에 대한 의구심을 불러올 수 있다.

심지어 사회복지시설장과 기관장도 특별한 자격이나 교육훈련을 거치지 않고, 사회복지현장의 경험이 전무해도 지역사회 내 사회복지시설장 근무가 가능하며, 연령제한도 모호해 20대부터 80대까지 다양한 연령대가 근무하는 경우도 있다. 이는 우리나라의 사회복지시설장 자격제도의 필요성을 알 수 있는 대목이다.

이러한 현실에서 우리 사회는 지역사회복지 현장의 실천가를 과연 전문가라 할 수 있는지 의문이다. 대부분의 사회복지시설은 지역사회내에 존재하면서 그 지역의 현안을 해결하고, 클라이언트를 케어하는 역할을 담당한다. 또한, 특정지역의 여건을 모르는 경우 그 실천에 있어 오류를 범할 수 있고, 지역의 상황을 잘 모른다면 지역사회복지 실천도 정상적인 수행을 기대하기 어렵다는 우려도 있다.

따라서 사회복지사와 사회복지시설장의 책임과 역할 중요성은 주지의 사실이기 때문에 전문성 강화를 강조할 수밖에 없다. 사회복지시설장은 근무경력 기간을 점수화하여, 특정 교육을 이수해야만 사회복지시설장 자격을 부여하는 방법 등을 적용해 지역사회복지기관의 전문성을 향상할 필요가 있다.

일선에서 근무하는 지역사회복지 시설 종사자의 전문성을 강화하기 위한 가장 효과적인 방법 가운데 하나가 공무원에 준하는 처우가 전제될 수 있다. 이는 그만큼 사회복지업무가 공공성이 부여되고 있어 공무원 못지않은 역할을 수행할 수 있고, 그에 따른 동등한 처우도 제공하면서 사회복지사의 이직을 줄일 수 있으며, 그에 합당한 전문성을 요구할 수 있는 제반 여건이 되기 때문이다.

3. 지역정치 참여

각 지역사회에 적합한 정책 수립과 관련 입법·조례를 요구하는 주민의 정치참여는 우리사회의 진정한 풀뿌리 민주주의를 실천하기 위한 중요한 활동이다. 자신이 속한 지역주민이 그 지역정치에 참여하는 것은 지역사회를 바꾸는 가장 대표적인 방법이다. 이러한 지역주민의 정치활동은 지역사회복지 활동과 매우 유사하다. 이는 지역사회복지 활동이 지역사회 내에서 발생하는 다양한 문제를 해결하기 위한 노력으로 지역정치가 하는 사회적 활동을 포함하기 때문이다.

사회복지사 윤리강령에는 다음과 같은 내용을 제시하고 있다. "사회복지사는 인권존중과 인간 평등을 위해 헌신해야 한다. 또한, 지역사회 환경개선과 사회정의를 위한 사회정책을 수립하고 입법을 요구하며, 지역사회 문제를 해결하는 일에 적극 참여하여 우리사회를 정의롭게 하는 역할을 수행해야 한다." 이와 같은 사회복지사 윤리강령 내용은 지역사회복지 현장에 종사하는 사회복지활동가로서 인권존중과 평등을 위하고, 지역사회 환경개선과 사회정의를 위한 정책과 조례 제정 같은 입법활동의 근거를 제시하고 있음을 알 수 있다. 결국, 지역사회 문제를 해결하는 일에 적극 참여하기 위한 입법활동과 정치활동은 우리 사회를 정의롭게 하는 역할을 수행할 가장 대표적인 활동이다. 우리 지역사회를 정의롭게 바꾸는 데 가장 효과적이고, 빠른 방법이 지역주민의 정치참여임을 확신한다. 지역사회복지전문가와 지역활동가 역시 지역사회 정치참여가 각자의 활동 목표에 더 효과적일 수 있다. 묵묵히 일을 하는 것은 때론 침묵하는 실천으로 보일 수 있다. 각 지역이 가지는 다양한 사회문제뿐만 아니라 사회복지사 자신의 문제를 해결하기 위한 노력을 위해서도 정치참여의 필요성을 강조하고자 한다.

> "독일의 나치가 유태인들을 죽이려 할 때 나는 침묵하였다.
> 왜냐면 나는 유태인이 아니었기 때문에.
>
> 독일의 나치가 사회운동가들을 죽이려 할 때 나는 침묵했다.
> 왜냐면 나는 사회운동가가 아니었기 때문에.
>
> 독일의 나치가 노동조합원들을 죽이려 할 때 나는 침묵했다.
> 왜냐면 나는 노동조합원이 아니었기 때문에.
>
> 독일의 나치가 나를 죽이려 할 때
> "나를 위해 말해 줄 사람이 아무도 남아 있지 않았다."
>
> 마틴 니묄러(Martin Niemoeller)의 "저항하지 않는 침묵이 나를 덮칠 때"
> 라는 시의 일부를 발췌한 내용

연습문제

1. 우리나라의 지역사회복지 환경은 빠르게 변화하고 있다. 그 변화의 방향과 가장 거리가 먼 것은?

① 산업화와 도시화 현상
② 사회복지 시설화의 고급화
③ 지방자치제와 지방분권
④ 사회복지서비스의 시장화
⑤ 다문화사회로의 변화

2. 다음 보기는 지역사회복지과제 중 어떤 것에 관한 설명인지 고르시오.

> 보기
> … 이들은 인권 존중과 인간 평등을 위해 헌신해야 한다. 또한, 지역사회 환경개선과 사회정의를 위한 사회정책을 수립하고 입법을 요구하며, 지역사회 문제를 해결하는 일에 적극 참여하여 우리사회를 정의롭게 하는 역할을 수행해야 한다.

① 지역주민참여의 강화
② 사회복지사 윤리강령
③ 지역사회복지사의 전문성 강화
④ 민 · 관 거버넌스의 강화
⑤ 탈시설화

3. 최근 우리나라 지역사회복지 환경변화에 관한 설명 중 옳은 것만 선택한 것은?

> ㄱ. 3년 단위의 지역사회복지계획 수립
> ㄴ. 다양한 지역사회복지서비스와 신규 사회복지시설 증가
> ㄷ. 탈시설화 경향에 따른 지역사회 보호 강화
> ㄹ.시 · 군 · 구별 지역사회보장협의체와 읍 · 면 · 동 사회보장협의체 등장

①ㄱ, ㄴ ②ㄱ, ㄹ
③ㄴ, ㄷ ④ㄴ, ㄷ, ㄹ
⑤ㄱ, ㄴ, ㄷ, ㄹ

문제 해설

1번 문제
정답 : ②
해설 : 우리나라 지역사회복지 환경변화의 방향으로 제시하면 지역사회의 산업화와 도시화 현상, 탈시설화, 지방자치제와 지방분권, 사회복지서비스의 시장화, 다문화사회로의 변화, 민 · 관 거버넌스의 강화를 들 수 있다.

2번 문제
정답 : ②
해설 : 보기는 사회복지사 윤리강령의 내용 중 일부이다.

3번 문제
정답 : ④
해설 : ㄱ. 지역사회복지계획은 4년 단위로 시행되고, 2015년부터는 지역사회보장계획으로 명칭이 변경되었다.

생각해 봅시다

〈해결문제〉

우리나라는 2012년 「사회복지사 등의 처우 및 지위 향상을 위한 법률」을 제정해 사회복지시설 종사자의 처우개선을 위해 노력하고 있다. 그러나 이러한 법률은 선언적 법률일 뿐 구체적이거나 강제적인 규정은 모호한 상태이다. 실제로 ○○광역시 지역 사회복지시설 근무자의 임금과 △△광역시 지역 사회복지시설 근무자의 임금의 전체 수령액을 비교해보면 월 20만원 정도 차이가 있다. 그 이유는 ○○광역시는 재정자립도가 타 도시에 비해 낮고, 예산 책정시 사회복지시설 종사자 임금과 종사자 수당 등의 예산이 다른 현안사업에 비해 우선 순위에서 뒤처지기 때문이다. 사회복지를 전공하는 학생의 입장에서 이 문제 해결을 위해 참여하는 방법은 무엇이 있을지 제시해 보자.

〈토론문제〉

○○시는 장애인요양시설이 부족해 조속히 장애인요양시설을 설치해야만 하는 상황이다. ○○시청은 여러가지 입지와 타당성을 조사해 △△동에 장애인요양시설을 확충하려고 계획하였다. 그러나 주민들의 반대 시위가 계속되고 있다. 주민들은 우리 동네에 장애인복지시설이 설치되면 지역 이미지가 나빠지고, 집값도 떨어질 수 있다면서 강력한 반대와 함께 ○○시를 대상으로 소송까지 하겠다는 입장이다. 이러한 상황에서 장애인요양시설 설치를 찬성하는 입장과 반대하는 입장으로 나누어 토론해보자. 또한, 이 문제의 바람직한 해결방법은 어떤 것들이 있을지 토론해 보자.

참고문헌

감정기 · 백종만 · 김찬우(2005). 지역사회복지론. 나남출판사

강대선(2015) 빈곤지역 주민의 지역사회임파워먼트와 지역사회실천가의 역할 : 주민의 개인적 특성 및 거주 특성의 조절효과를 중심으로. 사회과학연구 26(2), 199-226.

강영숙(2019). 지역사회복지론, 서울 : 동문사

강준만 (2012). 급진주의자를 위한 규칙 : 사울 D. 알린스키의 운동론이 주는 교훈. 인물과 사상 171, 40-65.

강철희 · 정무성(2006). 지역사회복지실천론. 파주: 나남출판.

강혜규 · 정호원 · 함영진(2017). 2017년 복지행정 부문의 정책방향. 한국보건사회연구원.

고명석 · 박명혜 · 황춘화(2014). 사회복지개론. 동문사.

고미영(2004). 구성주의적 사회복지 실천방법에 관한 탐구. 교수논총. 16, 7-26.

______(2007). 사회복지실천에서의 임파워먼트 접근에 대한 구성주의적 이해와 적용. 상황과 복지. 23, 131-163.

고수현(2020). 지역사회복지론, 서울 : 양서원

구자헌(1970). 한국사회복지사. 한국사회복지연구소.

김경섭 · 김성철 · 김태식 · 김현호 · 양경희(2012). 지역사회복지론. 경기도: 양서원.

김광희(2010). 지역사회복지론. 경기도: 공동체.

______(2015). 지역사회복지론 제3판. 경기도: 공동체.

김근혜(2015). 보건 · 복지 연계서비스의 체계에 관한 연구: AHP기법을 이용한 상대적 중요도 분석.

김만두(1991). 사회복지법제론. 홍익재.

김만호(2016). 지역사회복지론. 경기도: 양서원.

김범수(2007). 자원봉사론. 서울: 학지사.

______(2012). 지역사회복지론. 파주: 학현사.

김범수 · 신원우(2016). 지역사회복지론. 공동체.

김병 · 이인순 · 이진향 · 이하예진 · 정명환 · 조승석 · 황은혜(2022). 지역사회복지론, 서울 : 창지사

김수정(2007) 사회복지사의 사회행동 실천과정에 관한 연구. 이화여자대학교 박사학위논문

김영미(2022). 지역사회복지론, 서울 : 양서원

김용환 · 김극명 · 김세원 · 김준규 · 배은영 · 박해경 · 이은영(2011). 지역사회복지론. 서울: 창지사.

김용환 · 김순연 · 김영대 · 김재경 · 신경희 · 이덕희(2014). 지역사회복지론. 서울: 동문사.

김욱진 · 김태연(2012). 지역사회개발과 디스임파워먼트 : 지역사회를 디스임파워하는 실천가의유형에 관한 연구, 비판사회정책, 37, 49-84.

김종일(2005). 지역사회복지론. 파주: 학현사

______(2008). 지역사회복지론. 파주: 학현사

______(2012). 지역사회복지론 개정신판. 서울: 청목출판사.

김준환 · 김혜정 · 이양훈(2016). 지역사회복지론. 경기: 도서출판 어가.

김찬석(2016). 홍보의 개념 및 목적 등에 대한 사회복지실문자의 인식. 한국사회과학연구 37(2). 13-24.

김치영 · 정현태(2009). 지역사회복지론. 서울:파워북.

김형수 · 양성관 · 주익수(2010). 지역사회복지론. 경기도: 학현사.

남경현(1978). 사회복지관의 역사적 배경과 유형, 사회복지관 개요. 한국 사회복지관 연합회.

남일재 · 문영주(2019). 지역사회복지론. 서울:양서원.

남진열 · 강세현 · 전영록 · 유용식 (2009). 지역사회복지론. 경기도: 공동체.

남진열 · 강세현 · 전영록 · 유용식 (2010). 지역사회복지론. 경기도: 공동체.

류종훈(2014). 지역사회복지론. 경기도: 정민사.

박광동(2013). 지방분권화에따른 사회복지전달체계 관련 법제 개선방안연구. 한국법제연구원.

박서영 · 권성철 · 김용길 · 이정호 · 조준배(2015). 지역사회복지론. 경기도: 정민사.

박용순(2006). 지역사회복지론. 서울:학지사.

______(2007). 지역사회복지론. 서울:학지사.

박태영 · 채현탁(2015). 지역사회복지론. 파주:정민사.

박현식 · 김준경 · 구재관 · 박지현 · 정지웅 · 이옥진(2021). 지역사회복지론, 서울 : 양서원

보건복지부(2015). 2015년도 지역사회보장협의체 운영안내

__________(2017). 2017 노인보건복지 사업안내(I). 세종: 보건복지부.

__________(2017). 2017 사회복지관 운영관련 업무처리 안내. 세종: 보건복지부.

__________(2017). 2017 사회복지시설 관리 안내. 세종: 보건복지부.

_________(2018). 2018 자활사업안내(I). 세종: 보건복지부.

_________(2018). 2018 지역아동센터 사업안내. 세종: 보건복지부.

(2022) 노인보건복지사업안내. 세종: 보건복지부.

(2022) 사회복지관 운영관련 업무처리 안내. 세종: 보건복지부.

(2022) 사회복지시설관리안내. 세종: 보건복지부.

(2022) 자활사업안내지침. 세종: 보건복지부.

(2022) 지역아동센터 지원 사업안내. 세종: 보건복지부.

(2022) 지역사회서비스 투자사업 안내. 세종: 보건복지부.

사회보장위원회(2014). 관계부처합동회의 자료.

사회복지교육연구센터 편저(2017). 지역사회복지론. 서울:나눔의 집.

성경륭(1993). 한국 정치민주화의 정치적 기원: 사회 운동적 접근, 경남대학교 극동문제연구소편, 한국정치사회의 새 흐름. 서울: 나남출판.

신명호(2012). 사회복지관에서 주민운동은 가능한가? 방아골종합사회복지관의 사례를 중심으로, 정신문화연구, 35(2), 69-99.

양성관 · 이승현 · 김태식 · 곽미정(2020). 지역사회복지론, 경기 : 정민사

양성관 · 주익수 · 박상진 · 김동환 · 김주성(2013). 지역사회복지론. 경기도: 정민사.

_____________________________(2015). 지역사회복지론. 경기: 정민사.

양정하 · 황인옥 · 김정희 · 배의식 · 박미정 · 김남숙 · 윤성호(2008). 지역사회복지론. 공동체.

엄태영(2016). 지역사회복지론. 서울: 도서출판 신정.

오정수 · 류진석(2021). 지역사회복지론. 서울: 학지사.

___________(2006). 지역사회복지론. 서울: 학지사.

___________(2008). 지역사회복지론. 서울: 학지사.

_____________(2012). 지역사회복지론. 파주: 학지사.

_____________(2016). 지역사회복지론. 서울: 학지사

우수명(2021). 지역사회복지론, 서울: 지식공동체

유동철 · 홍제봉(2016). 실천가를 위한 지역사회복지론. 경기: 양서원.

이경은 · 장덕희 · 김휘연 · 문도원 · 이마리아(2016). 지역사회복지론. 서울: 학지사.

이애련 · 이권일 · 전남련 · 김미자 · 이은화 · 정현숙 · 김덕일(2009). 지역사회복지론. 파주: 학현사.

이양훈 · 김준환 · 김혜정 · 김백수 · 오호진(2007). 지역사회복지론. 창지사.

이영철(2007). 지역사회복지론. 경기도: 양서원.

이원주(2016). 최신 지역사회복지론. 경기도: 공동체.

이재선 · 김미림 · 김성철 · 노상은 · 순덕기 · 신철민 · 오은경 · 이병철 · 임원균 · 정용충 · 조순일 · 최상희 (2016). 사회복지실천론. 양서원.

이정은(2016). 지역사회보장계획의 변화와 과제. 한국보건사회연구원.

이지영 · 박순우(2017). 기초자치단체 지역사회보장계획 시행결과 분석 및 평가체계 개선방안. 비판사회정책.

이철수(2013). 사회복지학사전. 경기: 혜민 Books.

이태희 · 전태숙 · 송금희(2014). 지역사회복지론. 서울 : 창지사

장인협 · 이혜경 · 오정수(1999). 사회복지학. 양서원.

전선영 (2005). 사회복지 가치를 매개로 한 사회복지교육과 옹호태도 및 전략의 인과관계 분석. 한국사회복지학, 57(4), 35-65.

전용호 · 정영순(2010). 영국 사회서비스 분야의 유사시장 형성과 발전과정에 관한 연구: 한국 노인장기요양보험에 주는 시사점. 한국사회정책, 17(3), 257~287.

전해황 외(2017). 지역사회복지론. 파주: 양서원

전해황 · 이성윤 · 송낙길 · 정주석 · 염일열 · 김정호 (2021). 지역사회복지론. 양서원.

전해황 · 한동일 · 김종명 · 박상도 · 송낙길 · 이승현 · 이장희 · 장정순(2009). 사회복지행정론. 양서원

정무성(1997). 지역사회복지 실천모델에 관한 이론적 고찰. 1997년 추계학술대회자료집. 한국사회복지학회.

정창호 외(2006). 지역사회복지론. 서울: 교문사

정하용(2006). 지방자치의 이해. 서울: 세진사.

정홍원 외(2012). 저출산 · 고령화에 따른 사회복지 공적전달체계 개편방안. 한국보건사회연구원.

________(2012). 행복e음 도입이후 지역단위 복지전달체계 모형 정립을 위한 연구. 한국보건사회연구원.

조추용 · 김양이 · 황미경(2016). 지역사회복지론. 경기: 양서원.

지은구(2005). 지역복지론. 서울: 청목출판사.

지은구 · 감정기 · 김진석 · 김형용 · 홍재봉(2021), 지역사회복지론, 서울: ㈜사회평론아카데미

천정웅 · 박선희 · 박주현(2016). 지역사회복지론. 서울: 신정.

최일섭 · 류진석(1997). 지역사회복지론. 서울: 서울대학교출판부.

____________(2002). 지역사회복지론. 서울: 서울대학교출판부.

____________(2003). 지역사회복지론. 서울: 서울대학교출판부.

최일섭 · 이현주(2006). 지역사회복지론(제2개정판). 서울: 서울대학교 출판부.

한동우(2001). 사회복지프로그램 평가의 방향과 실천. 한국사회복지행정학 제4호. 경기: 한국사회복지행정학회.

함세남 · 이만식 · 김근홍 · 심창학 · 서화자 · 홍금자(2001). *사회복지역사와 철학*. 서울: 학지사.

행정안전부(2017). *2017 자원봉사센터*. 서울: 행정안전부.

홍봉수 · 장승전 · 곽정국 · 임안나 · 강혜자 · 이순자 · 김영호 · 조당호 · 배진서 · 유금순 · 조순례(2014). *지역사회복지론*. 경기도: 공동체.

홍봉수 · 조당호 · 강해자 · 장승전 · 임안나(2020). *지역사회복지론*, 서울 : 공동체

홍현미라 · 김가율 · 민소영 · 이은정 · 심선경 · 이민영 · 윤민화(2010). *지역사회복지론*. 학지사.

______(2015). *지역사회복지론*. 학지사.

황철수 · 류기덕 · 류성봉 · 백혜영 · 임구원 · 전대성(2011). *지역사회복지론*. 정민사.

______(2013). *지역사회복지론*. 정민사.

Blau (1964). *Exchange and Power in Social Life*. New York: Wiley.

Bode, I. (2007). New moral economies of welfare: *The case of domiciliary elder care in Germany, France and Britain. European Societise, 9*(2), 201-227.

Dubois, B. & Miley, K. K. (2005). *Social Work : An empowerment profession. Boston*. MA: Pearson.

Dunham, A. (1979). *The New Community Organization*. New York : Thomas Y. Crowell Co.

Fellin, P. (2001). *The Community and the Social Worker, 3rd ed.*, Itasca, IL : F. E. Peacock Publishers, Inc.

Gilbert, N. & Specht, H. (1974). *Dimension of Social Welfare Policy.* Englewood Cliffs. New Jersey : Prentice-Hall.

Grosser, C. F. (1969). Community Development Programs Serving the Urban Poor. in R. M. Kramer & H. Specht (eds.), *Readings in Community Organization Practice.* Englewood Cliffs, New Jersey : Prentice Hall, Inc.

Hardcastle, D, Power, P. R, & Wenocur, S.(2004). *Community Practice: Theories and Skills for Social Worker(2nd ed.).* New York : Oxford Press.

____________________(2011). *Community Practice: Theories and Skills for social workers*, New York: Oxford University Press.

Hardcastle, et al. (1997). *Community practice.* Oxford University press.

Hardina, D. (2002). *Analytical Skills for Community Organization Practice.* New York : Columbia University Press.

Hardcastle, D. A. Wenocur, S., & Powers, P. R. (1997). *Community practice: theories and skills for social workers.* New York : Oxford University Press.

Kaminsky, L., & Walmsley, C. (1995). The advocacy brief: a guide for social workers. *The Social Worker, 63*, 53-58.

Kirst-Ashman, K. K. & Hull, G. H. (2001). *Generalist practice with organizations and communities.* Brooks/Cole.

Lippitt, R. (1958). *The Dynamics of Planned Change : A Comparative Study of Principles and Techniques.* New York : Harcourt, Brace Jovanovich.

Lomann, R. A. and Lomann, N. (2002). Social Administration. New York : Columbia University Press.

Morris, R. et al. (1977). Caring for vs Caring about People. *Social Work, Vol(22),*

No(5).

Netting, F. E., Kettner, P. M., and McMurtry, S. L. (2004). *Social Work macro practice.* New York : Pearson.

Perlman, R. & Gurin. A. (1972). *Community Oranization and Planning*. New York : John Wiley & Sons.

Popple, K. (1996). Community Work : british Modals. *Journal of Community Practice, 3*(3).

Ross, M. G. (2005). *Community Organization : Theory, Principles, and Practice.* New York : Harper & Row Publisher.

Rothman, J. (1996). The interweaving of community intervention approach. *Journal of Community Practice. 3*(3/4), 69-99.

Rothman, J., Erlich, J., & Tropman, J. (2001). *Strategies of Community Intervention(6th ed.)*. Illinois : F. E. Peacock.

Rubin, H. J. & Rubin, I. S. (2008). *Community organizing and development(4th edition)*. Boston, MA: Person

Skidmore, R. (1990). *Social work administration*. New York: Prentice Hall.

Taylor & Roberts (Eds). (1985). *Theory and practice of community social work.* New York : Columbia University Press.

Toomey, A. H. (2009). Empowerment and disempowerment in community development practice : eight roles practitioners play. *Commuinty Development Journal, 46*(2), 181-195.

Warren, R. L. (1978). *The Community in America (3rd ed.)*. Rand McNally.

____________(1983). The good Community : What Would it be? In Warren & L.

Lyon(eds.), *New Perspectives on the American Community*. Homewood : Dorsey Press.

Weil, M. & Gamble, D. (1995). *Community Practice Models, in Encyclopedia of Social Work (19th ed.)*. Washington, DC : NASW Press.

Weil, M. (1996). Model Development in community practice : an historical perspective. *Journal of Community Practice, 3*(3/4), 5-67.

_________(1997). *Community Practice : Models in Action*. New York : Haworth Press.

보건복지부 푸드뱅크 http://www.foodbank1377.org

사회복지공동모금회 http://www.chest.or.kr

사회복지공동모금회법.

사회복지사업법시행규칙.

사회복지협의회 정관.

아동복지법.

자원봉사활동기본법.

지역아동센터 중앙지원단 https://www.icareinfo.go.kr

한국사회복지관협회 http://www.kaswc.or.kr

한국사회복지사협회 http://www.welfare.net

행정안전부 http://www.mois.go.kr

저자소개

정성배

조선대학교 행정복지학부 교수

강진한

우송대학교 사회복지전공 겸임교수

박현주

호원대학교 사회복지학과 교수

이금숙

신한대학교 사회복지학과 교수

이미란

고신대학교 사회복지학과 교수

정현태

창신대학교 사회복지학과 겸임교수 및 경남복지인권교육연구소 대표

2판

지역사회복지론

초 판 1쇄 발행 2018년 2월 27일
초 판 4쇄 발행 2021년 1월 20일
제2판 2쇄 발행 2024년 8월 23일

지 은 이 | 정성배 · 강진한 · 박현주 · 이금숙 · 이미란 · 정현태
펴 낸 이 | 김기섭
편 집 인 | 엄지연 · 오선율
펴 낸 곳 | 창지사 www.changjisa.com
08589 서울시 금천구 가산디지털 1로 83 파트너스타워 1차 9층
전화 (02)719-2211~3
팩스 (02)701-9386
등 록 | 1977년 4월 28일 · 제1-421호

ISBN 978-89-426-1552-0 (93330)

값 19,000원